JN015803

美しい文学を読んで英単語を学ぶ

An Invitation to the Beauty of English Literature and Vocabulary

Yasuaki Sugiyama
杉山靖明

クロスメディア・ランゲージ

はじめに

英語学習に取り組んだことのある方であれば、たいてい英単語を覚えるのに苦労した経験をお持ちではないでしょうか。単語を「ただ暗記する」のは大変で、それがレベルの高い単語であればなおさらです。そんな苦行になってしまいがちな難易度の高い英単語の学習を、楽しく、しかも効率の良いものにしたいという思いから本書を書きました。本書の英語の文章はすべて英文学（＝英語で書かれた文学）の代表的な作品から取ったものです。それらの文章を読むことによって、**英検１級～準１級レベルの英単語・熟語約1000語**を楽しみながら学んでいただけます。

キーワードの選定にあたっては、文学作品を読むために役立つかどうかではなく、あくまでも**現代社会の様々な場面において英語を理解するのに役立つかどうかを重視**しました。英検１級レベルの単語と聞くと「日常生活ではあまり出てこない難しい単語」というイメージがあるかもしれませんが、本書のキーワードの多くは、英語圏の映画やテレビドラマ等でもよく出てきます。英検１級レベルの語の多くは「**知っていると英語の映画、本、ニュース、ウェブサイトなどに接することがだいぶ楽になる語**」なのです。一部の重要語については、複数の箇所でキーワードとして取り上げました。これらの語は様々なジャンルの英語でよく出てきます。新たな文脈で同じ語に出会うことで、記憶の定着を図ることができます。

本書の執筆にあたっては、単語の表面的な意味だけでなく、ニュアンスまで盛り込むように特に意識しました。このため、英検１級～準１級レベルの英単語をこれから学びたい方だけでなく、英検１級レベルの単語をすでにひと通り知っている方でも、本書を使用していただくことで、英単語の理解が深まり、ひいては英文の意味をより速く正確につかみやすくなるはずです。

キーワードのニュアンスを把握しやすくなるよう、本書では次の２つの工夫をしました。１つめは、イメージのつかみにくい語の場合、**「その単語がどのような**

単語と一緒に使われがちなのかを示す」ということです。たとえば、「～を求める」という意味を持つ動詞のsolicitには、「目的語としてよく一緒に使われる名詞はdonation（寄付）、support（支援）など」と注を加えています。

2つめは、「英単語の意味を無理に日本語の単語1語だけで訳すのではなく、必要に応じて言葉を足す」ということです。たとえば名詞のdismayは、英和辞典や単語帳だと「ろうばい」や「落胆」のように説明されていることが多いのですが、本書では「(悪い知らせを受けたときなどの)『ああ、なんということだ』という、目の前が暗くなるような気持ち」と具体的に説明しています。「ろうばい」や「落胆」は一見わかりやすいのですが、実はdismayという単語の意味と完全には一致していません。これは必ずしも英和辞典や単語帳のせいではなく、感情を表す英単語の多くは、1語の日本語に置き換えることがそもそも不可能なのです。英語でも日本語でも、1つ1つの単語にはそれぞれ守備範囲があり、ある英単語と完全に同じ守備範囲を持つ日本語の単語は存在しないこともよくあります。逆も同じで、1語の英語で説明するのが難しい日本語の単語も珍しくありません。

それでは、単語のニュアンスを学ぶことが、なぜそれほど重要なのでしょうか。**ニュアンスがわかるということは、**「相手の言いたいことをより正確に把握できる」こと以外にも、非常に大きな利点があります。**「速読速聴に役立つ」のです。**日本語の場合、ある会話の断片を聞いただけでも、その会話の状況や、話し手と聞き手の関係などがかなり正確にわかるのではないでしょうか。それは、母語である日本語の言葉のニュアンスに私たちが精通しているからにほかなりません。英語でも同じで、英語のニュアンスが身についてくると、1つの文を読んだり聞いたりしただけでも、その文が置かれている状況がイメージできることが多くなってきます。これがとても重要で、状況が正確に把握できていると、その次に来る文がずっと理解しやすくなるのです。そうすると、**「現在の状況が把握できている」→「次の文がすぐに頭に入る」→「状況の理解が正確にアップデートされる」→「次の文がすぐに頭に入る」**という好循環が生まれます。このように、英語を読んだり聞いたりするときに、目や耳から次々と入ってくる英語を次々と頭で処理できる速度には、「正確にニュアンスを把握している英単語の数」が意外と大きく関係しています。本書を使用することで、単に知っている単語が増えたというだけでなく、「英語をより高い解像度でよりスムーズに理解できるようになった」と感じていただけたら嬉しく思います。

本書の出版にあたってはクロスメディア・ランゲージの小野田幸子さんに大変お世話になりました。また、友人のサマー・レインさんに貴重な助言をいただきました。この場をお借りして心よりお礼申し上げます。最後に、いつも筆者を温かく応援してくださるインプレスの高木大吾さんに深く感謝申し上げます。

目 次

はじめに …… 3
本書の使い方 …… 14
本書で使われている記号について …… 16
音声データの無料ダウンロード …… 18
本書で紹介している作品 …… 19

Chapter 1 感情表現（1）——愛憎

Wuthering Heights / Nineteen Eighty-four / A Christmas Carol / Pride and Prejudice / Women in Love

愛憎を表す表現 …… 28

〜あなたのためにみじめな思いなんて〜　感情が高ぶる場面の単語 …… 29
▶ stamp（〜を踏み鳴らす）▶ quiver（わなわなと震える）
▶ persevere（粘り強く頑張り続ける）など
エミリー・ブロンテ『嵐が丘』

〜君がただちにここを去ることを要求する〜　深刻な話し合いを行う場面の単語 …… 34
▶ mitigate（〜を和らげる）▶ notice（通告）▶ dissolve（〜を解消する）など
エミリー・ブロンテ『嵐が丘』

〜夫より先に死んでやるの〜　結婚相手にだまされたことに気づく場面の単語 …… 43
▶ torment（〜を苛む）▶ bewitched（心を完全に奪われている）
▶ desperation（絶望による自暴自棄）など
エミリー・ブロンテ『嵐が丘』

〜俺を苛まないでくれ〜　苦しみを表す単語 …… 45
▶ wretched（打ちひしがれている）▶ vindictiveness（復讐心）
▶ distress（〜の心を苛む、心痛）など
エミリー・ブロンテ『嵐が丘』

〜私、骨の髄まで腐っているの〜　希望を見出す場面・病気に関する単語 …… 50
▶ iniquity（はなはだしい不公正）▶ leprosy（ハンセン病）▶ syphilis（梅毒）など
ジョージ・オーウェル『1984』

～別の偶像が私に取って代わってしまったのよ～　別れを告げられる場面の単語 … 55
▶ idol（崇拝の対象）▶ retort（怒ってすぐに言い返す）
▶ be fraught with ～（～に満ちている）など
チャールズ・ディケンズ『クリスマス・キャロル』

～あなたとだけは結婚したくない～　怒り・拒絶を示す場面の単語 …… 57
▶ perverse（倒錯した嗜好を持つ）▶ tumult（激しい心の乱れ）
▶ gratifying（満足感と歓びで心を満たすような）など
ジェイン・オースティン『高慢と偏見』

～その理由は愛に違いないのだから～　感情が前向きに変化する場面の単語 …… 63
▶ acrimony（憎しみに満ちた言葉や気持ち）▶ ardent（熱烈な）
▶ scruple（良心の呵責）など
ジェイン・オースティン『高慢と偏見』

～彼女は彼にあまりにも強く惹かれていた～　傷つき、葛藤する場面の単語 …… 67
▶ equilibrium（均衡）▶ repugnant（強い嫌悪感を抱かせるような）
▶ give out（機能しなくなる、尽きる）▶ go back on ～（～［約束など］を破る）など
D・H・ロレンス『恋する女たち』

～あなたを苦しめるつもりなんかないのよ～　相手を侮辱する場面の単語 …… 77
▶ obstinacy（強情さ、頑固さ）▶ impertinence（無礼さ）
▶ coax（あやすように優しく～を説得する）など
D・H・ロレンス『恋する女たち』

Chapter 2　感情表現（2）——葛藤・憤り・ショック

Jane Eyre / Tess of the D'Urbervilles / Lady Chatterley's Lover

葛藤・憤り・ショックを表す表現 …… 90

～馬から落ちた男性と出会って～　新たな出会いを描く場面の単語 …… 91
▶ wayward（思い通りにコントロールするのが難しい）▶ stoop（かがむ）
▶ transitory（つかの間の）など
シャーロット・ブロンテ『ジェイン・エア』

～私を美男子と思うか？～　人物の個性が際立つ場面の単語 …… 97
▶ brusque（無愛想な）▶ sly（こっそりとずるく立ち回る）▶ blunder（大失策）など
シャーロット・ブロンテ『ジェイン・エア』

～君を我が血肉として愛しているんだ～　熱烈な求婚を受ける場面の単語 …… 103
▶ incredulous（そんなはずはないと信じられない気持ちでいる）▶ sceptic（懐疑主義者）
▶ entreat（～に懇願する）など
シャーロット・ブロンテ『ジェイン・エア』

～嘘だと言ってくれ～　狼狽する場面の単語 ………… 106
▶ sarcasm（当てこすり）▶ stupefied（呆然とした）
▶ precarious（不安定で今にも落下しそうな）など
トマス・ハーディ『ダーバヴィル家のテス』

～なんていう搾取！～　怒りを描く場面の単語 ………… 112
▶ fury（激しい怒り）▶ smoulder（くすぶる）▶ glower（睨む）など
D・H・ロレンス『チャタレイ夫人の恋人』

～あの孤独で哀しい人～　孤独を描く場面の単語 ………… 120
▶ seclusion（喧騒からの隔絶）▶ forlorn（孤独で寂しげな）▶ void（何もない空間）など
D・H・ロレンス『チャタレイ夫人の恋人』

～これほどまでに自然に嘘を～　苛立ちや驚きを表す単語 ………… 124
▶ exasperated（苛立ちを限界まで募らせている）▶ To think ～！（～なんて！ ～とは！）
▶ be taken aback（[常識外れと思える言動などに] ショックを受ける）など
D・H・ロレンス『チャタレイ夫人の恋人』

Chapter 3　人物描写

Jane Eyre / Anne of Green Gables / This Side of Paradise / Nineteen Eighty-four / Oliver Twist

人柄・態度を表す表現 ………… 132

～洗練されたたしなみ～　人柄を高く評価する場面の単語 ………… 133
▶ serenity（静謐さ、安らかさ）▶ propriety（礼節、倫理的な正しさ）など
シャーロット・ブロンテ『ジェイン・エア』

～お行儀の良い小川～　自然を描く場面の単語 ………… 134
▶ dip（降下する、下がる、沈む）▶ traverse（～を横切る）▶ decorum（礼節）など
L・M・モンゴメリ『赤毛のアン』

～自分の考えをはっきりと言えない人物～　人柄を低く評価する場面の単語 ………… 136
▶ ineffectual（能力や自信に欠けて物事をきちんと遂行することのできない）
▶ inarticulate（自分の考えをはっきりと言えない）
▶ disreputability（いかがわしさ）など
F・スコット・フィッツジェラルド『楽園のこちら側』
ジョージ・オーウェル『1984』

～彼は憤怒の激流を抑えた～　怒りを抑える場面の単語 ………… 141
▶ demeanour（態度、物腰）▶ clench（～ [こぶし] を握りしめる）
▶ dilate（[目が] 大きく開く）など
チャールズ・ディケンズ『オリバー・ツイスト』

Chapter 4 情景描写

This Side of Paradise / The Great Gatsby

様々な場面を表す表現 …… 146

〜唇が野の花のように触れ合った〜　初めてキスする場面の単語 …… 147
▶ capitulate（屈する）▶ revulsion（激しい拒否反応）▶ poise（落ち着いた心）
▶ audacity（厚顔さ）▶ perseverance（粘り強さ）など
F・スコット・フィッツジェラルド『楽園のこちら側』

〜優美な首と肩〜　再会の場面の単語 …… 150
▶ requisite（必須の）▶ measure up to 〜（〜にふさわしい）▶ reprove（〜をとがめる）
▶ exquisite（精妙で非常に美しい）など
F・スコット・フィッツジェラルド『楽園のこちら側』

〜若いエゴイズムの絶頂〜　恋に落ちる2人を描写する単語 …… 152
▶ squabble（口喧嘩）▶ discreetly（目立たないように控えめに）
▶ ingenuous（純真で人を信じやすい）
▶ kiss away 〜（キスすることで〜を取り除く）など
F・スコット・フィッツジェラルド『楽園のこちら側』

〜幸せで体が麻痺しちゃったのよ〜　小さな動作を表す単語 …… 157
▶ flutter（上下や左右に軽く素早く繰り返し動く）▶ imperceptibly（知覚できない程度に）
▶ complacency（自分の現状についての独りよがりの満足）
▶ impassioned（強い感情や気持ちが込められた）など
F・スコット・フィッツジェラルド『グレート・ギャツビー』

〜絶対に出ないで〜　緊迫した場面の単語 …… 163
▶ vigil（祈りや見張りや病人の見守り等のために寝ずにいること）
▶ sedative（鎮静作用のある）▶ waver（揺らめく、揺らぐ）など
F・スコット・フィッツジェラルド『グレート・ギャツビー』

〜何が何でも私を連れていこうとする〜　場所について描写する単語 …… 167
▶ bare（がらんとした、むき出しの）▶ sumptuous（豪華な）
▶ supercilious（人を見下した）▶ anaemic（貧血症の）など
F・スコット・フィッツジェラルド『グレート・ギャツビー』

〜彼は文字通り輝いていた〜　昔の恋人との再会を描く場面の単語 …… 172
▶ exultation（得意満面）▶ bewilderment（混乱、当惑）▶ flushed（紅潮している）
▶ vicariously（他者の身を通して疑似的に）など
F・スコット・フィッツジェラルド『グレート・ギャツビー』

Chapter 5 会話のやり取り

Oliver Twist / A Christmas Carol / Alice's Adventures in Wonderland / Anne of Green Gables / Pride and Prejudice

会話で使われる表現 …… 184

～防水仕様の心～ 喧嘩する場面の単語 …… 185
▶ brute（冷酷な男）▶ clasp（～をがっしりとつかむ）
▶ deal a blow（打撃を与える）など
チャールズ・ディケンズ『オリバー・ツイスト』

～おじさん、機嫌を直してください～ 明るく声をかける場面の単語 …… 189
▶ morose（不機嫌で口数が少ない）▶ cross（腹を立てている）など
チャールズ・ディケンズ『クリスマス・キャロル』

～彼はますます困惑していきました～ 認識や困惑を表す単語 …… 190
▶ make out ～（～を認識する）▶ can make nothing of ～（～の意味や性質を理解できない）
▶ perplexed（困惑している）など
チャールズ・ディケンズ『クリスマス・キャロル』

～身体が大きくなったり小さくなったりする～
不思議な国でのやり取りを描く単語 …… 197
▶ get into the way of ～ ing（～するのに慣れる）▶ certainly（間違いなく）など
ルイス・キャロル『不思議の国のアリス』

～アリスは失言が多い⁉～ 相手を怒らせてしまう場面の単語 …… 202
▶ bristle（毛を逆立てる、ひどく怒る）▶ commotion（騒乱）
▶ on second thoughts（やっぱり）など
ルイス・キャロル『不思議の国のアリス』

～謝罪を愉しむアン～ お詫びの場面の単語 …… 210
▶ dejection（打ちひしがれた気持ち）
▶ exhilaration（この上なく爽快で充実して高揚した気持ち）
▶ rapt（完全に夢中になっている）など
L・M・モンゴメリ『赤毛のアン』

～それは確かに欠点ですわね！～ 相手について話す場面の単語 …… 215
▶ disposition（気質）▶ propensity（傾向、性向）など
ジェイン・オースティン『高慢と偏見』

Chapter 6 意見の主張

A Tale of Two Cities / Anne of Green Gables / Oliver Twist / The Picture of Dorian Gray

意見を表す表現 ……… 222

～18年の監禁生活を経て～　変わり果てた人物と再会する場面の単語 ……… 223
▶ bewilderment（混乱、当惑）▶ coercion（強制）など
チャールズ・ディケンズ『二都物語』

～抑圧こそが原則なのだよ～　意見を主張する場面の単語 ……… 224
▶ observe（～とコメントする）▶ abandon（～を放棄する、～を見捨てる）
▶ relinquish（～を放棄する）など
チャールズ・ディケンズ『二都物語』

～ご令嬢を無私の心で愛しているのです～　気持ちをまっすぐに伝える場面の単語 227
▶ aggravate（～を悪化させる）▶ resolution（決意）▶ fervent（熱烈な）など
チャールズ・ディケンズ『二都物語』

～処刑のときが迫る中で～　決意する場面の単語 ……… 233
▶ stipulation（守らなければならない指示）▶ resolve to do ～（～しようと決意する）
▶ self-possession（冷静さ、落ち着き）など
チャールズ・ディケンズ『二都物語』

～あの子に心を奪われてしまったのね！～　人物を描写する場面の単語 ……… 237
▶ pronounced（目立つ）▶ discerning（優れた鑑識眼のある）
▶ abstractedly（考えごとに夢中で周りのことが目に入らない様子で）など
L・M・モンゴメリ『赤毛のアン』

～私、本当に幸せ～　喜びを表す場面の単語 ……… 244
▶ well up（こみ上げる）▶ throb（鼓動）▶ meditatively（考えにふけった様子で）など
L・M・モンゴメリ『赤毛のアン』

～孤児のオリバー～　劣悪な状況を表す単語 ……… 246
▶ wretched（劣悪な）▶ amid ～（～の中で）▶ blight（荒廃）など
チャールズ・ディケンズ『オリバー・ツイスト』

～豪華絢爛な金の時計を取り出した～　窃盗団での日々を描く場面の単語 ……… 249
▶ staunch（忠実でサポートすることに非常に熱心な）▶ impart（～を授ける）
▶ recollection（記憶、回想）など
チャールズ・ディケンズ『オリバー・ツイスト』

～ああ！　愛する人の命が～　病人の安否を気づかう場面の単語 ……… 257
▶ lessen（～を弱める）▶ alleviate（～を緩和する）▶ allay（～を和らげる）など
チャールズ・ディケンズ『オリバー・ツイスト』

～醜く崩れていく肖像画～　自らを責め、赦しを請う場面の単語 ………… 259
▶ reproach（非難、非難の言葉）▶ censure（強い非難）
▶ rebuke（叱責、強い非難）など
オスカー・ワイルド『ドリアン・グレイの肖像』

～ナルキッソスを真似してみたいという気持ち～
秘密の歓びと歪んだ感情を表す単語 ………… 262
▶ desecration（冒涜）▶ enamoured（夢中になっている）
▶ mock（～を真似る）など
オスカー・ワイルド『ドリアン・グレイの肖像』

～僕の魂を見せよう～　あまりの変化に驚き戦慄する場面の単語 ………… 266
▶ exquisite（精妙で非常に美しい）▶ pry（あれこれ詮索する）
▶ parched（からからに乾いた）など
オスカー・ワイルド『ドリアン・グレイの肖像』

Chapter 7　動作表現（1）――身体の動き

Nineteen Eighty-four / The Old Man and the Sea

身体の動きを表す表現 ………… 274

～今年は本当に1984年なのか？～　秘密の行為に関連する単語 ………… 275
▶ compromising（見つかったらまずいことになるような）▶ furtively（こっそりと）
▶ falter（たじろぐ）▶ tremor（寒さや恐怖による体の震え）など
ジョージ・オーウェル『1984』

～引っ張られて船首に倒れ込んだ～　様々な動作を表す単語 ………… 281
▶ spurt（勢いよく飛び出す、ほとばしる）▶ slant（～を斜めに傾ける）
▶ jerk（～をグイと急に動かす）など
アーネスト・ヘミングウェイ『老人と海』

～これであいつとの差が縮まったな～　位置関係を表す単語 ………… 286
▶ longitudinally（縦に）▶ pull on ～（～をちょんちょんと引っ張る）
▶ pivot（回転する）など
アーネスト・ヘミングウェイ『老人と海』

Chapter 8　動作表現（2）――人物の行動

Nineteen Eighty-four / Jane Eyre / Lady Chatterley's Lover / Women in Love / Animal Farm / The Picture of Dorian Gray / Anne of Green Gables

人物の行動を説明する表現 …… 292

～彼らはすべてを受け入れた～　行動を説明する場面の単語 …… 293
▶ impudent（不遜な）▶ flagrant（悪質である上に人目をはばかる様子のない）
▶ disdainfully（蔑むように）など
ジョージ・オーウェル『1984』

～小さなパリジェンヌの情熱～　少女の行動を表す単語 …… 300
▶ demurely（静かにお行儀よく控えめに）▶ ineffable（言葉で言い表せないほどの）
▶ innate（生来の）など
シャーロット・ブロンテ『ジェイン・エア』

～自分は責任を果たしているだけだ～　精神状態を表す単語 …… 302
▶ psyche（精神構造、精神）▶ lapse into ～（～の状態になる）
▶ apathy（無関心、感情の欠如）など
D・H・ロレンス『チャタレイ夫人の恋人』

～ロンドンのカフェに毎回立ち寄った～　嫌悪を表す単語 …… 306
▶ loathe（～を忌み嫌う）▶ vice（悪徳）▶ disintegration（崩壊）など
D・H・ロレンス『恋する女たち』

～ブタによって運営されている農場～　勢いのある動作を表す単語 …… 307
▶ level（～を平らになるくらい完全に破壊する）▶ charge（突進する）
▶ lash out（激しく殴りかかる）など
ジョージ・オーウェル『動物農場』

～罪の影が昼も夜も自分を見つめる～　葛藤・罪悪感を表す単語 …… 315
▶ vengeance（復讐）▶ remorse（悔悟の念）▶ anguish（激しい苦痛）など
オスカー・ワイルド『ドリアン・グレイの肖像』

～最も魅惑的な罪～　シニカルな人間観を述べる場面の単語 …… 319
▶ conjugal（夫婦間の）▶ go in for ～（～を好んで楽しむ）
▶ there is a good deal to be said for ～（～にはもっともな理由がある）など
オスカー・ワイルド『ドリアン・グレイの肖像』

～自分の思いを忘却の奥底に隠す～　自分の気持ちに気づく場面の単語 …… 322
▶ oblivion（忘却）▶ console（～を慰める）など
L・M・モンゴメリ『赤毛のアン』

索引 …… 325

本書の使い方

必ずしも Chapter 1 から取り組む必要はなく、どの項からでも始めることができます。

まず、それぞれの英語の文章につけた あらすじ に目を通してみてください。あらすじ を読むことによって、その文章の背景がわかり、文章をより楽しめるだけでなく、キーワードの意味とニュアンスをより正確に把握することができます。文脈を正しく把握することが、その中で使われている単語の意味を正確につかむ上で非常に重要です。あらすじ に目を通したら、訳と Vocabulary、ヒント を参考にして、赤字のキーワードの意味に注意しながら英文を読んでみましょう。赤字のキーワードの意味を、Vocabulary の項でまとめて説明しています。

短期間で語彙力を確実に伸ばしたい方へ

単語を効率よく学ぶためには復習が特に重要です。同じ英語の文章にできるだけ毎日取り組み、文章を１回読んだだけで（あるいは音声を聞いただけで）その文章のキーワードの意味がすぐに頭に浮かぶ状態になるまで復習しましょう。常に複数の文章に取り組み、７～８割を復習に、２～３割を新しい英文の学習にあてるのがおすすめです。

また、たとえリスニング対策が必要ないと感じていても、ぜひ本書の音声を併用してみてください。音声を使うのは「余計なこと」のように思えるかもしれませんが、音の情報も活用したほうが、単語がより頭に残りやすくなります。

リスニングや速読の力も一緒に伸ばしたい方へ

リスニングと音読は正しいやり方で練習すると**「頭の中での英語の処理速度」を上げる**効果があり、リスニングだけでなく、速読の力を伸ばすこともできます。

リスニングの練習のしかた

英文の意味と文法事項を理解したら、その文章の音声を聞いてみましょう。最初は文章を見ながら音声を聞いても構いません。よく聞き取れず、「とてもそう言っているとは思えない」という箇所がある場合は、聞き取れない語句の前後に意識を集中すると聞き取れることがあります。また、聞き取りにくい箇所は、その部分を音読してから聞くと聞き取りやすくなります。最終的に「耳に入ってくる音声の意味を頭の中でどんどん組み立てていき、文末まで聞き終わると同時にその文の意味の理解も完了している」という状態を目標にしてみましょう。

音読の練習のしかた

リスニングの場合と同様に、まずは英文の意味と文法事項を頭に入れます。それができたら文頭から声に出して読み、読みながら頭の中で文の構造と意味を再構築していきましょう。無理に速く読む必要はありません。読んでいる途中で文の構造と意味がわからなくなったらそこで止め、また文頭から音読を始めます。最終的に「文頭から文末までスムーズに言えて、かつ、文末まで読み終わると同時に文の構造と意味の再構築が完了している」という状態を目標にしてみましょう。

リスニングも音読も、目標の状態に一度達しても翌日には理解度が下がっていることがよくあります。ぜひ復習を続けてください。前の日より少ない回数で目標を達成できるはずです。

本書で使われている記号について

S　　：主語
V　　：動詞
S + V：主語と動詞を含むまとまり
do ～ ：動詞の原形（「to do ～」の場合、to の後ろには動詞の原形が続きます）
～ ing：動詞の ing 形（「be ～ ing」の場合、be の後ろには動詞の ing 形が続きます）

名：名詞	動：動詞	形：形容詞
副：副詞	前：前置詞	熟：熟語（イディオム）

〈省略を表す記号について〉

・英語の文章において、語句や文が省略されている箇所は [...] で示しました。
・あらすじ や ヒント の解説において、英語の単語や語句が省略されている箇所は ...で示しました。

発音記号について

・各キーワードに付記されている発音記号は原則としてイギリス英語の発音を表していますが、イギリス英語では発音されなくてもアメリカ英語では発音される R の音については (r) で示しました。
・話者によって発音したりしなかったりする曖昧母音は (ə) で示しました。
・hot [hɔt] や lot [lɔt] における母音 [ɔ] と、talk [tɔːk] や walk [wɔːk] における母音 [ɔː] は、便宜上どちらも [ɔ] という記号を使用していますが、実際の発音は異なります。イギリス英語の場合、単体の [ɔ] は日本語の「オ」よりも口を縦に大きく開けて出す音で、[ɔː] における [ɔ] は日本語の「オ」に比較的近い音です。
・各単語の中の強勢が置かれる位置は ´ で示しました。また、第 2 アクセントが置かれる箇所がある場合、その位置を ` で示しました。
・熟語の場合、特に強調して発音される箇所がある場合のみ、その箇所を ´ で示しました。

・熟語においては、A、B、do ～、～ ing 等を除いた部分の発音のみを示しました。たとえば、prevail on/upon A to do ～（～するよう A を説得する）の場合、prevail on/upon to の発音のみを記載しています。

音声データの無料ダウンロード

本書『美しい文学を読んで英単語を学ぶ』に対応した音声ファイル（mp3 ファイル）を下記 URL から無料でダウンロードすることができます。ZIP 形式の圧縮ファイルです。

https://www.cm-language.co.jp/books/literature_tango/

本文で紹介している英文の音声を収録しました。英国人ナレーター、マイケル・リースさんによるイギリス英語のナレーションです。Track マークの番号がファイル名に対応しています。

また、AI 英語教材「abceed（エービーシード）」（https://www.abceed.com/）で本書のタイトルを検索して、音声を聴くこともできます。

ダウンロードした音声ファイル（mp3）は、iTunes 等の mp3 再生ソフトやハードウエアに取り込んでご利用ください。
ファイルのご利用方法や、取込方法や再生方法については、出版社、著者、販売会社、書店ではお答えできかねますので、各種ソフトウエアや製品に付属するマニュアル等をご確認ください。
音声ファイル（mp3）は、『美しい文学を読んで英単語を学ぶ』の理解を深めるために用意したものです。それ以外の目的でのご利用は一切できませんのでご了承ください。

本書で紹介している作品

星の数（1～5個）が多いほど難易度が高めですが、あくまでも目安です。

『嵐が丘』エミリー・ブロンテ（1818–1848）

Wuthering Heights, Emily Brontë

難易度：★★★★☆

作品について 英作家サマセット・モームに「愛の苦しみ、恍惚、そして愛に突き動かされる人間の容赦のなさがこれほど圧倒的な力で表現されている小説を私は他に思いつかない」と言わせた作品。安易な解釈を寄せつけない唯一無二の小説です。

英語について 一部の登場人物のセリフは土地の訛りが強く反映されています。このため、原書で読む場合には Penguin Classics や Oxford World's Classics など、注釈がつけられている版を選ぶとよいでしょう。

『1984』ジョージ・オーウェル（1903–1950）

Nineteen Eighty-four, George Orwell

難易度：★★☆☆☆

作品について 党員のあらゆる行動が監視され、党に不都合と見なされればたちまち捕らえられて処刑される究極の監視社会に生きるウィンストン。ある日、1人の女性党員から密かに一片の紙を渡されたウィンストンが後でそれを開いてみると、そこには意外な言葉が。本心なのか罠なのか――。重い教訓が含まれる作品ですが、そのような小説にありがちな作為や押しつけがましさが感じられない、芸術性の高さも魅力です。

英語について 正統派の英語で、かつ文の構造もそれほど複雑ではなく、とても読みやすい文章です。

『動物農場』ジョージ・オーウェル (1903–1950)

Animal Farm, George Orwell

難易度：★★☆☆☆

作品について 人間に搾取されることなく豊かな生活を送ろうと反乱を起こした、ある農場の動物たち。人間たちを追い出した彼らは自分たちで作物を作って「動物農場」を運営し始めますが、やがて一握りの動物がその他大勢を支配するようになります。『1984』と並ぶオーウェルの代表作です。

英語について 『1984』と同じく正統派で、かつ易しめの英語です。作品自体も短いため、気軽に読むことができます。

『クリスマス・キャロル』チャールズ・ディケンズ (1812–1870)

A Christmas Carol, Charles Dickens

難易度：★★★★★

作品について クリスマスイブの夜、貪欲な金貸しの老人である主人公スクルージは精霊に連れられて、婚約者から別れを告げられる過去の自分の姿や、未来の自分の暗い運命を直視させられます。そして、失ってしまったものの大きさに気づき、今までの自分と決別します。原書に接すると、スクルージが意外とお茶目であることに驚かされるかもしれません。

英語について 執筆当時のロンドンで使われていた特有の言い回しが多く、本書で紹介している作品の中でも最高レベルの難易度です。しかし、スクルージと幽霊や精霊たちとの会話には易しい文も多く、ユーモラスなやり取りを味わえます。

『オリバー・ツイスト』チャールズ・ディケンズ (1812–1870)

Oliver Twist, Charles Dickens

難易度：★★★★★

作品について 預けられた家での理不尽な仕打ちに耐えかね、あてもなくロンドンへ向かった孤児のオリバー。途中で声をかけてきた少年に連れられていった先は、怪奇で醜悪な老人を頭領とする少年窃盗団の巣窟だった——。個性あふれる盗賊たちのキャラクター作りにディケンズの本領が遺憾なく発揮されており、主人公よりも盗賊たちの生き生きとした描写にむしろ引き込まれてしまうかもしれません。

英語について 盗賊たちのやり取りには彼ら特有の用語が多く含まれているため、原書で読む場合には注釈つきの版を選ぶとよいでしょう。

『二都物語』チャールズ・ディケンズ (1812–1870)

A Tale of Two Cities, Charles Dickens

難易度：★★★★★

作品について ロンドンとフランス革命に揺れるパリの二都市を舞台に繰り広げられるドラマティックな物語で、日本でも根強い人気を誇ります。同じ女性を愛する2人の男性の姿が描かれており、特に終盤の展開が読者を引きつけます。

英語について ディケンズ特有の修辞的な表現が多く、そのために難易度が高くなっています。

『高慢と偏見』ジェイン・オースティン (1775–1817)

Pride and Prejudice, Jane Austen

難易度：★★★★★

作品について 現在でもまったく人気の衰えない、イギリス文学を代表する作品です。明るさと洞察力をあわせ持つ活発な精神の主人公エリザベスと、エリザベスに出会い、自分の高慢さに気づいていく聡明で誠実な資産家のダーシーの2人を中心に物語が進んでいきます。「この小説を読んでいる時間が好き」と言うイギリス人読者も多い、「小説を読む楽しさ」を味わえる作品です。

英語について この時代のイギリス小説の特徴として全体的にフォーマルな文が多めで、それが格調の高さや味わい深さの一部となっています。また、会話文に凝った面白い言い回しが多く、そのために難易度が上がっています。

『恋する女たち』D・H・ロレンス (1885–1930)

Women in Love, D. H. Lawrence

難易度：★★★☆☆

作品について 日本ではあまりメジャーではありませんが、ロレンスの最高傑作とされることの多い、非常に力強い作品です。三島由紀夫を思わせるような圧倒的な心理描写など、日本人読者を引きつける要素を十分に持っています。

英語について 電気に関連する語彙を効果的に用いて人物の感情を描写するなど、ロレンスは本作で言語表現の新たな可能性を追求しました（このためにロレンスはモダニズムの作家の１人として認識されています)。ロレンスならではの力強い文体とあいまって、他の作家では味わえない読書体験に浸ることができます。

『チャタレイ夫人の恋人』D・H・ロレンス (1885–1930)

Lady Chatterley's Lover, D. H. Lawrence

難易度：★★★☆☆

作品について 知識人に共通する欺瞞と不毛さを夫に感じるようになったレディ・チャタレイは、自分たちの土地の森番で労働者階級のメラーズに惹かれていきます。当時としては大胆な性描写で物議をかもしましたが、イギリスの知識階級への鋭い批判が込められた文学的価値の高い作品です。また、知識階級の人々の議論好きな様子や庶民の快活さなど、当時のイギリスの雰囲気がよく感じられるのもこの小説の特徴です。

英語について 『恋する女たち』の８年後に発表された作品ですが、作風に顕著な違いは見られません。ロレンスらしさを十分に味わえる英文です。

『ジェイン・エア』シャーロット・ブロンテ (1816–1855)

Jane Eyre, Charlotte Brontë

難易度：★★★★☆

作品について ジェインは住み込みの家庭教師として働いていた屋敷の主人である貴族ロチェスターから求婚されてそれを受け入れかけますが、幸せをつかんだと思った矢先にロチェスターの過去についてのある重大な秘密を知ってしまいます。読者を引きつけるための工夫が随所に見られ、面白く読み進められる作品です。

英語について　この時代のイギリス小説の特徴として全体的にフォーマルな文が多めで、それが格調の高さや味わい深さの一部となっています。

『ダーバヴィル家のテス』トマス・ハーディ（1840–1928）

Tess of the D'Urbervilles, Thomas Hardy

難易度：★★★★☆

作品について　農村の貧しい家の長女として生まれた美しい女性テスの悲劇的な運命と、その悲劇の原因となる社会を描いた小説。明るく楽しい物語では決してありませんが、エンディングは数ある英文学の作品の中でも屈指の印象深さで、映画化もされています。

英語について　会話文には方言等のために読みにくい文が一部あるものの、地の文は全体的にストレートな言い回しが多く、比較的読みやすくなっています。

『赤毛のアン』L・M・モンゴメリ（1874–1942）

Anne of Green Gables, L. M. Montgomery

難易度：★★★☆☆

作品について　自然の豊かな小さな町のある家で、手違いから男の子の代わりに養子となったアンの成長を描く作品です。アメリカの文豪マーク・トウェインが「『不思議の国のアリス』以降で最も愛すべきキャラクター」と評したアンのセリフが魅力的なだけでなく、地の文が優れている点も見逃せません。

英語について　文章そのものに上質なユーモアが感じられる「英語らしい優れた英文」の典型です。

『楽園のこちら側』F・スコット・フィッツジェラルド (1896–1940)

This Side of Paradise, F. Scott Fitzgerald

難易度：★★★★★

作品について フィッツジェラルドを一躍有名にした自伝的デビュー作です。愛、野心、幻滅などをテーマとした作品で、拠りどころとなる価値観を第一次世界大戦後に見失った、当時の若いアメリカ人たちに共通する気分を捉えたとして高く評価されました。

英語について 文の構造は比較的シンプルではあるものの、フィッツジェラルド特有の文学的表現や、当時の学生が使用していた語彙などが多く、全体的にニュアンスがつかみにくくなっています。

『グレート・ギャツビー』F・スコット・フィッツジェラルド (1896–1940)

The Great Gatsby, F. Scott Fitzgerald

難易度：★★☆☆☆

作品について この小説の語り手であるニックが偶然移り住んだ家に隣接するのは、ギャツビーという名の謎めいた若い大富豪が所有する広大な邸宅。ギャツビーの隣人となったことがきっかけで、ニックは純粋な愛と打算が交錯するひと夏の一連の出来事に関わることになります。フィッツジェラルドの最高傑作とされることの多い作品で、特に終盤の展開が読者を引きつけます。

英語について 文の構造がわりとシンプルで、かつ、『楽園のこちら側』に比べるとストレートな表現が多く、比較的読みやすくなっています。

『不思議の国のアリス』ルイス・キャロル (1832–1898)

Alice's Adventures in Wonderland, Lewis Carroll

難易度：★☆☆☆☆

作品について チョッキから時計を取り出したウサギが急いで穴に飛び込むのを見て、アリスが自分も穴に飛び込むと、そこには不思議な世界が――。不条理なユーモアで、大人のファンも多い作品です。

英語について 平易で読みやすい英語が使われているにもかかわらず、知性を感じさせる文章です。

『ドリアン・グレイの肖像』オスカー・ワイルド (1854–1900)

The Picture of Dorian Gray, Oscar Wilde

難易度：★★★★★

作品について 貴族の美青年ドリアンは退廃的な生活を送りながら若さと美しさを保っていますが、肖像画に描かれた彼の顔はどんどん醜く崩れていき、やがてドリアンの心も疲弊していきます。決して表面的ではないドリアンのキャラクター、そして彼を退廃させるきっかけとなるヘンリー卿のシニカルでウィットに富むセリフも魅力です。映画などで筋を知っている方でも、実際に作品を読むとイメージがだいぶ変わるかもしれません。

英語について 倒置が多く使われているなど、特に地の文は構造が複雑ですが、会話部分には易しい文もたくさんあります。

『老人と海』アーネスト・ヘミングウェイ (1899–1961)

The Old Man and the Sea, Ernest Hemingway

難易度：★★☆☆☆

作品について 漁師である老人の世界観とヘミングウェイの文体が溶け合った、全体が1つの宝石のような作品です。ヘミングウェイが1954年にノーベル文学賞を受賞した際には、受賞理由の中で、彼の作家としての卓越性が顕著に示された例として『老人と海』が挙げられました。

英語について 個々の文は一見シンプルであるにもかかわらず、andで文が長くつなげられているなど、「ヘミングウェイらしさ」を強く感じさせる文体です。

Chapter 1

感情表現（1）
——愛憎

Wuthering Heights / Nineteen Eighty-four / A Christmas Carol / Pride and Prejudice / Women in Love

愛憎を表す表現

この章では、エミリー・ブロンテの『嵐が丘』、ジョージ・オーウェルの『1984』、ジェイン・オースティンの『高慢と偏見』、D・H・ロレンスの『恋する女たち』などから、登場人物同士が愛や憎しみ等の感情をぶつけ合う場面を多く取り上げました。この章の文章では attachment（執心、愛情、愛着）のような「愛情」を表す語、acrimony（憎しみに満ちた言葉や気持ち）のような「憎しみ・嫌悪」を表す語のほか、exult（得意になってたかぶった気持ちになる）など、感情を表す語が多く登場します。一般的には会話文における語彙は書き言葉よりも易しめですが、『嵐が丘』や『高慢と偏見』では、比較的カジュアルな会話においてもハイレベルな語が少なくありません。このため、登場人物のやり取りを楽しみながら高度な語彙を学ぶことができるのも、これらの作品の特徴です。

～あなたのためにみじめな思いなんて～　感情が高ぶる場面の単語

この項では、stamp（～を踏み鳴らす）、quiver（わなわなと震える）、persevere（粘り強く頑張り続ける）などの重要語を学びます。

Track 001　　エミリー・ブロンテ『嵐が丘』

あらすじ　キャサリンは、上流階級の家庭の長男で容姿にも優れるエドガー・リントンに恋心を抱いており、エドガーもキャサリンに惹かれています。以下は、エドガーがキャサリンの屋敷を訪れたときのことを、使用人であり、キャサリンの乳母のような存在であったネリーが語ったもの。エドガーと２人きりになりたいキャサリンはネリーに退席するように強い口調で命じますが、ネリーは、キャサリンの兄ヒンドリーから「エドガーがキャサリンに会いにきたときには同席するように」と言われていたため、退席せずに部屋の掃除を続けます。第２文の She はキャサリンを指しています。

[…] I proceeded **assiduously** with my occupation. She, supposing Edgar could not see her, […] pinched me […] very **spitefully** on the arm. I've said I did not love her, and rather **relished mortifying** her vanity now and then: besides, she hurt me extremely; so I […] screamed out, 'Oh, Miss […]! You have no right to nip me […].'

'I didn't touch you, you lying creature!' cried she […]. […]

'What's that, then?' I **retorted**, showing a **decided** purple witness to **refute** her.

She **stamped** her foot, **wavered** a moment, and then […] slapped me on the cheek […].

'Catherine, love! Catherine!' **interposed** Linton, greatly shocked at the double fault of falsehood and violence which his idol had committed.

私は自分の仕事に丹念に取りかかりました。するとキャサリンはエドガーからは見えないと考え、私に嫌な思いをさせようという強い意思で私の腕をつねったのです。前にも申し上げたように、私は彼女のことが好きではなく、時おり彼女のうぬぼれた心を恥じ入らせることにむしろ歓びを覚えていました。それに彼女につねられて本当に痛かったのです。ですから私は大声を上げました。「キャサリン様！　私をつねる権利などありませんよ」

「あなたに触れてなんかいないわ。この嘘つき！」と彼女は叫びました。

「ではこれは何ですか？」と私は、彼女に反駁するために、証拠となるはっきりと紫色になったあざを見せて言い返しました。

すると彼女は足を踏み鳴らし、一瞬躊躇し、それから私の頬を平手で打ったのです。

「キャサリン！　キャサリン！」とエドガー・リントンが割って入りました。自分の恋する人が犯した、嘘と暴力という二重の過ちにひどくショックを受けたのです。

Vocabulary　Track 002

□ **assiduously** 副 [əsídʒuəsli]	細かいところまで手を抜かずに一生懸命に、丹念に、勤勉に
□ **spitefully** 副 [spáɪtfəli]	人に嫌な思いをさせるために故意に
□ **relish** 動 [rélɪʃ]	～に生き生きとした歓びを覚える、～を大いに楽しむ
□ **mortify** 動 [mɔ́ː(r)tɪfaɪ]	～を恥じ入らせる
□ **retort** 動 [rɪtɔ́ː(r)t]	怒ってすぐに言い返す、ユーモアのある言葉ですぐに切り返す
□ **decided** 形 [dɪsáɪdɪd]	明白で間違えようのない
□ **refute** 動 [rɪfjúːt]	～に反駁する、～を否認する、～（仮説など）が誤っていることを証明する

□ **stamp** 動 [stǽmp]	～（足）を踏み鳴らす
□ **waver** 動 [wéɪvə(r)]	（決心などが）揺らぐ、（光などが）揺らめく
□ **interpose** 動 [ìntə(r)póʊz]	（他の人たちの会話に）口をはさむ

ヒント proceed with ～で「～に取りかかる」、occupation はここでは「仕事」、pinch は「～をつねる」、vanity は「うぬぼれ」、scream out は「叫ぶ」、nip は「～をつねる」、witness はここでは「証拠」、slap は「～を平手で打つ」。Catherine, love! における love は相手に対する呼びかけの言葉。falsehood は「偽り」、idol はここでは「自分の恋する人」の意。

Track **003**

エミリー・ブロンテ『嵐が丘』

あらすじ 1つ前の文章のすぐ後に続く場面から。キャサリンに平手打ちされたネリーが目に涙を浮かべると、ネリーのそばにいたヘアトンという幼い子どもが泣き始めます。するとキャサリンは怒りの矛先をヘアトンに向け、ヘアトンを激しく揺さぶります。それを見たエドガーは急いでキャサリンの両手を押さえますが、キャサリンはもがき、片手が自由になったとたん、今度はエドガーの耳を強く叩きます。冒頭の He はエドガーを指しています。

He drew back in **consternation**. […] The insulted visitor moved to the spot where he had laid his hat, pale and with a **quivering** lip. […]

‘Where are you going?’ demanded Catherine, advancing to the door.

He **swerved** aside, and attempted to pass.

'You must not go!' she exclaimed [...].

'I must and shall!' he replied in a **subdued** voice. [...]

'[...] you shall not leave me in that temper. I should be miserable all night, and I won't be miserable for you!'

[...] Edgar **persevered** in his **resolution** as far as the court; there he **lingered**. [...] he turned abruptly, hastened into the house again [...] and when I went in a while after [...] I saw the quarrel had merely **effected** a closer intimacy – had broken the outworks of youthful **timidity**, and enabled them to **forsake** the disguise of friendship, and confess themselves lovers.

エドガーは呆然として後ずさりしました。そしてこの侮辱された客人は、青ざめて唇を震わせながら帽子を脱いだところへ行きました。

「どこへ行くつもり？」とキャサリンがドアのところへ行って強い調子で尋ねました。

エドガーはさっとよけて通り抜けようとしました。

「帰ってはだめ！」とキャサリンが叫びました。

「僕は帰るべきだし、そうさせてもらう！」とエドガーが押し殺した声で言いました。

「私をこんな気持ちのまま放って帰るなんて許さないわ。（このままあなたが帰ったら）私は一晩中みじめになってしまうし、あなたのためにみじめな思いなんて絶対にしてやらないわ！」

エドガーは（帰るという）決心を何とか保って庭のところまで行きましたが、そこでとどまりました。そしてエドガーは突然振り返り、急いで屋敷の中へ戻っていったのです。少し経ってから屋敷へ戻った私が見たのは次のようなことでした。口喧嘩によって２人の親密さはより一層深まり、若さから来る内気さの壁は打ち崩され、２人は友達関係という仮面を捨て去って、お互いが相手に恋していることを告白したのです。

Vocabulary Track 004

□ **consternation** 名 [kɔ̀nstə(r)néɪʃ(ə)n]	（悪いことが起きてショックを受けたときなどの）「ああ、なんということだ」という、目の前が暗くなるような気持ち
□ **quiver** 動 [kwívə(r)]	わなわなと震える ＊名詞としての使い方は→ p. 214
□ **swerve** 動 [swə́ː(r)v]	（何かをよけるなどして）横にさっと動く
□ **subdued** 形 [səbdjúːd]	抑制された
□ **persevere** 動 [pə̀ː(r)səvíə(r)]	（苦しい状況が続いても）粘り強く頑張り続ける
□ **resolution** 名 [rèzəlúːʃ(ə)n]	決意、決心
□ **linger** 動 [líŋə(r)]	（なかなか去らずに）その場にとどまる
□ **effect** 動 [ɪfékt]	～をもたらす、～を生み出す、～を成し遂げる　＊目的語としてよく一緒に使われる名詞は cure（治癒）、change（変化）など。effect a cure で「（薬などが）治癒をもたらす」、effect a change で「（制度などを）改革する、（行動様式などを）変えさせる」。
□ **timidity** 名 [tɪmídəti]	内気さ、臆病さ
□ **forsake** 動 （– **forsook** – **forsaken**） [fə(r)séɪk]	～を捨て去る

ヒント draw back は「後ろに下がる」。pale（青白い）は形容詞ですが、ここでは分詞構文と同等の働きをしています（分詞だけでなく、形容詞も「～な状態で」

等の意味で、分詞構文に相当する働きをすることができます)。advance はここでは「進む」、exclaim は「叫ぶ」。I must and shall! における shall は will と同じ（イギリス英語では主語が一人称の場合、will の代わりに shall が、would の代わりに should が使われることがあります)。you shall not ～は「あなたには～させない」の意。temper はここでは「気分」。I should be …における should は would と同じ（should は助動詞 shall の過去形です)。助動詞の過去形が使われているのは、「もし仮にあなたがこのまま帰ってしまったら」という言外の仮定を受けているため。「架空の仮定」を受けると助動詞は過去形に変わります。court は「庭」、abruptly は「急に」、hasten は「急ぐ」、quarrel は「口喧嘩」、intimacy は「親密さ」、outworks は「防御壁」、confess A + B で「A は B であると告白する」。

～君がただちにここを去ることを要求する～
深刻な話し合いを行う場面の単語

この項では、mitigate（～を和らげる)、notice（通告)、dissolve（～を解消する）などの重要語を学びます。

Track 005

エミリー・ブロンテ『嵐が丘』

あらすじ 愛するキャサリンと結婚したエドガー・リントン。しかし、幸せな生活もつかの間、長く消息を絶っていたヒースクリフが近所に舞い戻り、妻のキャサリンのもとを頻繁に訪ねてくるようになります（ヒースクリフはこの世でキャサリンのみを愛しており、それ以外の人間には冷酷で、しかもリントン家の人間を激しく憎んでいます)。エドガーは自分の家庭にヒースクリフが問題ごとを起こそうとしているのを察知しますが、エドガーの新たな心痛の種は意外なところから生じることに――。冒頭の His はエドガーを指しています。また、文中の Isabella Linton はエドガーと同じ家に住むエドガーの妹で、the tolerated guest（招かれざる客）はヒースクリフのことです。

His new source of trouble **sprang from** the not anticipated misfortune of Isabella Linton **evincing** a sudden and irresistible attraction towards the tolerated guest. [...] he had sense to comprehend Heathcliff's **disposition**: to know that, though his exterior was altered, his mind was unchangeable and unchanged. And he dreaded that mind: it **revolted** him [...]. He would have **recoiled** still more had he been aware that her **attachment** rose **unsolicited**, and was bestowed where it awakened no **reciprocation** of sentiment [...].

エドガーの新たな心痛の種は、イザベラ・リントンが招かれざる客（＝ヒースクリフ）に対して抑えがたい恋情を持っている様子を突如として示し始めるという予想外の不運から生まれました。エドガーには、ヒースクリフの気質を理解するだけの賢明さ、ヒースクリフの外見は変化しても、その精神は変わりようがなく、実際に変わっていないということに気づくだけの賢明さがありました。エドガーはヒースクリフのその精神を恐れていたのです。ヒースクリフの精神はエドガーに激しい嫌悪感を抱かせました。エドガーの嫌悪はより一層強まったことでしょう。もしエドガーが、イザベラの恋心は相手から求められることなしに生じ、しかも相手であるヒースクリフは彼女の気持ちを知っても彼女に恋心を抱くことはまったくなかった、ということを知っていたとしたら。

Vocabulary　Track 006

□ **spring from ～** 熟 （**– sprang – sprung**） [spríŋ frəm]	～から発生する、～に起因する
□ **evince** 動 [ɪvíns]	～を呈する、～を発露する、～を示す ＊ある感情や性質を持っていることが、その人の態度などから明らかに見て取れる場合に使われます。目的語としてよく一緒に使われる名詞は desire（願望）、interest（関心）、enthusiasm（熱意）など。

□ **disposition** 名 [dìspəzíʃ(ə)n]	（人の）気質、性質
□ **revolt** 動 [rɪvə́ʊlt]	～に激しい嫌悪感を抱かせる、～に吐き気を催させる　＊他の意味は→ p. 318
□ **recoil** 動 [rɪkɔ́ɪl]	（嫌悪や恐怖を感じて）反射的に身を引く、飛び退く
□ **attachment** 名 [ətǽtʃmənt]	執心、愛情、愛着
□ **unsolicited** 形 [ʌ̀nsəlísɪtɪd]	相手から望まれていないのに一方的に相手に向けられる、ありがた迷惑の ＊よく一緒に使われる名詞は advice（アドバイス）、attachment（執心、愛情）など。
□ **reciprocation** 名 [rɪsìprəkéɪʃ(ə)n]	相手が自分に対して抱くのと同じ気持ちを相手に対して抱くこと、一方通行ではなく相互に同じ気持ちや態度でやり取りし合うこと

ヒント anticipate は「～を予期する」、misfortune は「不運」、evincing は動名詞で、Isabella Linton が動名詞の意味上の主語。irresistible は「抵抗不可能な」、attraction はここでは「恋情、惹かれていること」、sense は「賢明さ、分別」、exterior は「外見」、dread は「～を恐れる」、still more は「より一層」。had he been ～は if he had been ～（もし仮に彼が～であったなら）と同じ意味です。bestow は「～を授ける」。where it awakened ...における where S + V は「S が V する場所に」が基本の意味。 awaken は「～を呼び起こす」、sentiment は「感情、気持ち」。

Track 007　エミリー・ブロンテ『嵐が丘』

あらすじ イザベラ・リントンのヒースクリフに対する恋心を知った使用人のネリーは、ヒースクリフがイザベラの思っているような素晴らしい人物ではまったくないことを彼女に説明して彼女の恋を冷まそうとしますが、イザベラは耳を貸しません。以下はそのときのことをネリーが回想したもので、前半部分はネリーがイザベラに言われた言葉です。

'I'll not listen to your **slanders**. What **malevolence** you must have to wish to convince me that there is no happiness in the world!'

Whether she would have got over this fancy if left to herself, or **persevered** in **nursing** it **perpetually**, I cannot say [...].

「あなたの中傷なんて聞かないわ。この世に幸せがないって私に思い込ませようとするなんて、あなたはなんていう悪意を持っているの⁉」

もし1人で放っておかれていたら彼女がこの恋心を冷ますことができたのか、それともずっと諦めずに恋心を抱き続けていたのかは、私には何とも言えません。

Vocabulary　Track 008

□ **slander** 名 [slάːndə(r)]	中傷、名誉毀損
□ **malevolence** 名 [məlévələns]	（相手を傷つけたり苦しめたりしたいという）悪意
□ **persevere** 動 [pə̀ː(r)səvíə(r)]	（苦しい状況が続いても）粘り強く頑張り続ける

□ **nurse** 動 [nə́ː(r)s]	〜を心に抱き続ける ＊目的語としてよく一緒に使われる名詞は ambition（野心）など。
□ **perpetually** 副 [pə(r)pétʃuəli]	永続的に、永久的に、やむことなく何度も何度も

ヒント to wish ...における不定詞は「〜するなんて」の意。wish to do 〜で「〜したがっている」、convince 〜 that S + V で「〜に S + V ということを納得させる」。Whether ...は倒置文で、通常の語順に戻すと I cannot say whether ...となります。get over 〜で「〜を克服する」、fancy はここでは「（一時的な）恋心」、be left to oneself で「1 人で放っておかれる」。

Track 009

エミリー・ブロンテ『嵐が丘』

あらすじ ヒースクリフに恋心を抱いているイザベラ・リントンは、義姉のキャサリンが、自分とヒースクリフが親しくなるのを邪魔しようとしていると思い込み、キャサリンをなじります。そして、そのことでイザベラに腹を立てたキャサリンは、ヒースクリフの面前で、イザベラがヒースクリフに恋していることを暴露してしまいます。以下は、あまりの恥ずかしさにイザベラがその場を逃げ去った後の、ヒースクリフとキャサリンのやり取りです。最初のセリフはヒースクリフのもの。

‘[…] You were not speaking the truth, were you?’

‘I assure you I was,’ she returned. ‘She has been **pining** for your sake several weeks, and **raving about** you this morning, and pouring forth a **deluge of abuse**, because I represented your **failings** in a plain light, for the purpose of **mitigating** her **adoration** […].’

「君の言っていたことは本当ではないんだろう？」

「本当よ。保証するわ」とキャサリンは答えました。「ここ何週間か彼女はあなたのことを思い焦がれて焦燥していたの。今朝はあなたのことを熱っぽく語っていた上に、私が彼女のあなたへの盲目的な恋を冷まそうとしてあなたの欠点をはっきりと説明したら、すごい数の罵詈雑言を浴びせかけてきたのよ」

Vocabulary　Track 010

□ **pine** 動 [páɪn]	（愛する人がいなくなったために）生活に支障をきたすほど悲しみに暮れる
□ **rave about ～** 熟 [réɪv əbaʊt]	～を熱烈に称賛する
□ **a deluge of ～** 熟 [ə déljuːdʒ əv]	大量の～ ＊deluge は「洪水」の意。
□ **abuse** 名 [əbjúːs]	罵詈雑言
□ **failing** 名 [féɪlɪŋ]	欠点、悪いところ、ダメなところ
□ **mitigate** 動 [mítɪgeɪt]	～を和らげる ＊目的語としてよく一緒に使われる名詞は impact（影響）、problem（問題）など。
□ **adoration** 名 [æ̀dəréɪʃ(ə)n]	崇拝、賛美

ヒント　assure ～ that S + V で「S + V ということを～に請け合う」。pour forth ～ は「～をすごい勢いで吐き出す」、represent はここでは「～を表現する」、in a plain light は「明白にはっきりと」。

Track 011

エミリー・ブロンテ『嵐が丘』

あらすじ 自分の家庭内にヒースクリフが深刻な問題を引き起こそうとしていることを察知したエドガー・リントンは、ついにヒースクリフに出入りを禁ずることに。以下はそのときのエドガーの言葉です。

'I've been so far **forbearing** with you, sir,' he said quietly; '[...] Catherine wishing to keep up your acquaintance, I **acquiesced** – foolishly. Your presence is a moral poison that would **contaminate** the most virtuous: [...] I [...] give **notice** now that I require your instant departure. Three minutes' delay will render it **involuntary** and **ignominious**.'

「これまで私は君に対して寛容に接してきました」と彼は静かに言いました。「キャサリンが君との付き合いを続けたがっていて、私は不本意ながら黙認してしまった。愚かにもね。君の存在は、最も高潔な人間さえも汚染してしまう精神の毒です。いま君に通告します。私は君がただちにここを去ることを要求する。3分以内に立ち去らなければ、強制的に、そして君にとって非常に不面目な方法で出ていってもらうことになります」

Vocabulary Track 012

□ **forbearing** 形 [fɔː(r)béərɪŋ]	寛容な
□ **acquiesce** 動 [æ̀kwiés]	（不本意ながら）黙認する
□ **contaminate** 動 [kəntǽməneɪt]	～を汚染する

□ **notice** 名 [nóʊtɪs]	通告
□ **involuntary** 形 [ɪnvɔ́lənt(ə)ri]	強制的な、自らの意思によるものではない、思わず反射的に発してしまうような ＊よく一緒に使われる名詞は confinement（拘束）、cry（叫び）、unemployment（失業）など。
□ **ignominious** 形 [ìgnəmíniəs]	非常に不面目な、汚辱にまみれた、屈辱的な ＊よく一緒に使われる名詞は defeat（敗北）、retreat（退却）など。

ヒント wishing ...は分詞構文で、Catherine はその主語。keep up ～ は「～を続ける」、acquaintance は「知り合いとしての付き合い」、presence は「存在」、the most virtuous で「最も高潔な人々」。that would ...において助動詞の過去形が使われているのは、the most virtuous に「最も高潔な人々であったとしても」という仮定が含まれているため。「架空の仮定」を受けると助動詞は過去形に変わります。that I require ...は notice の内容を表す同格名詞節。render A + B で「A を B にする」。

Track **013**

エミリー・ブロンテ『嵐が丘』

あらすじ リントン家の人間を激しく憎んでいるヒースクリフに、あろうことか恋をしてしまうイザベラ・リントン。イザベラの恋をおぞましく思った兄エドガー・リントンは、イザベラと話し合いの場を持ちます。以下はそのときのことを使用人のネリーが語ったもの。なお、ヒースクリフは自分に恋しているイザベラのことを愛していないにもかかわらず、彼女の気を引くような行動を取っています。

Isabella and he had had an hour's interview, during which he tried to **elicit** from her some sentiment of proper horror for Heathcliff's **advances**: but he **could make nothing of** her **evasive** replies, and was obliged to close the examination unsatisfactorily; adding, however, a **solemn** warning, that if she were so insane as to encourage that worthless suitor, it would **dissolve** all bonds of relationship between herself and him.

イザベラとエドガーは1時間に及ぶ話し合いを行いました。その中でエドガーは、ヒースクリフに言い寄られていることに対して覚えるべき強い嫌悪感をイザベラが持っていることを確認しようとしました。しかしエドガーは彼女の曖昧な返答から何もつかむことができず、満足のいく成果を得られないまま、彼女に対する質問を打ち切らざるを得なかったのです。でもエドガーは厳粛な警告を付け加えました。もし彼女が完全に正気を失って、あの下賤な求婚者をさらにその気にさせるようなことがあれば、自分は彼女との関係を一切断ち切る、と。

Vocabulary Track 014

□ **elicit** 動 [ɪlísɪt]	～（情報や反応など）を引き出す
□ **advances** 名 [ədvάːnsɪz]	（関係を持とうとして）言い寄る行為、口説こうとする行為 ＊この意味では常に複数形で用いられます。
□ **can make nothing of ～** 熟 [kən meɪk nʌθɪŋ əv]	～の意味や性質を理解できない
□ **evasive** 形 [ɪvéɪsɪv]	はぐらかすような、曖昧な　＊関連する動詞に evade（～から逃れる）があります。
□ **solemn** 形 [sɔ́ləm]	厳粛な
□ **dissolve** 動 [dɪzɔ́lv]	～を解消する

ヒント some sentiment of ...の部分が elicit の目的語。be obliged to do ～で「～せざるを得ない」、unsatisfactorily は「満足のいく成果を得られないまま」。so ... as to do ～で「～してしまうほどに...」または「あまりにも...なので～してしまう」。insane は「頭のおかしい」、suitor は「求婚者」、bond は「絆、つながり」。

～夫より先に死んでやるの～
結婚相手にだまされたことに気づく場面の単語

この項では、torment（～を苛む）、bewitched（心を完全に奪われている）、desperation（絶望による自暴自棄）など、「心」に関連する重要語を中心に学びます。

Track 015　　エミリー・ブロンテ『嵐が丘』

あらすじ　ヒースクリフに対して盲目的な恋心を抱いていたイザベラ・リントンは、駆け落ちするようにヒースクリフと結婚します。しかし、結婚してすぐにヒースクリフの冷酷な本性に気づいたイザベラは不幸のどん底に陥り、実家の使用人であるネリーに助けを求める手紙を書き送ります。以下は、手紙を受け取ったネリーがヒースクリフの屋敷を訪ねたときのことをネリー自身が語ったもの。最初のセリフはヒースクリフの言葉で、she はイザベラを指しています。また、文中の Ellen はネリーの別名です。

'[…] If she desired to go, she might: the nuisance of her presence **outweighs** the **gratification** to be derived from **tormenting** her!'

'Mr Heathcliff,' said I, 'your wife […] has **borne with** you **hitherto**: but now that you say she may go, she'll doubtless **avail herself of** the permission. You are not so **bewitched**, ma'am, are you, as to remain with him **of your own accord**?'

'Take care, Ellen!' answered Isabella […]. 'Don't put faith in a single word he speaks. […] I've been told I might leave him before; and I've made the attempt, but I dare not repeat it! […] he wishes to provoke Edgar to **desperation**: he says he has married me on purpose to obtain power over him; and he sha'n't obtain it – I'll die first! I just hope, I pray, that he may forget his **diabolical prudence** and kill me!'

「もしあの女が出ていきたいというのなら、そうして構わないのだ。あいつの存在のうっとうしさは、あいつを苛むことから得られる歓びを上回るからね」

「ヒースクリフさん」と私は言いました。「これまで奥様はあなたに我慢してきました。でも『ここを出てもよい』とあなたがおっしゃったからには、間違いなく奥様は許可されたことを実行するでしょう。奥様、ご自身の意思でヒースクリフさんと一緒にい続けるほど夢中になっているわけではないでしょう？」

「エレン、気をつけて！」とイザベラは答えました。「夫の言うことはひと言も信じてはだめ。出ていってもいいと言われて、そうしようとしたけれど、（ひどい仕打ちをされたので）もうしないわ。夫はエドガーを挑発して自暴自棄にさせようとしているのよ。夫は、あえて私と結婚したのはエドガーに対して優位に立つためだと言っているけれど、そうはさせない。私、夫より先に死んでやるの！　夫があの悪魔的な慎重さを忘れて私を殺してくれればいいと願う、いえ、祈るわ」

Vocabulary　Track 016

□ **outweigh** 動 [aʊtwéɪ]	～を上回る
□ **gratification** 名 [grætɪfɪkéɪʃ(ə)n]	この上ない満足感
□ **torment** 動 [tɔː(r)mént]	～を苛む、～をひどく苦しめる ＊名詞としての使い方は→ p. 48
□ **bear with ～** 熟 （– bore – borne） [béə(r) wɪð]	～に我慢する
□ **hitherto** 副 [hìðətúː]	これまで、それまで
□ **avail oneself of ～** 熟 [əvéɪl wʌnself əv]	～を活用する、～を利用する

□ **bewitched** 形 [bɪwítʃt]	（まともな判断ができないほど）心を完全に奪われている、魔法をかけられている
□ **of one's own accord** 熟 [əv wʌnz oʊn əkɔ́ː(r)d]	自ら進んで、自分の意思で
□ **desperation** 名 [dèspəréɪʃ(ə)n]	絶望による自暴自棄　＊精神的に追いつめられて、手段を選ばなくなる状態を指します。
□ **diabolical** 形 [dàɪəbɔ́lɪkl]	悪魔のような、邪悪な、極めてひどい
□ **prudence** 名 [prúːd(ə)ns]	（リスクを回避する）慎重で賢明な態度

ヒント desire to do ～で「～したいと望む」。she might ...における might は、「許可」を表す may が if 節による「架空の仮定」を受けて過去形に変わったもの。nuisance は「わずらわしさ」、derive A from B で「B から A を得る」、now that S ＋ V で「S が V する今となっては」、so ... as to do ～で「～してしまうほどに...」または「あまりにも...なので～してしまう」。faith は「信頼」、dare do ～で「（勇気を出して）～する」、provoke は「～を挑発する」。he sha'n't は he shall not を短縮したもの（現在では shan't と表記します）。he shall not ～は「彼には～させない」の意。that he may ...における may は「祈り」などに使われる特殊な用法で、それ自体に明確な意味はありません。

～俺を苛まないでくれ～　苦しみを表す単語

この項では、前項に続き wretched（打ちひしがれている）、vindictiveness（復讐心）、distress（～の心を苛む、心痛）など、「心」に関連する重要語を中心に学びます。

あらすじ　キャサリンは、同じ魂を持っていると言ってよいほど結びつきの強いヒースクリフと、夫であるエドガーとの間に挟まれ、心労により心身がすっかり弱っています。そして、彼女の使用人であるネリーからキャサリンが衰弱していることを伝えられたヒースクリフは、彼女に会うことをエドガーから禁じられているにもかかわらず、強引に彼女を訪ねます（ヒースクリフは冷酷な人間ですが、唯一キャサリンを愛しています）。しかし、もはや回復の見込みがないほどに面変わりした彼女を目にしたヒースクリフは、あまりの衝撃にほとんど正気を保つことができません。以下はキャサリンが、自分をこれほど衰弱させたことについてヒースクリフをなじる場面。最初のセリフはキャサリンのものです。

‘[…] You have killed me – and **thriven on** it, I think. […] How many years do you mean to live after I am gone?’

Heathcliff had knelt on one knee to embrace her; he attempted to rise, but she seized his hair, and kept him down.

‘I wish I could hold you,’ she continued, bitterly, ‘till we were both dead! […] Will you be happy when I am in the earth? Will you say twenty years hence, “That’s the grave of Catherine Earnshaw. I loved her long ago, and was **wretched** to lose her; but it is past. I’ve loved many others since […]!”’

‘Don’t torture me till I’m as mad as yourself,’ cried he, **wrenching** his head free, and **grinding** his teeth.

[…] Her present countenance had a wild **vindictiveness** in its white cheek, and a bloodless lip […]; and she retained in her closed fingers a portion of the locks she had been grasping. […]

‘Are you possessed with a devil,’ he pursued, **savagely**, ‘to talk in that manner to me when you are dying? Do you reflect that all those words will be **branded** in my memory, and eating deeper eternally after you have left me? […] Catherine, you know that I could as soon forget you as my existence! Is it not sufficient for your infernal selfishness, that while you are at peace I shall **writhe** in the **torments** of hell?' […]

'I'm not wishing you greater **torment** than I have, Heathcliff. I only wish us never to be parted: and should a word of mine **distress** you hereafter, think I feel the same **distress** underground, and for my own sake, forgive me! […]'

「あなたは私を殺してしまったのよ。しかも、私が思うに、あなたは私を殺して生き生きとしていたのよ。私が死んだ後、あなたは何年生きるつもり？」

それまで片膝をついてキャサリンを抱擁していたヒースクリフは立ち上がろうとしましたが、キャサリンは彼の髪をつかんで押しとどめました。

「私たちが２人とも死ぬまで、あなたを抱きしめていられたらいいのに！」と彼女はやるせない様子で続けました。「私が死んだらあなたは幸せなの？　20年後にこう言うつもり？『あれがキャサリン・アーンショーの墓だ。遠い昔、俺は彼女を愛していて、彼女を失って悲嘆に暮れた。だがそれも過ぎたことだ。あれから俺は別の人を何人も愛してきた』」

ヒースクリフは歯をギリギリと言わせて、キャサリンの手から自分の頭をぐいとねじって引き離しながら、「俺を苛まないでくれ。君は俺の頭を君と同じようにおかしくさせたいのか？」と叫びました。

そのときのキャサリンの顔は、その青白い頬と血の気のない唇に激しい復讐心をあらわにしていました。そして彼女のこぶしには、それまで握りしめていたヒースクリフの髪の毛の一部が（ちぎれて）残っていました。

「君は悪魔に憑かれているのか？」と彼は荒々しく続けました。「死に際に俺にそんな言い方をするなんて。そういう君の言葉がすべて俺の記憶に焼き付けられ、君が死んでから永遠にとどまることなく深く食い込んでいくことを考えないのか？キャサリン、俺が君を忘れることなんて絶対に不可能だと知っているだろう！　君が安らかに眠っている間、俺が地獄の苦しみにもだえるということだけでは、君のそのひどい身勝手な心には不十分なのか？」

「ヒースクリフ、私よりも大きな苦しみをあなたに味わってほしいわけではないわ。私はただ、あなたと私が永遠に離れずにいられたらと願っているだけ。もしこの先、私の言葉があなたを苦しめるようなことがあったら、私も土の中で同じ苦しみを味わっていると思って。そして私のために、私を許して！」

Vocabulary Track 018

□ **thrive on ～** 熟 [θráɪv ɔn]	～を楽しんでそこから活力を得る ＊多くの人にとって楽しくないものを楽しんでいる場合によく用いられます。「～」の部分によく使われる名詞は hard work（きつい仕事）、stress（ストレス）など。なお、過去分詞としてこの文章の thriven のほか、thrived も用いられます。
□ **wretched** 形 [rétʃɪd]	打ちひしがれている ＊他の意味は→ p. 208、p. 248
□ **wrench** 動 [réntʃ]	～を無理やりグイとねじり取る、もぎ取る ＊ wrench ～ free で「～をグイとねじり取って自由な状態にする」。
□ **grind** 動 (– **ground** – **ground**) [gráɪnd]	～（歯など）をギリギリとこすり合わせる、～（豆や粉など）を挽く
□ **vindictiveness** 名 [vɪndíktɪvnəs]	復讐心
□ **savagely** 副 [sǽvɪdʒli]	激しく荒々しく、凶暴で容赦のないやり方で
□ **brand** 動 [brǽnd]	～を焼き付ける
□ **writhe** 動 [ráɪð]	もだえる
□ **torment** 名 [tɔ́ː(r)ment]	苦悩、苦しみ ＊動詞としての使い方は→ p. 44

☐ **distress** 動 [dɪstrés]	（心配ごとなどが）～の心を苛む
☐ **distress** 名 [dɪstrés]	心痛、悩乱、強い不安

ヒント mean to do ～で「～しようとしている」、be gone で「いなくなる、いなくなっている」、knelt は kneel（ひざまずく）の過去形、embrace は「～を抱擁する」、seize は「～をつかむ」、bitterly は「やるせない様子で」、earth はここでは「土」、twenty years hence で「今から 20 年後に」、torture は「～を（拷問によって）苦しめる」、countenance は「顔、表情」。a portion of ～（～の一部）が retained の目的語。lock は「髪の毛」。
possessed は「取り憑かれている」、pursue はここでは「続けて言う」。to talk ... における不定詞は「～するなんて」の意。manner は「やり方」、reflect that S + V で「S + V ということを考える」、eating deeper における eat は「浸食する」の意。I could as soon forget you as my existence は直訳すると「自分の存在と同じくらいすぐに君を忘れることができる」ですが、「自分の存在」を忘れることはできないため、「自分の存在を絶対に忘れることができないのと同様に、君を忘れることは絶対にできない」「君を忘れることが絶対にできないのは、自分の存在を絶対に忘れることができないのと同じである」という意味になります。sufficient は「十分」、infernal は「ひどい」、at peace はここでは「安らかに眠っている」。I shall は I will と同じ（イギリス英語では主語が一人称の場合、will の代わりに shall が使われることがあります）。wish A to do ～で「A に～してほしいと願う」、be parted で「離れ離れになる」。should a word of mine distress ... は if a word of mine should distress ... と同じ意味。if + 《主語》 + should ～で「万が一《主語》が～した場合には」。hereafter は「この先」。

～私、骨の髄まで腐っているの～　希望を見出す場面・病気に関する単語

この項では、iniquity（はなはだしい不公正）、leprosy（ハンセン病）、syphilis（梅毒）などの重要語を学びます。

Track 019　　ジョージ・オーウェル『1984』

あらすじ　党員のあらゆる行動が監視され、党に不都合と見なされればたちまち捕らえられて拷問を受け処刑される究極の監視社会に生きるウィンストン。彼は、一緒にいるところを見られてはならない恋人と、危険を冒して初めて２人きりで会うことになります。落ち合うのは彼女が指定した秘密の場所。以下は、初めての逢瀬の後の２人のやり取りで、最初のセリフはウィンストンのものです。文中の the Inner Party は「党の上層部」のこと。

'Have you done this before?' 'Of course. Hundreds of times – well, **scores of** times, anyway.' 'With Party members?' 'Yes, always with Party members.' 'With members of the Inner Party?' 'Not with those **swine**, no. But there's plenty that *would* if they got half a chance. They're not so holy as they **make out**.'

His heart leapt. **Scores of** times she had done it: he wished it had been hundreds – thousands. Anything that **hinted at** corruption always filled him with a wild hope. **Who knew, perhaps** the Party was rotten under the surface, its **cult** of **strenuousness** and **self-denial** simply a **sham** concealing **iniquity**. If he could have infected **the whole lot** of them with **leprosy** or **syphilis**, how gladly he would have done so! [...]

'Listen. The more men you've had, the more I love you. Do you understand that?' 'Yes, perfectly.' '[...] I want everyone to be corrupt to the bones.' 'Well then, I ought to suit you, dear. I'm corrupt to the bones.'

「今までにもこんなことを？」「もちろん。何百回も。いえ、それは言いすぎね。でも少なくとも何十回も」「党のメンバーと？」「ええ、いつも党のメンバーと」「上層部のメンバーとも？」「いえ、あんな連中とはしないわ。でも彼らの中にだって、少しでもチャンスがあればしようとする人間は多いのよ。彼らは口で言うほど聖人君子ではないわ」

彼の心は弾んだ。彼女は何十回もこんなことをしてきたのだ。彼はそれが何百回、いや何千回だったらよかったのに、と思った。道徳的腐敗を少しでも思わせるようなことを見聞きすると、それがどんなことであれ、いつも彼は夢のような希望（＝党が崩壊してその支配が終わるという希望）でいっぱいになるのだった。わかるものか。見えないところで党が腐敗していて、身を粉にしての労働や滅私奉公を党が礼賛しているのも実は腐敗を隠すための取り繕いにすぎない、ということだってあり得るんだ。もし彼がハンセン病や梅毒を党員全員に感染させることができていたとしたら、いかに喜んで彼はそうしていたことだろうか！

「君がこれまでに関係を持った男が多ければ多いほど、僕は君を愛するんだ。わかってくれる？」「ええ、完璧に」「僕は皆に骨の髄まで腐っていてほしいんだ」「それなら私はあなたにぴったりのはずよ。私、骨の髄まで腐っているの」

Vocabulary　Track 020

□ **scores of ～** 熟 [skɔ́ː(r)z əv]	何十もの～、とても多くの～ ＊ score は「20」または「だいたい 20 くらいの数」の意。
□ **swine** 名 [swáɪn]	嫌な人間、ブタ ＊前者の意味ではインフォーマルです。
□ **make out (that) S ＋ V** 熟 [meɪk áʊt]	S ＋ V という主張をする ＊「本人はそう主張しているが、その真実性には疑いがある」という場合によく使われます。
□ **hint at ～** 熟 [hínt ət]	～をほのめかす

□ **Who knows, perhaps ～** 熟 [hu: nəʊz pə(r)hæps]	ことによっては～かもしれない ＊ Who knows の部分は「実際のところどうなのかなんて、いったい誰にわかるというのか？」の意。perhaps の代わりに maybe もよく使われます。
□ **cult** 名 [kʌ́lt]	礼賛、崇拝
□ **strenuous** 形 [strénjuəs]	非常に精力的で労力を惜しまない、懸命の、（運動などが）激しくて過酷な ＊ strenuousness は strenuous の名詞形。
□ **self-denial** 名 [sèlfdɪnáɪəl]	滅私、滅私奉公
□ **sham** 名 [ʃǽm]	うわべだけのもの、（見た目を取り繕っただけの）偽物
□ **iniquity** 名 [ɪníkwəti]	（倫理に反する）はなはだしい不公正、壮大な悪
□ **the whole lot** 熟 [ðə hə́ʊl lɔt]	全員、全部
□ **leprosy** 名 [léprəsi]	ハンセン病
□ **syphilis** 名 [sífəlɪs]	梅毒

ヒント anyway は、直前で言いすぎてしまったことを修正する場合にも使われます。scores of times, anyway における anyway はこの用法。there's plenty that *would* における would は「意思」を表します。holy はここでは「聖人君子のような、清廉な」、corruption は「腐敗」。Who knew で始まる文は free indirect style（→ p. 111）の技法で書かれています。rotten は「腐っている」。a sham concealing iniquity は名詞句ですが、ここでは分詞構文と同等の働きをしており、its cult of strenuousness and self-denial の部分がその主語となっています（分詞だけでなく、名詞や形容詞も分詞構文に相当する働きをすることができます）。conceal は「～

を隠す」、infect は「～に感染させる」、corrupt は「腐敗している」、ought to は should と同じ。suit は「～に適している」。

Track **021**

ジョージ・オーウェル『1984』

あらすじ　ウィンストンは、一緒にいるところを見られてはならない恋人ジュリアと危険を冒して秘密の逢瀬を重ねていますが、いつも２人きりで会えるわけではありません。以下は､雑踏に紛れて見知らぬ人同士を装いながら逢い引きをする２人の様子。文中の telescreen とは、党のプロパガンダを映像で流すと同時に、家の中の人の言動を監視する機器のことです。

In the street it was usually possible to talk, **after a fashion**. As they drifted down the crowded pavements, not quite **abreast** and never looking at one another, they carried on a curious, **intermittent** conversation which **flicked** on and off like the beams of a lighthouse, suddenly nipped into silence by the approach of a Party uniform or the **proximity** of a telescreen, then taken up again minutes later in the middle of a sentence, then abruptly **cut short** as they parted at the agreed spot, then continued almost without introduction on the following day. Julia appeared to be quite used to this kind of conversation, which she called 'talking **by instalments**'. She was also surprisingly **adept** at speaking without moving her lips.

道ではたいていの場合、一応は何とか会話をすることができた。混んだ歩道を、完全に横には並ばずに、また決してお互いを見ることなしに流されるように歩きながら、２人は、灯台の光のようにぱっと途切れたり再開したりする奇妙な断続的な会話を続けた。その会話は、党員のユニフォームを着た人間が近づいてきたり、自分たちがテレスクリーンのある場所に近づいたりするとさっと止み、数分後に文の途中から再開され、あらかじめ示し合わせておいた場所で別れると同時に唐突に途中で途切れ、そして翌日に、ほとんど何の前置きもなしにまた続きが始まるのだった。ジュリアはこのような会話に完全に慣れているようであり、彼女はそれを「分割おしゃべり」と呼んだ。また、彼女は口を動かさずにしゃべることに驚くほど熟達していた。

Vocabulary Track 022

□ **after a fashion** 熟 [ɑːftər ə fǽʃ(ə)n]	一応は何とか ＊何とかこなせるけれども上手ではない場合に使われます。
□ **abreast** 副 [əbrést]	（同じ方向を向きながら）横に並んで
□ **intermittent** 形 [ìntə(r)mítənt]	断続的な
□ **flick** 動 [flík]	さっと動く ＊flick on and offで「ぱっとついたり消えたりする」。
□ **proximity** 名 [prɔksíməti]	近接、近いこと
□ **cut ～ short** 熟 [kʌt ʃɔ́ː(r)t]	～（会話など）を中断させる
□ **by instalments** 熟 [baɪ ɪnstɔ́ːlmənts]	分割払いで、分割で
□ **adept** 形 [ədépt]	巧みな、熟達した

ヒント drift は「流されるようにして進む」。down the crowded pavements における down は前置詞で、down ～は「～を道なりにまっすぐ／～を下に向かって」の意。not quite における quite は「完全に」の意。carry on ～は「～を続ける」、nip ～ into silence は「～を急に静かにさせる」、take up ～は「～を再び始める」、abruptly は「唐突に」、part は「別れる」、appear to be ～で「～であるように見える」。

～別の偶像が私に取って代わってしまったのよ～
別れを告げられる場面の単語

この項では、idol（崇拝の対象）、retort（怒ってすぐに言い返す）、be fraught with ～（～に満ちている）などの重要語句を学びます。be fraught with ～では、「～」の部分にどのような語が使われるのかにも注目してみてください。

Track 023　チャールズ・ディケンズ『クリスマス・キャロル』

あらすじ　あるクリスマスイブの晩、貪欲な金貸しの老人である主人公スクルージは精霊に連れられて過去を旅し、自分がいかにお金のことしか考えずに生きてきたかを見せつけられます。以下は、若かった頃の自分が婚約者から別れを告げられる様子をスクルージが目撃する場面。この後、婚約者が去っていくのを見せられたスクルージは精霊に「つらい場面をこれ以上見せないでください」と懇願します。

[…] Scrooge saw himself. […] His face […] had begun to wear the signs of […] **avarice**. […]

'It matters little,' she said, softly. 'To you, very little. Another **idol** has displaced me; and if it can cheer and comfort you in time to come […] I have no just cause to grieve.'

'What **Idol** has displaced you?' he rejoined.

'A golden one. […] I have seen your nobler **aspirations** fall off one by one, until the master-passion, Gain, **engrosses** you. Have I not?'

'What then?' he **retorted**. '[…] I am not changed towards you.'

She shook her head. […]

'[…] That which promised happiness when we were one in heart **is fraught with** misery now that we are two. […]'

（過去の）自分がそこにいるのがスクルージに見えました。その顔には強欲さを示す印が現れ始めていました。

「大したことではないわ」彼女は穏やかに言いました。「あなたにとってはまったくと言っていいほど。別の偶像が私に取って代わってしまったのよ。その偶像がこの先あなたを元気づけ、慰めることができるのなら、私に悲しむべき正当な理由はないわ」

「どんな偶像が君に取って代わったというんだ？」と彼は言いました。

「黄金の偶像よ。私は崇高な夢があなたから１つずつ消えて、ついには至上の執着であるお金以外、何も見えなくなっていくのを見てきたの。そうではなくて？」

「だからどうだと？」と彼は言い返しました。「君への態度は変わっていない」

彼女は首を振りました。

「私たちの心が１つだったときには、婚約が幸せを約束してくれた。でも心が別々になってしまった今では、その婚約も不幸の種でいっぱい」

Vocabulary　Track 024

□ **avarice** 名 [ǽvərɪs]	強欲さ
□ **idol** 名 [áɪdl]	崇拝の対象、（神として崇められる）偶像
□ **aspiration** 名 [æ̀spəréɪʃ(ə)n]	将来何かになりたい、あるいは何かを成し遂げたり勝ち取ったりしたいという強い願い ＊高みを目指す気持ちに使われます。よく複数形で用いられます。
□ **engross** 動 [ɪngróʊs]	～を完全に夢中にさせる ＊他のことがまったく考えられなくなるほど夢中にさせる場合に使われます。
□ **retort** 動 [rɪtɔ́ː(r)t]	怒ってすぐに言い返す、ユーモアのある言葉ですぐに切り返す
□ **be fraught with ～** 熟 [bi frɔ́ːt wɪð]	～（何か悪いもの）に満ちている ＊「～」の部分によく使われる名詞は difficulty（困難）、problem（問題）など。

ヒント comfort は「～を慰める」、in time to come は「これから先」、just は「正当な」、cause は「理由」。grieve は「悲しむ」、displace は「～を置き換える」、rejoin は「答える、切り返す」。see A do ～で「A が～するのを見る」。fall off は「はがれ落ちる」（この off は「くっついている状態から離れた状態へ」という変化を表します）。That which ...における That は「もの」を表す代名詞。That which promised ～で「～を約束したもの」。misery は「不幸」、now that S + V で「S が V する今となっては」。

～あなたとだけは結婚したくない～　怒り・拒絶を示す場面の単語

この項では、perverse（倒錯した嗜好を持つ）、tumult（激しい心の乱れ）、gratifying（満足感と歓びで心を満たすような）など、人の性質や気持ちに関連する重要語を中心に学びます。

Track 025　ジェイン・オースティン『高慢と偏見』

あらすじ 物語の中盤、主人公エリザベスが友人のコリンズ夫人のところに滞在しているときのこと。身分と容姿に優れているが高慢であると悪評の高いダーシーが、なぜかしばしばコリンズ夫人の屋敷を訪ねてきます。コリンズ夫人は、ダーシーはエリザベスのことが好きなのではないかとも考えますが、エリザベスとダーシーが 2 人きりのときにダーシーが押し黙っていたこともあり、ダーシーの真意を測りかねています。また、エリザベスもダーシーが自分に気があるとはとても思えず、彼女自身もダーシーに対して特別な気持ちを持っていません。以下は、エリザベスとコリンズ夫人がダーシーの動機をいぶかしむ様子を描いた一節で、第 1 文の they はエリザベスとコリンズ夫人、his はダーシーを指しています。

[…] after various **conjectures**, they could at last only suppose his visit to **proceed from** the difficulty of finding anything to do […]. […] It could not be for society, as he frequently sat there ten minutes together without opening his lips; and when he did speak, it seemed the effect of necessity rather than of choice – a sacrifice to **propriety**, not a pleasure to himself. He seldom appeared really **animated**. Mrs Collins knew not **what to make of** him. [...]

More than once did Elizabeth, in her **ramble** within the park, unexpectedly meet Mr Darcy. She felt all the **perverseness** of the mischance that should bring him where no one else was brought; and, to prevent its ever happening again, took care to inform him [...] that it was a favourite **haunt** of hers. How it could occur a second time, therefore, was very odd! Yet it did, and even the third. It seemed like **wilful** ill nature, or a voluntary **penance**; for on these occasions it was not merely a few formal inquiries and an awkward pause and then away, but he actually thought it necessary to turn back and walk with her.

コリンズ夫人とエリザベスはいろいろと憶測してみたものの、結局は、ダーシーがここへ来るのは他にやることを見つけるのが難しいからだ、と考えることしかできなかった。皆と一緒に時間を過ごしたいがために彼がここへ来ている可能性はなかった。というのは、彼はまるまる10分間ひと言も発せずに座っていることがしばしばあった上に、いざ何かを話すときも、自発的にというよりは、必要に駆られてそうしているように思われるのだった。話すことを楽しんでいるのではなく、礼節を守るために犠牲を払っているようなのであった。彼が生き生きとした様子を見せることはめったになく、コリンズ夫人は彼の真意を測りかねた。

エリザベスが公園を散歩している間、不意にダーシーに行き会うことが一度ならずあった。彼女は、自分が1人でいるときによりによってダーシーに行き会うという不運の皮肉さを思わずにはいられず、そのようなことがこの先二度と起きないようにと、ここは自分のお気に入りの場所でよく来るのです、ということをあえて彼に伝えた。そのため、再び同じことが起きるのは実に奇妙であった！　しかしそれは実際に起き、しかもさらにもう一度起きたのであった。彼は故意の意地悪か、あるいは自らに課した苦行のためにそうしているかのようであった。というのは、エリザベスに出会うと、ダーシーは単に儀礼的に彼女の調子を少し尋ね、気まずい沈黙の後で去っていくだけでなく、どういう了見なのか、なんと引き返してエリザベスと一緒に歩いたからである。

Vocabulary Track 026

□ **conjecture** 名 [kəndʒéktʃə(r)]	憶測、推測
□ **proceed from ～** 熟 [prəsíːd frəm]	～から生じる
□ **propriety** 名 [prəpráɪəti]	礼節、倫理的な正しさ
□ **animated** 形 [ǽnɪmeɪtɪd]	生き生きとしている
□ **what to make of ～** 熟 [wɔt tə méɪk əv]	～をどう解釈すればよいか
□ **ramble** 名 [rǽmbl]	（自然が豊かな場所での）散歩
□ **perverse** 形 [pə(r)vɜ́ː(r)s]	倒錯した嗜好を持つ、つむじ曲がりの、ひねくれた ＊ perverseness は名詞形で「ひねくれていること」の意。
□ **haunt** 名 [hɔ́ːnt]	好きでよく来る場所、溜まり場
□ **wilful** 形 [wílfl]	（悪い行為について）故意の
□ **penance** 名 [pénəns]	贖罪、苦行

ヒント suppose A to do ～で「A は～していると推定する」（このフレーズはかなりフォーマルです）。It could not be ...における It は「ダーシーがここへ来る理由」を指しています。society はここでは「人と一緒にいること」、ten minutes together で「まるまる 10 分間も」。a sacrifice to ... の部分は the effect of necessity と同格。sacrifice は「犠牲」、seldom は「めったに～ない」。knew not は古い書き方で、意味は did not know と同じです。

More than once で始まる文では、More than once の部分を強調するために後ろが疑問文の語順に倒置されています。unexpectedly は「不意に」、mischance は「不運」。that should bring ...における should は、「驚くべきこと」などに使われるやや特殊な用法です。where no one else was brought における where S + V は「S が V する場所に」が基本の意味。its ever happening ...における happening は動名詞で、its が動名詞の意味上の主語となっています。inform ~ that S + V で「S + V ということを～に知らせる」、ill nature は「意地の悪さ」。it was not merely ...における it は「ダーシーがしたこと」を指しています。formal inquiries はここでは「体調などを尋ねる儀礼的な質問」のこと。awkward は「気まずい」、pause は「一時的な沈黙」。thought it necessary to turn ...における it は形式目的語で、不定詞部分が実質的な目的語。think A + B で「A は B だと考える」。thought it necessary to turn ...の部分には皮肉が込められており、直訳すると「引き返して彼女と一緒に歩くことが必要であると考えた」となります。

Track **027**

ジェイン・オースティン『高慢と偏見』

あらすじ　1つ前の文章の少し後の場面です。エリザベスは、自分よりもはるかに身分が高く、自分に好意を持っているとも思えないダーシーが、散歩の際などに再三自分の前に姿を現すことから彼の真意を測りかねていましたが、ある日、驚いたことにダーシーがエリザベスを直接訪ねてきます。そしてなんと彼は彼女に愛を告白し、求婚したのでした。ある事情からダーシーを憎んでいたエリザベスですが、ダーシーの告白を聞いて一瞬その憎しみを忘れます。しかしそれもつかの間、ダーシーがエリザベスとの身分の差をことさらに強調し、身分の違いを気持ちの上で乗り越えることが彼にとっていかに大変だったかを述べたてたことから、エリザベスは怒りを募らせ、求婚を断るだけでなく、ダーシーの高慢な態度を非難します。以下は、その直後の場面です。

[...] he looked at her with an expression of **mingled incredulity** and **mortification**. She went on, –

'[...] I had not known you a month before I felt that you

were the last man in the world whom I could ever be **prevailed on to** marry.'

'You have said quite enough, madam. [...] Forgive me for having taken up so much of your time, and accept my best wishes for your health and happiness.'

And with these words he hastily left the room [...]. The **tumult** of her mind was now painfully great. She knew not how to support herself, and [...] sat down and cried for half an hour. [...] it was **gratifying** to have inspired unconsciously so strong an affection. But his pride, his **abominable** pride [...] soon overcame the pity which the consideration of his **attachment** had for a moment excited.

ダーシーは、信じられないという思いと恥じ入る気持ちが入り混じった面持ちでエリザベスを見た。エリザベスは言葉を続けた。

「あなたと知り合ってひと月もしないうちに、どんなに求婚されてもあなたとだけは絶対に結婚したくないと思うようになりましたわ」

「もう十分です。あなたには大変時間を取らせてしまいました。健康と幸せをお祈りします」

こう言うとダーシーは急いで部屋を出ていった。エリザベスの心は激しく乱れており、それはもはや耐えがたいほどになっていた。彼女は自分の身体をどう支えてよいのかわからず、椅子に座り込んで30分ほど泣き続けた。自分へのこれほど強い愛情を知らず知らずのうちにダーシーの胸に生じさせていたことには歓びを覚えずにはいられなかった。しかし、彼のプライド、あの極めて不愉快なプライドが、自分に対する彼の愛を思ったときに湧いたつかの間の同情心をすぐにかき消してしまった。

Vocabulary　Track 028

□ **mingle** 動 [míŋgl]	～を混ぜ合わせる　＊自動詞として「混ざり合う」という意味でも使われます。
□ **incredulity** 名 [ìnkrədʒúːləti]	信じられないという思い
□ **mortification** 名 [mɔ̀ː(r)tɪfɪkéɪʃ(ə)n]	（自分のしたことについて）恥じ入る気持ち
□ **prevail on/upon A to do ～** 熟 [prɪvéɪl ɔn/əpɔn tə]	～するようAを説得する
□ **tumult** 名 [tjúːmʌlt]	大混乱、大騒動、激しい心の乱れ
□ **gratifying** 形 [grǽtəfaɪɪŋ]	満足感と歓びで心を満たすような、心からの満足感を与えるような
□ **abominable** 形 [əbɔ́mɪnəbl]	おぞましい、極めて不愉快な
□ **attachment** 名 [ətǽtʃmənt]	執心、愛情、愛着

ヒント expressionは「表情」、go onは「言葉を続ける」。the last man in the world whom ...の部分は「私が結婚したいと思える、世界で最後の男性」、つまり「絶対に結婚したくない男性」の意。take up ～ は「～（時間やスペースなど）を占める」、hastilyは「急いで」、painfullyは「耐えがたいほどに」。inspireは「～を呼び起こす」、affectionは「愛情」、overcomeは「～に打ち勝つ」、pityは「哀れみ」、considerationは「考慮」、exciteは「～をかきたてる」。

～その理由は愛に違いないのだから～
感情が前向きに変化する場面の単語

この項では、前項に続き acrimony（憎しみに満ちた言葉や気持ち）、ardent（熱烈な）、scruple（良心の呵責）など、人の気持ちに関連する重要語を中心に学びます。

Track 029　ジェイン・オースティン『高慢と偏見』

あらすじ　ダーシーのプロポーズを断ったエリザベス。しかし、自分がダーシーに対して抱いていた憎しみや嫌悪感は多分に自分の誤解と偏見によるものであったことに気づき、徐々に彼を尊敬するようになっていきます。そんな折、エリザベスは期せずしてダーシーの屋敷で彼に再び出会います。エリザベスはダーシーが自分のことを憎んでいるだろうと思っていましたが、予想に反してダーシーはエリザベスはもちろん、偶然一緒にいた彼女のおじとおばも丁重にもてなし、さらには自分の妹をエリザベスに引き合わせようとさえします。以下はそのときのエリザベスの気持ちを描写する一節。「尊敬だけでなく、別の気持ちも彼女の心に芽生えていた」という文の後に次の文章が続きます。最初の It は「その別の気持ち」を指しています。

It was gratitude; – gratitude, not merely for having once loved her, but for loving her still well enough to forgive all the [...] **acrimony** of her manner in rejecting him [...]. He, who, she had been persuaded, would avoid her as his greatest enemy, seemed [...] most eager to preserve the acquaintance; and [...] **was soliciting** the good opinion of her friends, and **bent on** making her known to his sister. Such a change in a man of so much pride excited not only astonishment but gratitude – for to love, **ardent** love, it must be **attributed** [...].

それは感謝の気持ちであった。単に一度自分を愛してくれたことだけでなく、彼の求婚を拒んだときの自分の憎しみに満ちた言葉を許してくれるだけの愛を今もなお持ち続けてくれていることへの感謝の気持ちであった。ダーシーは自分のことを最大の敵として避けるに違いないとエリザベスは確信していたが、彼は彼女との交友関係を保ちたいと強く願っているようであったし、彼女の友人にも良い印象を与えようと努力し、さらには自分の妹をぜひとも彼女に引き合わせようとしているのであった。あれほどプライドの高い男性がこれほど態度を変えたことに、彼女は驚嘆しただけでなく、感謝の気持ちを抱いた。その変化の理由は愛、それも熱烈な愛であるのに違いないのだから。

Vocabulary　Track 030

□ **acrimony** 名 [ǽkrɪməni]	憎しみに満ちた言葉や気持ち
□ **solicit** 動 [səlísɪt]	～を求める　＊目的語としてよく一緒に使われる名詞は donation（寄付）、support（支援）など。
□ **be bent on ～ ing** 熟 [bi bént ɔn]	何が何でも～しようとしている ＊この bent は形容詞です。
□ **ardent** 形 [ɑ́ː(r)d(ə)nt]	熱烈な　＊よく一緒に使われる名詞は fan（ファン）、lover（恋人）など。
□ **attribute A to B** 熟 [ətríbjuːt tə]	A の原因は B であると考える、A を B に帰する

ヒント gratitude は「感謝の気持ち」、reject は「～を拒絶する」、be persuaded で「確信している」、most eager における most は「非常に」の意。eager to do ～で「ぜひとも～したいと思っている」、acquaintance は「交友」、excite は「～をかきたてる」、astonishment は「驚嘆、驚愕」、for S ＋ V で「というのは S ＋ V だから」。

Track 031　ジェイン・オースティン『高慢と偏見』

あらすじ ダーシーがエリザベスとの結婚を切に願いながらも、エリザベスの自分に対する気持ちに自信を持てずにいた頃のこと。ダーシーのおばのレディ・キャサリンは、エリザベスのほうが積極的にダーシーとの結婚を望んでいると考え、エリザベスにダーシーとの結婚を諦めるよう権高に迫ります（レディ・キャサリンは2人の結婚に反対しています）。しかし、レディ・キャサリンにとって皮肉なことに、このときにエリザベスが「ダーシーとは結婚しない」と明言しなかったことを伝え聞いたダーシーは、かえって、エリザベスと結婚できるかもしれないという希望を持つようになります。以下は、そのときのことをダーシーとエリザベスが振り返る場面。最初の It は「エリザベスがレディ・キャサリンに『ダーシーとは結婚しない』とは言わなかったこと」を指しています。

‘It taught me to hope,’ said he, ‘[…] I knew enough of your **disposition** to be certain that had you been absolutely, **irrevocably** decided against me, you would have acknowledged it to Lady Catherine frankly and openly.’

Elizabeth **coloured** and laughed as she replied, ‘Yes […]. After abusing you so **abominably** to your face, I could have no **scruple** in abusing you to all your relations.’

‘What did you say of me that I did not deserve? For, though your accusations were […] formed on mistaken **premises**, my behaviour to you at the time had **merited** the severest **reproof**. […] I cannot think of it without **abhorrence**.’

「そのことは私に希望を持たせてくれました」とダーシーは言った。「私はあなたの気質をある程度わかっていましたから、もし私とは結婚しないというあなたの気持ちが完全に揺るぎないものであったなら、あなたはそのことをレディ・キャサリンに率直に包み隠さず伝えていたはずだと思ったのです」

エリザベスは顔を赤らめて笑いながら答えた。「おっしゃる通りね。あなたのことを面と向かってあれほど口を極めて罵った私ですもの。良心の呵責を感じずにご親戚の皆さまにあなたのことを罵ってもおかしくありませんわね」

「あなたが私について言ったことはすべて、私には言われて当然のことだったのです。あなたの非難は誤解にもとづくものでしたが、あのときの私のあなたに対する態度は、どれほど厳しくとがめられてもしかたありません。思い返すと強い嫌悪感に苛まれます」

Vocabulary　Track 032

□ **disposition** 名 [dìspəzíʃ(ə)n]	（人の）気質、性質
□ **irrevocably** 副 [ɪrévəkəbli]	不可逆的に * irrevocably decided は「その決定が覆される可能性がゼロであること」を意味します。
□ **colour** 動 [kʌ́lə(r)]	（恥ずかしさで）顔を赤らめる
□ **abominably** 副 [əbɔ́mɪnəbli]	おそろしくひどく
□ **scruple** 名 [skrúːpl]	良心の呵責
□ **premise** 名 [prémɪs]	前提
□ **merit** 動 [mérɪt]	～に値する
□ **reproof** 名 [rɪprúːf]	叱責、非難
□ **abhorrence** 名 [əbhɔ́rəns]	（倫理的に許されない行為などに対する）強い嫌悪感

ヒント be certain that S + V で「S + V ということを確信している」。had you been ～は if you had been ～（もし仮にあなたが～であったなら）と同じ意味です。acknowledge はここでは「～を言い表す」、abuse は「～を罵倒する」、relation は「親戚」。What did you say of me that ...における of me は「私について」の意。that I did not deserve における that は what を先行詞とする関係代名詞。deserve は「～に値する」。この文は直訳すると「私が（言われるに）値しないどんなことをあなたは私について言ったというのでしょう」となります。for S + V で「というのは S + V だから」。この文章では for と S + V の間に though S + V(S + V だけれども)

が挿入されています。accusationは「非難」、formは「～を形成する」。

～彼女は彼にあまりにも強く惹かれていた～
傷つき、葛藤する場面の単語

この項では、equilibrium（均衡）、repugnant（強い嫌悪感を抱かせるような）などの重要語のほか、give out（機能しなくなる、尽きる）、go back on ～（～［約束など］を破る）など、日常的によく使われる熟語も学びます。

Track 033

D・H・ロレンス『恋する女たち』

あらすじ 主人公となる2組のカップルのうちの1組であるルパートとアーシュラが、それぞれ相手の性格をまだ熟知していない頃のこと。2人は互いに惹かれ合っているものの、相手に求めているものは大きく異なります。以下は、ルパートの家に招かれて愛の告白を期待するアーシュラが、ルパートから「僕は君に対して愛という感情を抱いていない」と言われて大きなショックを受ける場面です。最初のセリフはルパートのものです。

'[…] I don't feel the emotion of love for you – no, and I don't want to. Because it **gives out** in the last issues.'

'Love **gives out** in the last issues?' she asked, feeling **numb** to the lips.

'Yes, it does. […] There is a real impersonal me that is beyond love […]. So it is with you. But we want to **delude** ourselves that love is the root. It isn't. It is only the branches. The root is beyond love […].'

[…] His face was **incandescent** in its […] earnestness.

'And you mean you can't love?' she asked, in **trepidation**. […]

'What I want is […] an **equilibrium**, a pure balance of two single beings – as the stars balance each other.'

[…] He was very earnest […]. It made her feel unfree and uncomfortable. Yet she liked him so much. But why **drag in** the stars.

「僕は君に対して愛という感情を抱いていないし、抱きたくないんだ。というのは、最終的には愛ではダメだから」

「最終的には愛ではダメ？」アーシュラは口元まで感覚が失われていくのを感じながら尋ねた。

「そう。愛というものを超越した、感情とは無関係の真の自分が僕には存在するし、それは君の場合も同じだ。でも僕らは自分を欺いて『愛こそが根っこだ』と思いたがる。そうじゃないんだ。愛は枝にすぎない。（人間という存在の）根っこの部分は愛を超越したものなんだ」

彼の顔は熱っぽい真剣さで輝いていた。

「あなたは人を愛せないということなの？」と彼女は（その答えを聞くのを）恐れながら尋ねた。

「僕がほしいのは均衡、独立した２つの個と個の間の純粋な均衡なんだ。恒星が互いに均衡を保っているようにね」

彼は真剣そのものであり、そのことは彼女に自由を奪われたような居心地の悪い思いをさせた。しかし同時に彼女は彼にあまりにも強く惹かれていた。「でも星の話を持ち込まなくても」と彼女は思った。

Vocabulary　Track 034

□ **give out** 熟 [gɪv áʊt]	機能しなくなる、尽きる　＊主語としてよく使われる名詞は battery（電池）など。
□ **numb** 形 [nʌ́m]	（寒さ等のせいで指先などが）感覚を失っている
□ **delude** 動 [dɪlúːd]	～を欺く　＊ delude oneself that S + V で「自分を欺いて S + V と信じ込む」。
□ **incandescent** 形 [ìnkændés(ə)nt]	明るく輝いている

□ **trepidation** 名 [trèpədéɪʃ(ə)n]	（悪い結果が生じるのではないかという）恐れ
□ **equilibrium** 名 [ìːkwəlíbriəm]	均衡
□ **drag ～ in / drag in ～** 熟 [dræg ín]	～（無関係な話題など）を会話に持ち込む ＊他動詞 drag（～を引きずる）と副詞 in（中に）を足し合わせたもので、直訳すると「～を引きずり込む」となります。

ヒント in the last issues は「最終的には」、impersonal はここでは「個人的な感情のレベルを超越した」、So it is with you. は「それは君においても同じだ」の意。earnestness は earnest（真剣で熱っぽい）の名詞形。a pure balance of ...の部分は an equilibrium と同格。being は「存在」。But why drag in ...の部分は free indirect style（→ p. 111）の技法で書かれています。

Track 035

D・H・ロレンス『恋する女たち』

あらすじ 4人の主人公のうちの1人であるルパートは、アーシュラという女性に惹かれながらも、自己というものを完全なものにするためには同性の親友との「絶対的」な絆が必要であると感じています。そして彼は、昔ドイツの騎士が行っていた「血の兄弟の誓い」に相当する誓いを、親友のジェラルドと行うことを思いつきます。「血の兄弟の誓い」とは、2人の騎士が腕に小さな傷をつけ、互いの傷口をこすり合わせて「一生お互いに対して真であり続けること」を誓うもの。以下は、ルパートが誓いをジェラルドに提案するときのやり取りから。最初のセリフはルパートのものです。文中の Birkin はルパートの姓。なお、ルパートは病気のため、横になった状態で話しています。

'[...] No wounds, that is **obsolete**. But we ought to swear to love each other, you and I, **implicitly** [...] without any possibility of **going back on** it.'

He looked at Gerald with clear, happy eyes of discovery. Gerald looked down at him, attracted [...].

'[...] We will swear to stand by each other [...] – ultimately – **infallibly** – [...]'

Birkin sought hard to express himself. But Gerald hardly listened. His face shone with a certain **luminous** pleasure. He was pleased. But he kept his **reserve**.

「傷をつけ合うのはなしだ。あれは昔の話だからね。しかし、お互いを愛することを君と僕で一緒に誓おうじゃないか。誓いを破る可能性は一切なしに、絶対的にね」

彼は発見の喜びを表す澄んだ幸福な目でジェラルドを見た。ジェラルドは魅了されて彼を見下ろした。

「いかなるときも互いに忠実であることをともに誓うんだ。究極的に、絶対的な確実さでね」

バーキンは自分の意図するところを伝えようと懸命だったが、ジェラルドの耳にはほとんど入っていなかった。ジェラルドの顔は、ある種の光輝を放つ歓びで輝いていた。彼は嬉しかった。しかし彼は自分を抑えたままでいた。

Vocabulary Track 036

□ **obsolete** 形 [ɔ́bsəliːt]	すでに過去のものとなった、古くてもはや使われていない
□ **implicitly** 副 [ɪmplísɪtli]	絶対的に、完全に ＊よく一緒に使われる動詞は trust（～を信頼する）など。また、implicitly には「暗に」という意味もあります。
□ **go back on ～** 熟 [gəʊ bǽk ɔn]	～（約束など）を破る
□ **infallibly** 副 [ɪnfǽləbli]	どのような場合でも 100%確実に

□ **luminous** 形 [lúːmɪnəs]	光を発して輝くような、発光性の ＊よく一緒に使われる名詞は paint（塗料）など。
□ **reserve** 名 [rɪzə́ː(r)v]	抑制

ヒント ought to は should と同じ。swear to do ～で「～すると誓う」、stand by ～で「（苦境においても）～を支える」、sought は seek の過去形、seek to do ～で「～しようとする」。express oneself で「自分の気持ちや考えなどを言い表す」、shone は shine（輝く）の過去形。

Track 037　*D・H・ロレンス『恋する女たち』*

あらすじ　４人の主人公のうちの１人であるアーシュラはルパートという男性に強く惹かれていましたが、あるときを境に自分でも理由のわからない憎しみを彼に感じるようになり、さらに、時を同じくして人間というもの自体を激しく嫌悪し侮蔑するようになります。以下はその頃のアーシュラの様子を描いた文章です。

She could be very pleasant and **flattering**, almost **subservient**, to people she met. But no one was **taken in**. Instinctively each felt her contemptuous **mockery** of the human being in himself, or herself. She had a **profound grudge** against the human being. That which the word 'human' stood for was **despicable** and **repugnant** to her.

[…] she thought she was full of love. This was her idea of herself. But the strange brightness of her presence […] was a **luminousness** of **supreme repudiation** […].

彼女は時には、会う人たちに対して非常に感じが良く、相手を喜ばせるようなことを言い、従順すぎるほどのこともあった。しかしだまされる者は１人もいなかった。

誰もが、自分の中にある「人間というもの」に対する彼女の侮蔑的なあざけりを本能的に感じ取るのだった。彼女は「人間というもの」に根深い怨みを抱いていた。「人間」という言葉によって表される存在は、彼女にとっては見下げ果てた忌まわしいものであった。

彼女は自分は愛に満ちていると思っていた。それが彼女の自分に対するイメージであった。しかし、彼女の存在が放つ奇妙な輝きは、究極の拒絶の光輝なのであった。

Vocabulary　Track 038

□ **flattering** 形 [flǽtərɪŋ]	相手の自尊心をくすぐって喜ばせるような
□ **subservient** 形 [səvsə́ː(r)viənt]	過度に従順な
□ **take ～ in / take in ～** 熟 [teɪk ín]	～をだます ＊この in は副詞です。
□ **mockery** 名 [mɔ́kəri]	あざけり、揶揄、愚弄、嘲弄 ＊他の意味は→ p. 264
□ **profound** 形 [prəfáʊnd]	深い、深層にまで達するような、根本からの、深遠な　＊よく一緒に使われる名詞は effect（効果、影響）、insight（洞察）など。
□ **grudge** 名 [grʌ́dʒ]	怨み
□ **despicable** 形 [dɪspíkəbl]	見下げ果てた、最大級の非難に値する
□ **repugnant** 形 [rɪpʌ́gnənt]	強い嫌悪感を抱かせるような、非常に不快な
□ **luminous** 形 [lúːmɪnəs]	光を発して輝くような、発光性の、明るい ＊ luminousness は名詞形で「輝き」の意。

□ **supreme** 形 [suːpríːm]	最高位の、究極の
□ **repudiation** 名 [rɪpjùːdiéɪʃ(ə)n]	拒絶、否定

ヒント She could be ...における could be ~は「時には~であることもあった」の意。contemptuous は「侮蔑の込められた」。That which ...における That は「もの」を表す代名詞。stand for ~は「~を表す」、brightness は「輝き」、presence は「存在」。

Track **039**

D・H・ロレンス『恋する女たち』

あらすじ 4人の主人公のうちの1人であるルパートの邸宅に友人知人がお茶に集まることになったある午後のこと。ルパートの恋人であるアーシュラが到着すると、ルパートは外出しており、先客のハマイオニーとアーシュラは2人きりでルパートを待つことになってしまいます（ハマイオニーはルパートの元恋人です）。ルパートと結婚するのかどうかをハマイオニーに尋ねられたアーシュラは、「彼は結婚したがっているけれど、自分はわからない」と答え、その後で以下のやり取りが続きます。最初のセリフはアーシュラのもの。「彼は結婚したがっているけれど、自分はわからない」というアーシュラの答えを聞いたハマイオニーは、そこにある種のポジティブさといくらか粗野な部分を感じ取り、その両方をうらやみます。ルパートがアーシュラに求めているものについては→p. 67、p. 77。

'[...] I don't want to give the sort of ***submission*** he insists on. He wants me to give myself up – and I simply don't feel that I can do it.'

[...] Hermione **shuddered** with a strange desire. Ah, if only he had asked her [...] to be his slave! [...]

[...] there was in her a horrible desire to **prostrate herself** before a man – a man who worshipped her, however, and admitted her as the **supreme** thing.

And Rupert – he had now reacted towards the strongly female, healthy, selfish woman [...]. It was all a foolish backward and forward, a violent **oscillation** that would at length be too violent for his coherency [...].

「私、彼が求めるような『服従』はしたくないんです。彼は私が自分を捧げることを望んでいるけれど、私にはそんなことができる気が全然しません」

奇妙な願望のためにハマイオニーの体はぞくっと震えた。ああ、私が彼の奴隷になるようにあの人が望んでくれてさえいたら！（と彼女は思った）

彼女の中には、男の足元にひれ伏したいという恐ろしい願望があった。彼女を崇拝し、最高位の存在として彼女を受け入れてくれる男の足元に、ということではあったけれど。

でもルパートは――あの人は（私と付き合った）反動で、今度は女性的な要素をあり余るほど持った健康的で身勝手な女性に惹かれている。いま彼女を好きになっているのも、要は（2つのタイプの女性を）行ったり来たりする愚かしい行為にすぎないのよ。この激しい揺れ動きは、ついにはその激しさのために彼の人格の一貫性を破壊してしまうわ。

Vocabulary　Track 040

□ **submission** 名 [səbmíʃ(ə)n]	服従、屈服、降伏
□ **shudder** 動 [ʃʌ́də(r)]	（寒さや恐怖や強い感情のために）ぞくっと震える
□ **prostrate oneself** 熟 [prɔstréɪt wʌnself]	ひれ伏す
□ **supreme** 形 [suːpríːm]	最高位の、究極の

□ **oscillation** 名 [ɔ̀səléɪʃ(ə)n]	（2つの状態や値などの間の）揺れ動き

ヒント insist on ～で「～を（しつこく）要求する」、give oneself up はここでは「自分を捧げる」、desire (to do ～) で「(～したいという) 願望」。Ah, if only ...と And Rupert – he had ...の部分は free indirect style（→ p. 111）の技法で書かれています。if only he had asked her ...における her はハマイオニーのこと。worship は「～を崇拝する」、backward and forward は「行ったり来たりする行為」、at length はここでは「ついには」、coherency は「一貫性」。

Track **041**　*D・H・ロレンス『恋する女たち』*

あらすじ　1つ前の文章の続きから。ルパートの邸宅で、話をしながらルパートが戻るのを待つ恋人アーシュラと元恋人ハマイオニー。ハマイオニーに「精神性が欠けている」と思われていると考えたアーシュラは反発を覚え、一方、ハマイオニーはアーシュラの自分に対する反発を感じ取り、傷つきます。そして2人とも「自分のほうがルパートのことをわかっている」と思いながら無言で時を過ごしているところへ、ルパートが戻ってきます。以下は、ルパートが戻った直後の3人の様子を描いたもの。冒頭の He はルパートを指しています。

He felt at once the **antagonism** in the atmosphere [...]. But he **affected** a bluff manner.

'Hello, Hermione, are you back again? How do you feel? [...] What train did you come by, Ursula?'

It was rather annoying to see him trying to **placate** both women at once. Both women watched him, Hermione with deep **resentment** and pity for him, Ursula very impatient. He was [...] apparently in quite good **spirits** [...]. Ursula was amazed and **indignant** at the way he made **small talk**; he was adept […]. […] It all seemed to her so false and so belittling.

ルパートは敵対的な空気をすぐに察知したが、明るく無頓着な態度を装った。

「ハマイオニー、戻ったんだね。調子はどう？　アーシュラ、君は何時の汽車で来たんだい？」

彼が２人の女性を同時になだめようとしている様子にはうっとうしいものがあった。どちらの女性も彼を観察した。ハマイオニーは彼に対する深い憤りと憐みを感じながら。アーシュラは強い苛立ちをかろうじて抑えながら。見たところ彼は上機嫌のようであった。アーシュラは、社交的におしゃべりをする彼の様子に驚嘆しつつ憤った。彼は（社交に）熟達しているのであった。彼女にはすべてがあまりにも偽りで、あまりにも冒涜的だと思われた。

Vocabulary　Track 042

☐ **antagonism** 名 [æntǽgənɪzəm]	敵意、憎しみ
☐ **affect** 動 [əfékt]	～を装う　＊目的語としてよく一緒に使われる名詞は upper-class accent（上流階級の話し方）、nonchalance（特に何も気にかけていないような事もなげな態度）など。
☐ **placate** 動 [pləkéɪt]	～の怒りをなだめる
☐ **resentment** 名 [rɪzéntmənt]	憤り
☐ **spirits** 名 [spírɪts]	気分　＊この意味では常に複数形で使われます。good spirits で「上機嫌で陽気な状態」。
☐ **indignant** 形 [ɪndígnənt]	憤っている
☐ **small talk** 熟 [smɔ́ːl tɔːk]	（場をなごませるような）軽いおしゃべり

□ **adept** 形 [ədépt]	巧みな、熟達した
□ **belittle** 動 [bɪlítl]	～を大したことではないかのように扱う ＊目的語としてよく一緒に使われる名詞は achievement（成果）、effort（試み、努力）など。belittling は形容詞で「矮小化するような、冒涜的な」の意。

ヒント at once には「すぐに」と「同時に」という２つの意味があります。bluff は「明るく無頓着な」、see A ～ ing で「A が～しているのを見る」。with deep resentment and pity for him と very impatient はともに分詞構文と同等の働きをしており、Hermione と Ursula がその主語となっています（分詞だけでなく、前置詞句や形容詞も分詞構文に相当する働きをすることができます）。apparently は「見たところでは」、false は「偽りの」。

～あなたを苦しめるつもりなんかないのよ～
相手を侮辱する場面の単語

この項では、obstinacy（強情さ、頑固さ）、impertinence（無礼さ）、coax（あやすように優しく～を説得する）などの重要語を学びます。

Track 043　　*D・H・ロレンス『恋する女たち』*

あらすじ　１つ前の文章で描かれた場面の翌日、恋人同士のルパートとアーシュラはドライブに出かけますが、ルパートの元恋人であるハマイオニーのことがきっかけで大喧嘩になってしまいます。アーシュラは、ハマイオニーが体現している死んだ精神性の世界にルパートがとらわれていることについてルパートをなじり、その後も激しい口調でルパートを非難します。以下はそのときのアーシュラの言葉と、それを聞いたルパートの反応です。なお、ルパートは以前から、愛や感情の次元を超えた絶対的なつながりをアーシュラに求めています（→ p. 67）。

'You! You truth-lover! You purity-monger! It **stinks**, your truth and your purity. It **stinks of** the **offal** you **feed on**, you **scavenger** dog, you eater of corpses. [...] **obscene**, that's what you are, **obscene** and **perverse**. [...] You may well say you don't want love. No, you want yourself, and dirt, and death [...].'

'There's a bicycle coming,' he said, **writhing** under her loud **denunciation**.

[...] It was true, really, what she said. He knew that his spirituality was concomitant of a process of **depravity**, a sort of pleasure in self-destruction. There really was a certain **stimulant** in self-destruction, for him [...].

「そんなに『真理』が好きなの？　そんなに『清浄さ』が大事なの？　あなたの『真理』と『清浄さ』は悪臭がするわ。あなたが食べている内臓の臭いよ。あなたは屍肉を漁る犬、屍肉食者なのよ。淫靡、それがあなただわ。淫靡で倒錯趣味なのよ。愛がほしくないとは、よく言ったものね。そう、あなたが欲しているのは自分自身、そして汚穢(わい)と死なのよ」

「自転車が来ているよ」と彼は、声を大にした彼女の非難に身もだえしながら言った。

彼女の言うことは実際のところ本当だった。自分の精神性は退廃、言い換えれば一種の自己破壊の歓びと切り離せないことを彼は知っていた。実際彼にとって、自己破壊にはある種の刺激が存在していた。

Vocabulary　Track 044

□ **stink（of ～）** 動 （– stank – stunk） [stíŋk]	（～の）ひどい臭いを放つ
□ **offal** 名 [ɔ́f(ə)l]	（動物の）内臓

□ **feed on ～** 熟 (– fed – fed) [fíːd ɔn]	～を常食とする、～から活力を得る
□ **scavenger** 名 [skǽvɪndʒə(r)]	屍肉を食べる動物や魚
□ **obscene** 形 [əbsíːn]	卑猥な、わいせつな
□ **perverse** 形 [pə(r)və́ː(r)s]	倒錯した嗜好を持つ、つむじ曲がりの、ひねくれた
□ **writhe** 動 [ráɪð]	もだえる
□ **denunciation** 名 [dɪnʌ̀nsiéɪʃ(ə)n]	（特に公の場における）強い非難
□ **depravity** 名 [dɪprǽvəti]	道徳的堕落、退廃
□ **stimulant** 名 [stímjələnt]	刺激、刺激剤

ヒント ～-monger で「～を推進しようとする人、～を広めようとする人」、corpse は「死体」、You may well say ～はここでは「～とはよく言ったものね」の意。dirt は「汚れ、汚らわしいもの」、spirituality は「精神性」、concomitant of ～で「～に付随している、～と一緒に存在している」。

Track 045　*D・H・ロレンス『恋する女たち』*

あらすじ 主人公の2組のカップル（ルパート×アーシュラとジェラルド×グドゥルーン）が旅行で雪深いアルプスの山に滞在中のこと。ある晩、宿で宿泊客たちのダンスパーティーが催され、皆が踊って熱狂的な雰囲気の中、アーシュラもルパートと踊ります。そしてダンスが終わって２人きりになると、アーシュラはルパートに何か奇妙な、ある種のみだらさを感じ取ります。以下のパッセージのうち、第１段落はそのときのアーシュラの心の内を表したもの。第２段落は、その夜眠りにつく前の彼女の思いを表したものです。第１文の Her はアーシュラ、him はルパートを指しています。

Her impulse was to **repel** him violently [...]. But she was too fascinated, she wanted to **submit**, she wanted to know. What would he do to her? [...] And she **gave way**, he might do as he would. His **licentiousness** was **repulsively** attractive [...]. [...]

Who cared? **Degrading** things were real, with a different reality. And he was so **unabashed** [...]. Wasn't it rather horrible, a man who could be so [...] spiritual, now to be so – she **balked** at her own thoughts [...]: then she added – so **bestial**? So **bestial**, they two! – so **degraded**! She **winced**. But after all, why not? She **exulted** as well. Why not be **bestial** [...]?

彼女は荒々しく彼をはねのけたい衝動を覚えた。しかし彼女はあまりにも魅了されていた。彼女は彼に自分を任せてしまいたかった。彼女は知りたくもあった。彼は私に何をするのだろう？　そして彼女は抵抗する力を失った。好きなようにしたらいいわ。彼のみだらさはおぞましく魅惑的であった。

誰が気にするというの？　下劣なことにも別の実質性があり、それもまた真であった。そして彼は本当に恥ずかしげもなく平然としている。これは結構おぞましいことではないのかしら？　あれほどの精神性を持った人がこんなにも——彼女は自分の考えに躊躇してから続けた——動物のように振る舞うなんて。本当に動物のよう、彼も私も！　堕ちるところまで堕ちてしまったんだわ！　彼女は顔をひきつらせた。でも結局のところ、何がいけないというの？　彼女の心は一種得意な気持ちでたかぶりもした。動物のようだっていいじゃない。

Vocabulary　Track 046

□ **repel** 動 [rɪpél]	～をはねのける、～をはじく、～を撃退する
□ **submit** 動 [səbmít]	屈する、身を委ねる
□ **give way** 熟 [gɪv wéɪ]	抵抗をやめる、屈する
□ **licentious** 形 [laɪsénʃəs]	みだらな、放埒な　＊ licentiousness は名詞形で「みだらさ、放埒さ」の意。
□ **repulsively** 副 [rɪpʌ́lsɪvli]	強い嫌悪感を与えるほど、おぞましく
□ **degrading** 形 [dɪgréɪdɪŋ]	品位を貶めるような
□ **unabashed** 形 [ʌ̀nəbǽʃt]	恥ずかしげもなく平然とした
□ **balk** 動 [bɔ́ːk]	ためらう、たじろぐ
□ **bestial** 形 [béstiəl]	動物のような、野獣のような
□ **degrade** 動 [dɪgréɪd]	～の品位を貶める
□ **wince** 動 [wíns]	（痛みや恥ずかしさで）顔をひきつらせる、ウッとなる
□ **exult** 動 [ɪgzʌ́lt]	得意になってたかぶった気持ちになる、やたらと得意がる

ヒント　impulse は「衝動」、fascinated は「魅了されている」。he might do as he would における might と would は、それぞれ「許可」を表す may と「意思」を

表す will が free indirect style（→ p. 111）の技法により過去形に変わったもの。なお、この文章では、通常の文と free indirect style の文が入り混じっています。Wasn't it rather ...における it は形式主語で、now to be so – [...] – so bestial の部分が実質的な主語。spiritual はここでは「精神性を持った」の意。

Track 047

D・H・ロレンス『恋する女たち』

あらすじ 主人公の２組のカップルのうちの１組であるジェラルドとグドゥルーンは、一時期は互いに強く惹かれていたものの、やがて、自分の存在が相手に押し潰されているようにそれぞれが感じ始めます。そしてついに旅先のアルプスである夜、お互いが相手を愛していないという事実を口に出す決定的な瞬間が訪れます。以下はそのときの２人のやり取りから。最初のセリフはグドゥルーンのものです。

'[…] You know all right that you have never loved me. Have you, do you think?'

'No,' he said, **prompted** by some **barren** spirit of truthfulness and **obstinacy**.

'And you never will love me, […] will you?'

There was a **diabolic** coldness in her, too much to bear.

'No,' he said.

[…] He was silent in cold, frightened rage and despair. […] It seemed to him that death was the only **severing** of this **Gordian knot**.

'Why do you torture me?' he said.

She **flung** her arms round his neck.

'Ah, I don't want to torture you,' she said pityingly, as if she were comforting a child. The **impertinence** made his **veins** go cold […]. […]

'Say you love me,' she **pleaded**. 'Say you will love me for ever – won't you – won't you?'

But it was her voice only that coaxed him.

「私を愛したことなんてないって、ちゃんとわかっているんでしょ？　違うかしら？」

「いや、その通りだ」と彼は、真実に忠実であろうとする不毛な精神と強情さに駆られて言った。

「そしてこの先私を愛することもないんでしょ？」

耐えがたいほどの悪魔的な冷たさが彼女にはあった。

「君の言う通りだ」と彼は言った。

彼は恐怖に支配された冷たい怒りと絶望に駆られて黙っていた。彼には、死によってしか、この絡み合った結び目を切断することはできない（＝彼女の影響から自由になれない）ように思われた。

「なぜ俺を苦しめるんだ？」と彼は言った。

彼女は彼の首に腕をさっと回した。

「あら、あなたを苦しめるつもりなんかないのよ」と彼女は、子どもをなだめすかすかのように哀れむように言った。敬意のかけらもないその態度に彼の血管は冷たくなった。

「愛してるって、言って」と彼女は訴えるように言った。「ずっと私を愛し続けるって言ってみて。ね？　お願い」

しかし、彼をあやすかのように優しげなのは声だけであった。

Vocabulary　Track 048

□ **prompt** 動 [prɔ́mpt]	～を促す、～を駆り立てる
□ **barren** 形 [bǽrən]	不毛な
□ **obstinacy** 名 [ɔ́bstɪnəsi]	強情さ、頑固さ
□ **diabolic** 形 [dàɪəbɔ́lɪk]	悪魔のような、邪悪な
□ **sever** 動 [sévə(r)]	～を切断する、～を断ち切る

□ **Gordian knot** 熟 [gɔ̀ː(r)diən nɑ́t]	複雑にもつれてほどくことができない結び目　＊転じて「複雑で非常に厄介な問題」という意味でもよく使われます。
□ **fling** 動 (– flung – flung) [flíŋ]	～を勢いよく雑に放り投げる
□ **impertinence** 名 [ɪmpə́ː(r)tɪnəns]	無礼さ
□ **vein** 名 [véɪn]	静脈
□ **plead** 動 [plíːd]	（強い感情を込めて）訴えかける
□ **coax** 動 [kə́ʊks]	（「ほら、いい子だから～するのよ」という感じで）あやすように優しく～を説得する

ヒント all right はここでは「ちゃんと」、truthfulness は「真実に忠実であること」、rage は「怒り」、despair は「絶望」、torture は「～を（拷問によって）苦しめる」、pityingly は「哀れむように」、comfort a child で「子どもをあやす、なだめすかす」。

Track 049　　*D・H・ロレンス『恋する女たち』*

あらすじ　1つ前の文章の少し後の場面から。旅先で行動をともにしながらも、すでに互いを愛していないジェラルドとグドゥルーン。彫刻家として活躍するグドゥルーンは、旅先で同じく彫刻家であるルークと知り合います。ルークは容姿こそ優れないものの芸術家として独自の深い考えを持っており、互いに相通じるものを感じたグドゥルーンとルークは親しく芸術の話をするようになります。一方、実業家として成功し容姿にも優れるジェラルドは、ルークの奇妙な外見や所作に強い嫌悪感を覚えるのみで、なぜグドゥルーンがルークと親しくしているのかを理解できません。以下はルークについてのジェラルドとグドゥルーンのやり取りで、第1文の he はジェラルドを指しています。

'What makes you so **smitten with** that little **vermin**?' he asked, really **puzzled**. […] Gerald expected to find some handsomeness or nobleness to **account for** a woman's **subjection**. But he saw none here, only an insect-like **repulsiveness**.

Gudrun **flushed** deeply. It was these attacks she would never forgive.

'What do you mean?' she replied. 'My God, what a mercy I am not married to you!'

Her voice of **flouting** and contempt scotched him. He was **brought up short**. But he recovered himself.

'Tell me, only tell me,' he **reiterated** […] – 'tell me what it is that fascinates you in him.'

'I am not fascinated,' she said […].

'Yes, you are. You are fascinated by that little dry snake, like a bird **gaping** ready to fall down its throat.'

She looked at him with black **fury**.

「なぜ君はあの害虫のような奴にそんなに夢中になっているんだ？」と彼は本当に訳がわからなくて尋ねた。ジェラルドは、女性が心を奪われる理由となる、見た目の素晴らしさか精神の高貴さが（相手の男性に）あるはずだと思っていたが、ジェラルドが相手の男に見たのは、まるで虫のような、虫酸が走るような不快さのみであった。

グドゥルーンは顔を烈火のごとく紅潮させた。彼女が決して許さないのはこのような攻撃であった。

「どういう意味なの？」と彼女は応じた。「あなたと結婚していなくて本当によかった！」

あざけりと侮蔑が込められた彼女の声が彼をえぐった。彼は言葉に詰まった。しかし彼は立ち直って、

「教えてくれ。教えてくれさえすればいいんだ。君を夢中にさせているのは彼のどんなところなんだ？」と繰り返した。

「夢中になってなんかいないわ」と彼女は言った。

「なっているさ。君はあのカサカサの小さなヘビみたいな男に夢中だ。目をいっぱいに見開いて、今にもヘビに飲み込まれようとしている鳥のようにね」
彼女は黒い怒りに燃えて彼を見た。

Vocabulary Track 050

□ **smitten (with/by ～)** 形 [smítn]	(～に) 恋して夢中になっている
□ **vermin** 名 [və́ː(r)mɪn]	害虫、害獣
□ **puzzled** 形 [pʌ́zld]	訳がわからなくて当惑している
□ **account for ～** 熟 [əkáʊnt fə(r)]	～に対する説明となる、～の理由となる
□ **subjection** 名 [səbdʒékʃ(ə)n]	従属
□ **repulsive** 形 [rɪpʌ́lsɪv]	(ナメクジのように) 激しい不快感や嫌悪感を抱かせるような、虫酸が走るような ＊ repulsiveness は名詞形で「虫酸が走るような不快さ」の意。
□ **flush** 動 [flʌ́ʃ]	(恥ずかしさや怒りなどのために) 顔を紅潮させる
□ **flout** 動 [fláʊt]	侮蔑的な態度を取る、あざける ＊「～ (ルールなど) を侮蔑して公然と無視する」という意味でもよく使われます。
□ **bring ～ up short** 熟 [brɪŋ ʌp ʃɔ́ː(r)t]	(驚きなどによって) ～の動きをパッと止める
□ **reiterate** 動 [riítəreɪt]	(すでに言ったことを) 繰り返す

□ **gape** 動 [géɪp]	（呆然とした様子で）見つめる
□ **fury** 名 [fjʊ́əri]	激しい怒り

ヒント It was these attacks ...は強調構文。mercy は「慈悲」、scotch は「～をえぐる」。what it is that ...の部分は強調構文で、It is ～ in him that fascinates you.（君を魅了するのは彼の～だ）という文が元になっています。fascinate は「～を魅了する」。fall down its throat における down は前置詞で、down ～で「～を下に向かって」の意。

Chapter 2

感情表現（2）
── 葛藤・憤り・ショック

葛藤・憤り・ショックを表す表現

この章では、シャーロット・ブロンテの『ジェイン・エア』、トマス・ハーディの『ダーバヴィル家のテス』、D・H・ロレンスの『チャタレイ夫人の恋人』から、登場人物の心の葛藤など、必ずしも相手に直接ぶつけられるわけではない感情が描かれている場面を多く取り上げました。この章の文章では smother（～［気持ち］を押し殺す）、be up in arms（怒りに燃えて臨戦態勢に入っている）、stupefied（呆然とした）など、「葛藤」「憤り」「ショック」に関連する語句が多数登場します。これらの語やフレーズを自然な文脈で学ぶことができるのは、登場人物の心に入り込んで、その内部を言葉で描き出す語り手が存在する小説ならではとも言えます。

～馬から落ちた男性と出会って～　新たな出会いを描く場面の単語

この項では、wayward（思い通りにコントロールするのが難しい）、stoop（かがむ）、transitory（つかの間の）など、バラエティーに富む重要語を学びます。

Track 051　シャーロット・ブロンテ『ジェイン・エア』

あらすじ　主人公の孤児ジェインは寄宿学校で最初は生徒として、のちに教師として合わせて8年間過ごしますが、ついに外の世界へ出ていく決心をし、ある地方で住み込みの家庭教師の職を得ます。以下は、働き始めた当初のことをジェインが振り返る一節で、文中のThornfield Hallはジェインが住む屋敷の名前、Mrs Fairfaxは屋敷の管理人です。

The promise of a smooth career, which my first calm introduction to Thornfield Hall seemed to **pledge**, was not **belied** on a longer acquaintance with the place [...]. Mrs Fairfax turned out to be what she appeared, a **placid**-tempered, kind-natured woman [...]. My pupil was a lively child, who had been spoilt and indulged, and therefore was sometimes **wayward**; but as she was committed entirely to my care, and no **injudicious** interference from any quarter ever **thwarted** my plans for her improvement, she soon [...] became obedient and teachable.

ソーンフィールド・ホールへ何の波乱もなく迎え入れられたことは、私が新しい仕事を順調にこなしていけることを約束してくれるように思えました。そしてその見通しは、この場所にもっと慣れ親しんでからも裏切られることはありませんでした。フェアファクス夫人は見た目の通り、穏やかな気質の優しい女性でした。私の生徒は活発な子どもで、それまで甘やかされてきたために時には扱いにくいこともありましたが、すぐに従順で教えやすくなりました。彼女のことは完全に私に任され、また、不適切な干渉をどこからか受けて、彼女の性質を向上させる私の計画が頓挫してしまうようなことがまったくなかったからです。

Vocabulary Track 052

□ **pledge** 動 [plédʒ]	～を約束する
□ **belie** 動 [bɪláɪ]	～は誤りだと証明する、～は嘘だと証明する ＊他にも「～（本心や実態など）を覆い隠す」という意味があります。
□ **placid** 形 [plǽsɪd]	（人や動物が）穏やかな性質の
□ **wayward** 形 [wéɪwə(r)d]	思い通りにコントロールするのが難しい、意のままにならない
□ **injudicious** 形 [ìndʒuːdíʃəs]	（発言などが）不適切で問題を引き起こすような
□ **thwart** 動 [θwɔ́ː(r)t]	～（計画など）を頓挫させる

ヒント promise は「見通し、約束」、introduction は「導入」。on a longer acquaintance ...における on は「～に際して」の意（on arrival「到着に際して」の on と同じ使い方です）。acquaintance with ～で「～に対する馴染み」、turn out to be ～で「～であると判明する」。a placid-tempered, kind-natured woman の部分は what she appeared と同格。～ -tempered で「～な気質の」、spoilt と indulged はともに「甘やかされた」、be committed to ～はここでは「～に任される」、interference は「干渉」、quarter はここでは「方面」、obedient は「従順な」。

Track 053 シャーロット・ブロンテ『ジェイン・エア』

あらすじ ジェインが住み込みの家庭教師として働き始めて少し経ったときのこと。寒い冬のある日の夕暮れどき、所用で外出したジェインが人気のなさそうな丘を1人で歩いていると、向こうから馬に乗った男性がやってきて彼女の横を通り過ぎますが、その直後、突然物音がします。振り返ってみると、馬と男性が倒れている様子。ジェインは手を貸そうとしますが、男性は大丈夫だからと助けを拒みます。普段であれば無理強いはしないジェインですが、なぜかこのときは手を貸さずにはいられません。以下は、そのときのことをジェインが振り返る一節です。

The traveller now, **stooping**, felt his foot and leg [...]; apparently something **ailed** them [...].

[...] he stood up and tried his foot, but the result **extorted** an **involuntary** 'Ugh!'

Something of daylight still **lingered**, and the moon was **waxing** bright: I could see him plainly. His figure was **enveloped** in a riding cloak [...]. [...] Had he been a handsome, heroic-looking young gentleman, I should not have dared to stand [...] offering my services unasked. [...] I had a theoretical **reverence** [...] for beauty, elegance, **gallantry** [...]; but had I met those qualities **incarnate** in masculine shape, I [...] should have **shunned** them as one would fire, lightning, or anything else that is bright but **antipathetic**.

その旅人は今度はかがんで自分の足に触れました。足に何か問題があるようなのでした。

彼は立ち上がり、歩けるかどうか確かめてみましたが、その結果、ウッといううめき声が思わず彼の口から漏れました。

陽の光の名残がまだあった上に、月は満月に近づいて明るい光を放っていました。私には彼の姿がはっきりと見えました。彼の身体は乗馬用のマントに包まれていました。もし彼が顔立ちの整った、英雄のような見た目の若い男性であったなら、私はそこに立って頼まれもしないのに手を貸すことを申し出たりはしていなかったでしょう。私は美や優美さや勇敢さを崇める気持ちを持っていましたが、それはあくまでも概念としてのことで、もし仮にそれらの性質が男性の姿で私の前に現れていたら、私はそれらを避けてしまっていたでしょう。火や稲妻、そして同じようにまばゆいけれども敵対的なものを人が避けるように。

Vocabulary Track 054

□ **stoop** 動 [stúːp]	かがむ　＊「まともな人であれば決してしないような見下げ果てたことをするまでに成り下がる」という意味でもよく使われます。
□ **ail** 動 [éɪl]	～に問題を引き起こす
□ **extort** 動 [ɪkstɔ́ː(r)t]	～を強制的に引き出す、～を脅し取る
□ **involuntary** 形 [ɪnvɔ́lənt(ə)ri]	思わず反射的に発してしまうような、強制的な、自らの意思によるものではない ＊よく一緒に使われる名詞は confinement（拘束）、cry（叫び）、unemployment（失業）など。
□ **linger** 動 [líŋə(r)]	（なかなか去らずに）その場にとどまる
□ **wax** 動 [wǽks]	（月が）満ちる
□ **envelop** 動 [ɪnvéləp]	～を包み込む
□ **reverence** 名 [rév(ə)rəns]	敬い崇める気持ち
□ **gallantry** 名 [gǽləntri]	（特に戦いなどにおける）勇敢さ
□ **incarnate** 形 [ɪnkɑ́ː(r)nət]	人間の姿を借りた
□ **shun** 動 [ʃʌ́n]	～を避ける、～と距離を置く
□ **antipathetic（to ～）** 形 [æ̀ntɪpəθétɪk]	（～に対して）非常に敵対的な

ヒント felt his foot and leg における feel は「～の感触を確かめる」の意。apparently は「見たところでは」、plainly は「はっきりと」、figure は「身体、姿」、riding cloak は「乗馬用のマント」。Had he been ～は If he had been ～（もし仮に彼が～であったなら）と同じ意味。I should not have dared ...における should は would と同じ（イギリス英語では主語が一人称の場合、will の代わりに shall が、would の代わりに should が使われることがあります）。dare to do ～で「（勇気を出して）～する」、unasked は「頼まれもしないのに」、theoretical はここでは「概念上の」、had I met ～は If I had met ～（もし仮に私が～に出会っていたら）と同じ意味。quality はここでは「性質」、masculine は「男性の」。I [...] should have shunned ...における should も would と同じ。as one would fire ...における fire は名詞で、would と fire の間には shun が省略されています（文の構造が直前の文と同じ場合には、このように共通部分を省略することがあります）。lightning は「稲妻」。

Track **055**　シャーロット・ブロンテ『ジェイン・エア』

あらすじ　1つ前の文章の少し後の場面から。丘で捻挫した男性に手を貸したジェインは彼と別れ、住み込みの家庭教師として働いているソーンフィールドへと戻っていきますが、屋敷の前まで来ても、なかなかその門をくぐる気になれません。以下は、そのときの気持ちをジェインが述懐する文章で、文中の the deed（その行為）は「男性に手を貸したこと」を指しています。また、Mrs Fairfax は屋敷の管理人である老婦人です。

I was pleased to have done something; trivial, **transitory** though the deed was, it was yet an active thing, and I **was weary of** an existence all passive. [...] I did not like re-entering Thornfield. To pass its **threshold** was to return to **stagnation**; [...] to meet **tranquil** Mrs Fairfax, and spend the long winter evening with her [...] was to **quell** wholly the faint excitement wakened by my walk [...]. [...] I **lingered** at the gates; [...] I **paced** backwards and forwards [...].

私は何か行動をしたことに喜びを覚えていました。その行為は些細な、つかの間のことでしたが、それでも能動的なものでした。私は受け身なだけの生活にうんざりしていたのです。私はソーンフィールドに戻りたくありませんでした。ソーンフィールドの敷居をまたぐことは停滞の状態に戻ることであり、穏やかなフェアファクス夫人に会って冬の長い夜を彼女と過ごすことは、歩いていたときの出来事によって起こされたかすかな胸の高鳴りを完全に静めてしまうことでした。私は門の辺りにとどまって、行ったり来たりしていました。

Vocabulary Track 056

□ **transitory** 形 [trǽnzət(ə)ri]	つかの間の、短期間しか続かない
□ **be weary of ～** 熟 [bi wíəri əv]	～にうんざりしている
□ **threshold** 名 [θréʃhəʊld]	敷居、しきい値 ＊「しきい値」とは「何か影響が出るかどうかの境目となる値」のことで、例えば have a high pain threshold で「痛みに対して我慢強い」という意味になります。
□ **stagnation** 名 [stægnéɪʃ(ə)n]	停滞、低迷
□ **tranquil** 形 [trǽŋkwɪl]	静謐（ひつ）な、穏やかな
□ **quell** 動 [kwél]	～を静める
□ **linger** 動 [líŋə(r)]	（なかなか去らずに）その場にとどまる
□ **pace** 動 [péɪs]	（不安やイライラする気持ちなどのために、狭い場所の中で）行ったり来たりする

ヒント trivial は「些細な」、「～ though +《主語》+ is」で「《主語》は（非常に）～ではあるけれど」、existence はここでは「生活、生活スタイル」、passive は「受け身の」、wholly は「完全に」、faint は「かすかな」、waken は「～を呼び起こす」。

～私を美男子と思うか？～　人物の個性が際立つ場面の単語

この項では、brusque（無愛想な）、sly（こっそりとずるく立ち回る）、blunder（大失策）などの重要語を学びます。

Track 057　シャーロット・ブロンテ『ジェイン・エア』

あらすじ ジェインが住み込みの家庭教師として働き始めて少し経ったときのこと。ジェインは屋敷の主人である貴族ロチェスターのことをぶっきらぼうなところがある人と感じていましたが、ある日夕食が終わると、ダイニングルームでゆったりと椅子に腰かけたロチェスターは上機嫌の様子で、ジェインに自分のそばに座るよう命令します。言われた通りにするジェイン。しかし、命令したロチェスター本人が暖炉の火を見つめて動かないため、彼女はロチェスターの顔を眺めながら黙っています。そうして2分ほど経ったとき、ロチェスターは急に振り向き、自分の顔を見ていたジェインの視線を捉えます。以下はその直後のロチェスターとジェインのやり取りを、ジェイン本人が語ったもの。文中の Miss Eyre はジェインのことです。

'You examine me, Miss Eyre,' said he: 'do you think me handsome?'

I should, if I had **deliberated**, have replied to this question by something conventionally vague and polite; but the answer somehow slipped from my tongue before I was aware – 'No, sir.'

'Ah! [...] you have the air of a little *nonnette*; [...] and when one asks you a question [...] you rap out a round **rejoinder**, which, if not **blunt**, is at least **brusque**. [...] under pretence of

[…] stroking and soothing me into **placidity**, you stick a sly penknife under my ear! […]'

'Mr Rochester, […] I intended no pointed **repartee**: it was only a **blunder**.'

「ミス・エア、君は私を品定めしているね。私を美男子と思うか？」と彼は言いました。

熟考の上であれば、私はこの質問に対して、こんなときによく使われる曖昧で礼を失しない返答をしていたでしょう。でも気づいたときには、どういうわけかこの返事が口をついて出てしまっていたのでした──「いいえ」。

「これはまた！　君は小柄でかわいらしい修道女のような感じだが、何かを尋ねられるとすぐさまキツイ返事を繰り出すね。無遠慮で失礼とまではいかないとしても、少なくとも愛想がない。君は私を撫でてなだめて落ち着かせるふりをしながら、こっそりと私の耳元にペンナイフを突き刺すのだ！」

「ロチェスターさん、辛辣なお返事を差し上げるつもりはありませんでした。うかつだっただけなのです」

Vocabulary　Track 058

□ **deliberate** 動 [dɪlíbəreɪt]	熟考する
□ **rejoinder** 名 [rɪdʒɔ́ɪndə(r)]	素早い返答　＊ぶっきらぼうな返答やウィットに富んだ返答によく使われます。
□ **blunt** 形 [blʌ́nt]	（発言が）無遠慮で失礼な
□ **brusque** 形 [brʌ́sk]	（言葉数が少なくて）無愛想な
□ **placidity** 名 [pləsídəti]	穏やかな性質

☐ **sly** 形 [sláɪ]	こっそりとずるく立ち回る、狡猾な
☐ **repartee** 名 [rèpɑː(r)tíː]	当意即妙の受け答え
☐ **blunder** 名 [blʌ́ndə(r)]	（不注意による）大失策

ヒント think A + B で「A は B だと思う」。I should [...] have replied ...における should は would と同じ（イギリス英語では主語が一人称の場合、will の代わりに shall が、would の代わりに should が使われることがあります）。conventionally は「慣例的なやり方の通りに」、vague は「曖昧な」、polite は「丁重な」、air は「雰囲気」。*nonnette* は「若い修道女」を表す古風なフランス語。rap out は「突然きつい口調で～を言う」、round はここでは「歯に衣着せない」、if not ～は「～ではないとしても」、pretence は「見せかけ、ふり」、stroke は「～を撫でる」、soothe は「～をなだめる」、stick はここでは「～を突き刺す」、pointed は「辛辣な」。

Track 059　シャーロット・ブロンテ『ジェイン・エア』

あらすじ 住み込みの家庭教師として働いているジェインは、屋敷の主人である貴族ロチェスターを密かに愛するようになり、彼のちょっとした言動に心をときめかせたり絶望を感じたりせずにはいられません。そんな折、子どもの頃に自分が預けられていた親戚が重体で自分に会いたがっていることを伝えられ、ジェインは休暇をもらって遠い親戚の家へ戻ります。そこで彼女を待っていたのは、久しぶりの再会にもかかわらず相変わらず彼女に冷たい態度を取る親戚たち。しかし彼女は子どもの頃のようにおどおどすることはありません。以下は、親戚と再会したときのことをジェインが振り返る一節で、Eliza と Georgiana は親戚の娘の名前です。

A **sneer**, however, whether **covert** or open, had now no longer that power over me it once possessed: [...] Eliza did not mortify, nor Georgiana **ruffle** me. [...] within the last few months feelings had been **stirred** in me so much more **potent** than any they could raise [...] that their **airs** gave me no concern [...].

（彼女たちの）冷笑は、密かなものであれ露骨なものであれ、それがかつて私に対して持っていた力をもはや失っていました。イライザが私を恥じ入らせることはありませんでしたし、ジョージアーナが私に心の平静を失わせることもありませんでした。ここ数か月の間、彼女たちが（私の内に）呼び起こすことのできるどのような感情よりも、比べものにならないほどはるかに強い感情が私の中でかきたてられていたため、彼女たちの偉ぶった態度によって私が不安になることはまったくありませんでした。

Vocabulary　Track 060

□ **sneer** 名 [sníə(r)]	冷笑
□ **covert** 形 [kə́ʊvəː(r)t]	秘密裏の ＊よく一緒に使われる名詞は operation（作戦）など。
□ **mortify** 動 [mɔ́ː(r)tɪfaɪ]	～を恥じ入らせる
□ **ruffle** 動 [rʌ́fl]	～の心を波立たせる
□ **stir** 動 [stə́ː(r)]	～をかきたてる、～をかき混ぜる
□ **potent** 形 [pə́ʊt(ə)nt]	強力な、効力の強い
□ **airs** 名 [éə(r)z]	偉ぶった態度 ＊この意味では常に複数形で使われます。

ヒント　that power over me it once possessed における me と it の間には、that power over me を先行詞とする関係代名詞が省略されています。possess は「～を持っている」、nor は「～もまた…ない」。so much more potent than …における so は「so ～ that S + V（あまりにも～なのでSがVする）」の so で、that their airs gave …の部分が that S + V に相当します。so much more potent than any they could raise の部分は、この文の主語である feelings を修飾しています。形容詞句が、このように動詞の後ろから主語を修飾するのは文法的には例外ですが、主語を簡潔にするなどの理由で修飾語句を動詞の後ろに置く事例は実際にはわりと頻繁に見られます。any they could raise における any は名詞で、any と they の間には関係代名詞が省略されています。concern は「不安、心配」。

Track 061　シャーロット・ブロンテ『ジェイン・エア』

あらすじ　住み込みの家庭教師として働いているジェインは、屋敷の主人である貴族ロチェスターを愛するようになります。しかしロチェスターは美しい貴族の娘ミス・イングラムと結婚することに。ジェインは苦しみますが、ミス・イングラムに対してほとんど嫉妬心は抱きません。というのはジェインが見たところ、彼女は人格が優れているとは決して言えなかったからです。以下は、ジェインから見たミス・イングラムの様子。冒頭の She はミス・イングラムを指しています。文中の Adèle はジェインの生徒である幼い女の子。このパッセージの後、ジェインは「もし彼女の性質が素晴らしかったなら、私はまず嫉妬と絶望に苦しみ、そしてその後で彼女を称賛していたでしょう」と述懐します。

She **advocated** a high tone of sentiment; but she did not know the sensations of sympathy and pity; tenderness and truth were not in her. Too often she **betrayed** this, by the **undue vent** she **gave to a spiteful antipathy** she had conceived against little Adèle: pushing her away with some contumelious **epithet** if she happened to approach her; sometimes ordering her from the room, and always treating her with coldness and **acrimony**.

Other eyes besides mine watched these **manifestations** of character [...]. Yes; the future bridegroom, Mr Rochester himself, exercised over his intended a **ceaseless** surveillance [...].

彼女は高尚な心情を標榜していましたが、思いやりや哀れみの心とは無縁でした。優しさや真実というものは彼女の中にはなかったのです。このことを彼女はしょっちゅう知らず知らずのうちにさらけ出してしまっていました。彼女は、幼いアデルに対して抱いていた意地の悪い嫌悪の気持ちを不当に発散させていたのです。アデルが何かの拍子に彼女に近寄ったりすると、彼女は侮蔑的な言葉を口にしながらアデルを押しやり、時には部屋から出るよう命令し、常に冷たく刺々しい態度で接していました。本性がこのように態度に表れるのを見ていたのは私の目だけではありませんでした。そう、彼女と結婚することになっているロチェスターさん自身が、自分の婚約者を常に観察していたのです。

Vocabulary　Track 062

□ **advocate** 動 [ǽdvəkeɪt]	～を公に支持する　＊目的語としてよく一緒に使われる名詞は policy（政策）など。
□ **betray** 動 [bɪtréɪ]	～（本心など）を（表情や態度が）表してしまう
□ **undue** 形 [ʌndjúː]	正当な理由のない、過度な
□ **give vent to ～** 熟 [gɪv vént tə]	～（怒りなど）を噴出させる ＊直訳は「～にはけ口を与える」。
□ **spiteful** 形 [spáɪtfl]	相手に嫌な思いをさせようとする悪意のある
□ **antipathy** 名 [æntípəθi]	ひどく嫌う気持ち、敵意

□ **epithet** 名 [épɪθət]	人の特徴や性格をひと言で言い表すのに使われる単語または短いフレーズ
□ **acrimony** 名 [ǽkrɪməni]	憎しみに満ちた言葉や気持ち
□ **manifestation** 名 [mæ̀nəfestéɪʃ(ə)n]	（感情などの）表れ
□ **ceaseless** 形 [síːsləs]	やむことのない

ヒント a high tone of sentiment は「高尚な心情」。vent と she の間と、antipathy と she の間には関係代名詞が省略されています。conceive は「～を抱く」、contumelious は「侮蔑的な」、happen to do ～で「たまたま～する」、bridegroom は「花婿」。exercise は「～を行使する」の意で、a ceaseless surveillance の部分が exercise の目的語となっています。intended はここでは「婚約者」という意味の名詞。ceaseless は「やむことのない」、surveillance は「監視」。

～君を我が血肉として愛しているんだ～
熱烈な求婚を受ける場面の単語

この項では、incredulous（そんなはずはないと信じられない気持ちでいる）、sceptic（懐疑主義者）、entreat（～に懇願する）などの重要語を学びます。

Track 063　シャーロット・ブロンテ『ジェイン・エア』

あらすじ 貴族ロチェスターは、彼の屋敷で住み込みの家庭教師として働いているジェインに求婚します。一方、ジェインはロチェスターを愛していますが、ロチェスターが貴族の娘ミス・イングラムと婚約していると思い込んでいる彼女は、彼の求婚の言葉をなかなか信じることができません。ロチェスターの腕にかき抱かれながら、離れようとして彼の腕の中でもがくジェインと、「鳥のようにもがかないでおくれ」

と言ってジェインを落ち着かせようとするロチェスター。以下は、その直後のジェインとロチェスターのやり取りです。最初のセリフはジェインのもの。なお、『ジェイン・エア』は一人称の視点から書かれており、語り手はジェイン本人です。

'I am no bird; and no net **ensnares** me; I am a free human being with an independent will, which I now exert to leave you.' [...]

'And your will shall decide your destiny,' he said: 'I offer you my hand, my heart, and a share of all my possessions.'

'You play a **farce**, which I merely laugh at.'

'I ask you to pass through life at my side – to be my second self, and best earthly companion.'

'For that fate you have already made your choice, and must **abide by** it.' [...]

'[...] it is you only I intend to marry. [...] Jane, will you marry me?'

Still I did not answer [...] for I was still **incredulous**. [...]

'Am I a liar in your eyes?' he asked passionately. 'Little **sceptic**, you *shall* be convinced. What love have I for Miss Ingram? None: and that you know. What love has she for me? None [...]. [...] You – you strange, you almost **unearthly** thing! – I love as my own flesh. You – [...] I **entreat** to accept me as a husband.'

「私は鳥などではありませんし、網で捕らえておくことはできません。私は独立した意思を持つ自由な人間です。そして今、その意思を行使してあなたのもとを去るんです」

「自らの意思で君の将来を決めてくれ」と彼は言いました。「よければ私の手を取ってほしい。そして私の心も。私の全財産の一部も君に分けたい」

「ご冗談をおっしゃっているのでしょ。お笑いぐさですわ」

「君に私の傍らで人生を過ごしてほしい。私の分身、そしてこの地上における私の最良の伴侶となってほしい」

「その役割をする人をあなたはすでに正式にお決めになっています。その決定に従わなくてはいけませんわ」

「私が結婚したいのは君ただ1人なんだ。ジェイン、私と結婚してくれるか？」

それでもなお私は答えませんでした。私はまだ信じられなかったのです。

「君は私のことを嘘つきと思う？」彼は強い感情に揺さぶられて尋ねました。「小さな懐疑主義者さん、君を納得させてみせる。私がミス・イングラムに対してどんな愛を抱いているというんだ？　私は彼女をまったく愛していないし、君はそれを知っている。ミス・イングラムが私にどんな愛を抱いている？　彼女は私を愛してなどいない。君、風変わりでほとんどこの世のものとは思えないくらいの人よ。君を私は我が血肉として愛しているんだ。君へのお願いなんだ。どうか私を夫として受け入れてほしい」

Vocabulary　Track 064

□ **ensnare** 動 [ɪnsnéə(r)]	～を逃れられなくする、～を見動きが取れないようにする
□ **farce** 名 [fɑ́ː(r)s]	滑稽な劇、茶番
□ **abide by ～** 熟 [əbáɪd baɪ]	～（ルールや決定など）に従う
□ **incredulous** 形 [ɪnkrédʒələs]	（そんなはずはないと）信じられない気持ちでいる
□ **sceptic** 名 [sképtɪk]	懐疑主義者
□ **unearthly** 形 [ʌnə́ː(r)θli]	この世のものとは思えないような、超自然的で奇妙な、超自然的で気味の悪い
□ **entreat** 動 [ɪntríːt]	～に懇願する　＊ entreat A to do ～で「Aに～してくれるよう懇願する」。

ヒント will は「意思」。your will shall ... と you *shall* be convinced における shall は、「《主語》+ shall ～」で「《主語》に～させると約束する」の意。earthly はここでは「この地上の」、it is you only ... は強調構文、for S + V で「というのは S + V だから」。What love have I ... における have I は do I have と同じ。What love has she ... における has she は does she have と同じ。最後の 2 つの文はともに倒置文で、You が love と entreat の目的語となっています。

～嘘だと言ってくれ～　狼狽する場面の単語

この項では、sarcasm（当てこすり）、stupefied（呆然とした）、precarious（不安定で今にも落下しそうな）などの重要語を学びます。

Track 065　　トマス・ハーディ『ダーバヴィル家のテス』

あらすじ 心から愛する女性テスと結婚したクレア。しかし、それまで知らなかったテスの過去を知ることになったクレアは、テスを愛しながらも以前と同じように彼女に接することができなくなり、彼女に冷たい態度を取ったり、皮肉を言ったりするようになってしまいます。以下はそのときのテスの様子を描いた文章です。

To **fling** elaborate **sarcasms** at Tess, however, was much like **flinging** them at a dog or cat. The charms of their **subtlety** passed by her unappreciated, and she only received them as **inimical** sounds which meant that anger **ruled**. She remained **mute**, not knowing that he was desperately **smothering** his affection for her. She did not observe that a tear came out upon his cheek, **descending** slowly, a tear so large that it magnified the **pores** of the skin over which it rolled, like the object lens of a microscope.

しかし、手の込んだ皮肉をテスに投げつけることは、犬や猫に対してそうすることとあまり変わらなかった。その微妙なおかしみはテスには理解されず、彼女はそれを単に「怒りの感情が彼において支配的である」ということを示す憎悪の込められた音としてしか受け取らなかった。彼女に対する愛情を彼が必死に押し殺そうとしているとは知らず、彼女は無言のままでいた。彼の目から涙が1粒あふれ、それが頬をゆっくりと伝っていくのに彼女は気づかなかった。その涙の粒は非常に大きく、顕微鏡の対物レンズのように、それが伝う皮膚の毛穴を拡大して見せた。

Vocabulary Track 066

□ **fling** 動 （– flung – flung） [flíŋ]	～を勢いよく雑に放り投げる
□ **sarcasm** 名 [sɑ́ː(r)kæzəm]	当てこすり、（非難を込めた）皮肉 ＊現在では通常、不可算名詞として用いられます。
□ **subtlety** 名 [sʌ́tlti]	微妙さ、繊細さ
□ **inimical** 形 [ɪnímɪkl]	憎悪や敵意の込められた ＊他にも「有害な」という意味があります。
□ **rule** 動 [rúːl]	支配する
□ **mute** 形 [mjúːt]	無言の
□ **smother** 動 [smʌ́ðə(r)]	～を押し殺す
□ **descend** 動 [dɪsénd]	降りる
□ **pore** 名 [pɔ́ː(r)]	毛穴、植物等の表面にある非常に細かい穴

ヒント elaborate は「凝った」、charm は「魅力、面白み」、pass by ～で「～を通り過ぎる」、unappreciated は「（良さや価値を）理解されずに」。「remain + 《形容詞》」で「《形容詞》のままでいる」、desperately は「必死に」、affection は「愛情」、observe that S + V で「S + V ということに気づく」。 a tear so large ... の部分は a tear came out の a tear と同格。a tear so large that S + V で「S が V するほど大きな涙の粒」。magnify は「～を拡大する」。over which it rolled の which は the skin を先行詞とする関係代名詞で、この関係代名詞の節は over から始まっています。roll over ～で「～の上を転がる」。object lens は「対物レンズ」、microscope は「顕微鏡」。

Track 067

トマス・ハーディ『ダーバヴィル家のテス』

あらすじ 1つ前の文章の少し後の場面から。翌朝のテスとクレアの様子が描かれています。

She looked absolutely pure. Nature, in her fantastic **trickery**, had set such a **seal** of maidenhood upon Tess's countenance that he gazed at her with a **stupefied** air.

'Tess! Say it is not true! No, it is not true!'

[...] He looked at her **imploringly**, as if he would willingly have taken a lie from her lips, knowing it to be one, and have made of it, by some sort of **sophistry**, a valid denial.

彼女は一点の曇りもなくピュアに見えた。自然はその不思議な詐術によってテスの面差しに驚くべき処女性の封印を施しており、彼は呆然とした様子で彼女を見つめた。

「テス！　あれは嘘だと言ってくれ！　あんなことは嘘だ！」

彼は懇願するように彼女を見た。そのときの彼の様子は、嘘の返事をそれが嘘であると知りながら進んで受け入れ、何らかの詭弁によって喜んでそれを正当な否定の言葉にしてしまう心づもりがあったかのようであった。

Vocabulary　Track 068

□ **trickery** 名 [tríkəri]	詐術、トリック
□ **seal** 名 [síːl]	封印
□ **stupefied** 形 [stjúːpɪfaɪd]	呆然とした
□ **imploringly** 副 [ɪmplɔ́ːrɪŋli]	懇願するように
□ **sophistry** 名 [sɔ́fɪstri]	詭弁、ごまかし

ヒント fantastic はここでは「不思議な」、such ~ that S + V で「あまりにもすごい～なので S が V する」、maidenhood はここでは「処女性」、countenance は「顔、表情」、gaze は「見つめる」、air は「雰囲気」、willingly は「喜んで」。knowing it to be one における one は a lie と同じ意味。make A of B で「B から A を作る、B を A に変える」（この文章では「A」と「of B」の場所が入れ替わっており､it が B に相当し、a valid denial が A に相当します）。valid は「有効な」、denial は「否定、否認」。

Track 069　トマス・ハーディ『ダーバヴィル家のテス』

あらすじ 起きている間ずっとテスに冷たい態度を取り続けているクレアが、夜に夢遊病の症状を呈し始めます。そして夜中に眠ったまま彼は、上の階で休んでいるテスのところへ来て彼女を抱き上げ、「僕の最愛のテス！」とつぶやきながら彼女を抱えて辺りを歩きます。

The words of **endearment**, withheld so severely in his waking hours, were **inexpressibly** sweet to her **forlorn** and hungry heart. [...] she lay in absolute stillness, scarcely **venturing** to breathe [...].

'My wife – dead, dead!' he said.

He paused in his labours for a moment to lean with her against the banister, over which her feet hung **ominously**. Was he going to throw her down? Self-**solicitude** was near extinction in her, and in the **sickening** knowledge that he had planned to depart on the morrow [...] she lay in his arms in this **precarious** position with a sense rather of luxury than of terror. If they could only fall together, and both be **dashed** to pieces, how **fit**, how desirable.

彼が起きている間には徹底的に控えられているこういった親愛の言葉は、彼女の孤独で愛に飢えた心には言葉で言い表せないほど甘く響いた。彼女は（彼が目覚めてしまわないように）ほとんど呼吸しようとさえせず、まったく動かずに抱えられていた。

「僕の妻――彼女は死んでしまった！」と彼は言った。

彼は少しの間動きを止め、階段の手すりに彼女とともにもたれかかった。彼女の足が手すりの外にぶら下がり、悲劇を予感させた。彼は私を投げ落とすのだろうか？彼女の中では自分を大切にする気持ちはほとんどなくなっており、彼が明日出発するとすでに決めているという暗い見通しと相まって、彼女はこの今にも落下しそうな状態のまま、恐怖よりもつかの間の特別感に浸って彼の腕の中で横たわっていた。自分たちが一緒に落ち、２人とも打ち砕かれて死ぬことさえできたら、どれほどあつらえ向きだろうか。どれほど望ましいだろうか。

Vocabulary　Track 070

□ **endearment** 名 [ɪndíə(r)mənt]	親愛の情
□ **inexpressibly** 副 [ìnɪksprésəbli]	言葉で言い表せないほど

□ **forlorn** 形 [fə(r)lɔ́ːn]	孤独で悲しい、孤独で寂しげな
□ **venture** 動 [véntʃə(r)]	venture to do ～で「～しようとする」。 ＊リスクを意識しながら、あえて何かをしようとする場合によく使われます。
□ **ominously** 副 [ɔ́mɪnəsli]	悪いことを予感させるような様子で
□ **solicitude** 名 [səlísɪtjuːd]	誰かを大切にする気持ち
□ **sickening** 形 [síkənɪŋ]	恐ろしくてショックを与えるような、吐き気を催させるような
□ **precarious** 形 [prɪkéəriəs]	不安定で今にも落下しそうな、不安定で今にも致命的な状況に陥ってしまいそうな
□ **dash** 動 [dǽʃ]	～を固いものに打ちつける
□ **fit** 形 [fít]	ふさわしい、適切な

ヒント withheld は withhold（～を差し控える）の過去分詞形。stillness は「静止状態」、scarcely は「ほとんど～ない」、pause は「一時休止する」、lean against ～は「～にもたれかかる」、banister は「階段の手すり」。Was he going to throw her down? と If they could only fall together ...は free indirect style（→ 下記参照）の技法で書かれています。extinction はここでは「消滅」、the morrow は「翌日」を意味する文学的な語。a sense of luxury は「特別感」、desirable は「望ましい」。

参考 free indirect style について

この文章の Was he going to throw her down? と If they could only fall together ...の部分は free indirect style と呼ばれる、英語の文学作品でよく見られる技法で書かれています。free indirect style では、登場人物の発言や考えが She said や

He thoughtなどを伴わずに地の文に挿入されますが、発言や考えがそのまま書かれるわけではなく、時制は他の地の文と同じ過去形になり、Iやusなどの一人称の代名詞も、その登場人物の性別と単複に合わせてsheやthemなどに置き換えられます。意味の上では、Was he going to throw her down? はShe thought, 'Is he going to throw me down?' に相当し、If they could only fall together ... はShe thought, 'If we could/can only fall together ...' に相当します。なお、通常の地の文と、free indirect styleで書かれた発言や考えは常に明確に区別できるわけではなく、どちらとも判断できない場合もあります。

～なんていう搾取！～　怒りを描く場面の単語

この項では、fury（激しい怒り）、smoulder（くすぶる）、glower（睨む）など、「怒り」に関連する重要語を多く学びます。

Track 071　D・H・ロレンス『チャタレイ夫人の恋人』

あらすじ　レディ・チャタレイは、下半身が麻痺している夫の准男爵サー・クリフォード・チャタレイを献身的に介護していますが、文化人として成功し「精神生活」を強調する夫の根底にある冷たさや欺瞞を次第に強く感じ取るようになります。以下は、やるせない気持ちを募らせたある日の晩、自室で1人きりになり、久しぶりに自分の裸体を鏡に映してみたときの彼女の心の内を描写したもの。文中のConnieはレディ・チャタレイの愛称です。

Her body was going [...] **opaque** [...]. It made her feel **immensely** depressed and hopeless. [...] She was [...] old at twenty-seven [...]. Old through neglect and denial, yes, denial. [...] The mental life! Suddenly she hated it with a rushing **fury**. The **swindle**! [...] the front of her body made her miserable. It was already beginning to **slacken**, [...] going old before it had ever really lived. [...] And in her bitterness burned a cold **indignation** against Clifford [...]: against all the men of his sort who **defrauded** a woman even of her own body. [...] A sense of **rebellion smouldered** in Connie.

彼女の体は透明感を失いつつあった。そのことは彼女を途方もなく沈んだ絶望的な気持ちにさせた。27 歳で彼女はすでに老いているのだった。無関心と否定、そう、（女性としての存在を）否定されることによって老いたのだ。精神生活なんて！　突如、彼女は怒涛のように湧き上がった激しい怒りでそれを憎んだ。なんていう搾取！自分の体の前面を見て彼女はみじめになった。そこはすでに張りを失いつつあった。一度も生を謳歌する前にそこは老いつつあるのだった。彼女のやるせない思いの中で、クリフォードと、そして（精神性という）ペテンによって女性からその身体さえも喪失させてしまう、彼のようなすべての男性に対する冷たい憤りが燃えた。コニーの中で、抑圧に逆らおうとする意識がくすぶった。

Vocabulary　Track 072

□ **opaque** 形 [əʊpéɪk]	光を通さない
□ **immensely** 副 [ɪménsli]	ものすごく
□ **fury** 名 [fjʊ́əri]	激しい怒り
□ **swindle** 名 [swíndl]	お金などを騙し取る行為、詐欺
□ **slacken** 動 [slǽkən]	ゆるむ
□ **indignation** 名 [ìndɪgnéɪʃ(ə)n]	憤り

□ **defraud A of B** 熟 [dɪfrɔ́ːd əv]	AからBを騙し取る
□ **rebellion** 名 [rɪbéljən]	反抗、反乱、反逆
□ **smoulder** 動 [smə́ʊldə(r)]	(感情などが) くすぶる、(炭などが) 炎を出さずにくすぶって燃える

ヒント 「go +《形容詞》」で「《形容詞》な状態になる」、depressed は「気持ちが沈んでいる、憂鬱になっている」、denial は「否定」、rushing はここでは「吹き上がるような」。in her bitterness burned …は倒置文で「…」の部分が主語。通常の語順に戻すと… burned in her bitterness. となります。bitterness は「やるせなさ」、sense は「感覚、意識」。

Track 073　*D・H・ロレンス『チャタレイ夫人の恋人』*

あらすじ　レディ・チャタレイは、下半身が麻痺している夫の准男爵サー・クリフォード・チャタレイを献身的に介護していますが、文化人として成功し「精神生活」を強調する夫の根底にある冷たさや欺瞞を次第に強く感じ取るようになります。そして、閉塞的な環境の中でやり場のない気持ちを日々募らせ、心身ともに不調をきたし始めたレディ・チャタレイは、ついに姉のヒルダに心の叫びを手紙で書き送って助けを求めます。心配して駆けつけたヒルダは妹の衰えように驚き、さっそく不調の原因であるサー・クリフォードと対峙することに。以下はそのときのサー・クリフォードとヒルダのやり取りから。冒頭の He はサー・クリフォードを指しています。また、文中の Connie はレディ・チャタレイの愛称です。

He sat […] well-groomed in his chair, his hair **sleek** and blond, […] his expression **inscrutable** but **well-bred**. Hilda thought it **sulky** and stupid […]. He had an air of **aplomb**, but Hilda didn't care […]; she **was up in arms** […]. 'Connie's looking awfully unwell,' she said [...], fixing him with her beautiful [...] eyes. She looked so maidenly, [...] but he well knew the tone of Scottish **obstinacy** underneath. 'She's a little thinner,' he said. 'Haven't you done anything about it?' 'Do you think it necessary?' he asked, with his **suavest** English stiffness [...]. Hilda only **glowered** at him without replying; **repartee** was not her **forte** [...] and he was much more uncomfortable than if she had said things.

サー・クリフォードは身だしなみのきれいに整った姿で椅子に座っていた。髪はなめらかで艶やかなブロンド、顔には、何の感情も読み取れないが育ちの良さを示す表情があった。ヒルダはその様子を不機嫌で愚かしいと思った。彼には自信と余裕のオーラが漂っていたが、ヒルダは意に介さなかった。彼女は怒りに燃えて臨戦態勢に入っていた。「コニーはひどくやつれています」と彼女は美しい目で彼を見据えて言った。彼女の顔は純朴な乙女と見紛うばかりであったが、その陰にあるスコットランド人に特有の強情な感じは、（妻のコニーも同じ性質を持っているために）彼がよく知っているものだった。「彼女は少しやせましたね」と彼は言った。「何も対処はなさっていないのですか？」「対処が必要と？」と彼は、彼一流の、洗練とイングランド人のよそよそしさを掛け合わせた態度で尋ねた。ヒルダは返事をせずに、ただ彼を睨んだ。当意即妙の受け答えは彼女の得意とするところではなかった。しかし、彼女が言葉を使わなかったために、彼ははるかに居心地の悪い思いをしたのだった。

Vocabulary　Track 074

□ **sleek** 形 [slíːk]	なめらかで艶のある、なめらかで魅力的な
□ **inscrutable** 形 [ɪnskrúːtəbl]	（顔が）無表情で何も読み取れない
□ **well-bred** 形 [welbréd]	育ちの良い、上流階級を思わせる

□ **sulky** 形 [sʌ́lki]	不機嫌な
□ **aplomb** 名 [əplɔ́m]	自信と余裕に満ちた態度
□ **be up in arms** 熟 [bi ʌp ɪn ɑ́ː(r)mz]	怒りに燃えて臨戦態勢に入っている
□ **obstinacy** 名 [ɔ́bstɪnəsi]	強情さ
□ **suave** 形 [swɑ́ːv]	（言動が）スマートで洗練されて自信に満ちた　＊主に男性について使われます。「誠実さに欠ける」というニュアンスが含まれる場合もあります。
□ **glower** 動 [gláʊə(r)]	睨む
□ **repartee** 名 [rèpɑː(r)tíː]	当意即妙の受け答え
□ **forte** 名 [fɔ́ː(r)teɪ]	得意とすること、強み

ヒント well-groomed は「身だしなみのきれいに整った姿で」。sleek and blond と inscrutable but well-bred は形容詞ですが、ここでは「～な状態で」という意味で分詞構文と同等の働きをしており、his hair と his expression がその主語となっています（分詞だけでなく、形容詞も分詞構文に相当する働きをすることができます）。think A + B で「A は B だと思う」、fix はここでは「～を見据える」、maidenly は「純朴な乙女のような」、stiffness はここでは「よそよそしさ」、if she had said things は「もし仮に彼女が言葉を口にしていた場合」の意。

Track 075　D・H・ロレンス『チャタレイ夫人の恋人』

あらすじ　欺瞞に満ちた夫の准男爵サー・クリフォード・チャタレイに対するやり場のない憤りを日々募らせていくレディ・チャタレイ。彼女は唯一の逃げ場として敷地内の森にある小屋を次第に訪れるようになります。しかし、その小屋を使用している人間嫌いの森番メラーズは、身分の高いレディ・チャタレイを表面上は敬っているものの、自分の聖域である森に踏み込んでくる彼女を嫌悪します。以下は、小屋の鍵を持っていないレディ・チャタレイが小屋の軒先で雨宿りしているところへ、森番メラーズが偶然やってくる場面から。文中の Connie はレディ・チャタレイの愛称、the man はメラーズを指しています。また、メラーズは標準英語を話すことができますが、他人と距離を置きたいときにはあえて土地の訛りを全面に出して話します。

The rain was **abating**. […] Connie wanted to go […]. […] she was getting cold; yet the overwhelming **inertia** of her inner **resentment** kept her there as if **paralysed**. […] A […] dog came running […]. The man followed […]. She felt him **recoil** […] when he saw her. […] 'Was yer waitin' to get in?' […] 'No, I only sat a few minutes in the shelter,' […] 'Sir Clifford 'adn't got no other key then?' […] 'No, but it doesn't matter. […] Good afternoon!' She hated the excess of **vernacular** in his speech.

雨は小降りになっていた。コニーは帰りたかった。彼女は寒くなってきていたが、自分の内なる憤りがもたらす圧倒的な無気力さのため、まるで体が麻痺したかのようにそこから動けなかった。犬が走ってきて、その後から森番がやってきた。彼女の姿を認めたとき、彼が嫌悪で一瞬身を引く感じが彼女にはした。「Was yer waitin' to get in?（中に入ろうと待っていたんですか？）」「雨を避けてちょっと座っていただけ」「Sir Clifford 'adn't got no other key then?（ではサー・クリフォードはスペアの鍵をお持ちではなかった？）」「そう、でもいいの。私に構わないで！」彼女は彼が土地の方言を過度に使うのを嫌った。

Vocabulary　Track 076

□ **abate** 動 [əbéɪt]	(嵐などが) 弱まる　＊主語としてよく使われる名詞は anger（怒り）、storm（嵐）など。
□ **inertia** 名 [ɪnə́ː(r)ʃə]	無気力
□ **resentment** 名 [rɪzéntmənt]	憤り
□ **paralyse** 動 [pǽrəlaɪz]	～を麻痺させる
□ **recoil** 動 [rɪkɔ́ɪl]	(嫌悪や恐怖を感じて) 反射的に身を引く、飛び退く
□ **vernacular** 名 [və(r)nǽkjələ(r)]	(標準語とは異なる) その土地固有の方言 ＊知識階級ではなく、その土地の一般的な人々が使う方言を指します。

ヒント overwhelming は「圧倒的な」、inner は「内なる」、feel A do ～で「A が～するのを感じる」。Was yer waitin' to get in? と Sir Clifford 'adn't got no other key then? は、それぞれ Were you waiting to get in? と Sir Clifford didn't have any other keys then? と同じ意味。in the shelter はここでは「雨のかからない場所で」の意。Good afternoon! はここでは会話を打ち切るために使われています。excess は「過剰」。

Track 077　　D・H・ロレンス『チャタレイ夫人の恋人』

あらすじ 戦争で負傷したことにより下半身が麻痺している准男爵サー・クリフォード・チャタレイは文化人として名声を築き、さらにはビジネスの世界でも手腕を発揮します。一方、妻のレディ・チャタレイは、知識人に共通する欺瞞と不毛さを以前からクリフォードに感じていましたが、表面的には自信に満ちているクリフォードが、心の内ではまるで幼児のように妻の自分に依存していることに気づき、その依存心に対して恐怖に近い気持ちを抱きます。以下は、この夫婦の関係を描写する一節から。第 1 文の she はレディ・チャタレイ、his はクリフォードを指しています。また、Connie はレディ・チャタレイの愛称です。

[...] she was amazed at his **shrewd** insight into things, [...] his **uncanny** material power [...]. [...] But this **astute** [...] man was almost an idiot when left alone to his own emotional life. He worshipped Connie [...] with a queer, craven **idolatry**, [...] a worship based on enormous fear, and even hate of the power of the **idol** [...].

彼女は、（ビジネスに関する）物事についての夫の慧眼や、お金や物についての彼の不可思議な力に驚嘆した。しかし、この鋭くて抜け目のない人物は、自分の心に関する事柄に 1 人で向き合わざるを得なくなると、ほとんど愚者のようであった。彼は、小心さから発する奇妙で異常な崇拝ぶりでコニーを崇めていた。その崇拝の元となっているのは、崇拝の対象（＝コニー）が持つ力に対するとてつもない恐れであり、さらにはその力に対する憎しみでさえあった。

Vocabulary Track 078

☐ **shrewd** 形 [ʃrúːd]	才覚のある、敏腕の、鋭い
☐ **uncanny** 形 [ʌnkǽni]	（得体が知れなくて）不可思議な ＊なぜそのようなことができるのか、あるいは起こり得るのかがわからないために薄気味悪さを感じるような能力や事象に用いられます。よく一緒に使われる名詞は ability（能力）、resemblance（相似）など。
☐ **astute** 形 [əstjúːt]	鋭くて抜け目のない

□ **idolatry** 名 [aɪdɑ́lətri]	異常なほどの崇拝、何らかの像を神として崇める行為
□ **idol** 名 [áɪdl]	崇拝の対象、（神として崇められる）偶像

ヒント insight は「洞察」、material は「（精神や心ではなく）お金や物に関する」、emotional はここでは「心や感情に関する」、worship は「崇拝する」、queer は「奇妙な」、craven はここでは「小心さから発する」の意。a worship based on ...の部分は直前の内容（= He worshipped Connie [...] with a queer, craven idolatry）と同格。enormous は「巨大な」。of the power of ...の部分は fear と hate の両方を修飾しています。fear of ～で「～に対する恐れ」。

～あの孤独で哀しい人～　孤独を描く場面の単語

この項では、seclusion（喧騒からの隔絶）、forlorn（孤独で寂しげな）、void（何もない空間）などの重要語を学びます。

Track 079　*D・H・ロレンス『チャタレイ夫人の恋人』*

あらすじ レディ・チャタレイの夫である准男爵サー・クリフォード・チャタレイは文化人として名声を築きますが、次第にレディ・チャタレイは知識人に共通する欺瞞と不毛さをクリフォードに感じるようになり、自分たちの土地の森番で労働者階級のメラーズに惹かれていきます。そして、森の中の小屋で彼と逢い引きを重ねるようになります。以下はある日の逢瀬の後、夕暮れどきにレディ・チャタレイを森の端まで送っていったメラーズが、再び暗い森へ戻っていくときの彼の心の内を描いたもの。文中の he はメラーズ、the woman はレディ・チャタレイを指しています。なお、メラーズは森での孤独な生活を好み、人との関わりをできるだけ避けています。

But he knew that the **seclusion** of the wood was **illusory**. The industrial noises broke the **solitude** [...]. [...] The world allows no **hermits**. [...] in the world of [...] greedy mechanism and mechanized **greed** [...] there lay the vast evil thing [...]. Soon it would destroy the wood, and the bluebells would spring no more. All vulnerable things must **perish** [...]. He thought with infinite tenderness of the woman. Poor **forlorn** thing, she was nicer than she knew [...]. [...] he would protect her with his heart for a little while. For a little while, before [...] the Mammon of mechanized **greed did** them both **in**, her as well as him. [...] He had a sense of **foreboding**. [...] he was [...] afraid of society, which he knew by instinct to be a **malevolent**, partly-insane beast.

しかしメラーズは森の静謐さは幻想にすぎないと知っていた。工業都市の騒音は孤独の静けさを破ってしまう。この世の中には隠遁者の居場所はないのだ。貪欲なシステムとシステム化された貪欲が支配する世界、そこに（すべての元凶となる）広大で邪悪なものが存在していた。もうすぐそれがこの森を破壊してしまうだろう。そして野生のヒヤシンスも姿を見せなくなるだろう。繊細で儚いすべてのものは死ぬほかはないのだ。彼は限りなく優しい気持ちでレディ・チャタレイを想った。あの孤独で哀しい人。彼女は自分で思っているよりも素晴らしくて可憐な魂を持っているのだ。少しの間は私が自分の心で彼女を守ろう。少しの間だけだ。すぐにシステム化された貪欲の化身に彼女も私も殺されてしまうから。彼には暗い予感があった。彼は社会を恐れており、社会は邪悪な半ば狂気の野獣であると本能的に知っていた。

Vocabulary　Track 080

□ **seclusion** 名 [sɪklúːʒ(ə)n]	喧騒からの隔絶
□ **illusory** 形 [ɪlúːsəri]	幻想にすぎない、まやかしの、偽りの

□ **solitude** 名 [sɔ́lətjuːd]	孤独
□ **hermit** 名 [hə́ː(r)mɪt]	隠遁者
□ **greed** 名 [gríːd]	貪欲
□ **perish** 動 [pérɪʃ]	(非業の) 死を遂げる、消滅する
□ **forlorn** 形 [fə(r)lɔ́ːn]	孤独で寂しげな、孤独で悲しい
□ **do ～ in /** **do in ～** 熟 [duː ín]	～を殺す、～を極度に疲弊させる ＊この in は副詞です。
□ **foreboding** 名 [fɔː(r)bə́ʊdɪŋ]	(確信に近い) 悪い予感
□ **malevolent** 形 [məlévələnt]	悪意に満ちた、邪悪な

ヒント wood はここでは「小さな森」、greedy は「貪欲な」、there lie ～で「～が存在する」、bluebell は「ヒヤシンスに似た野生の花」、spring はここでは「育つ」、infinite は「無限の」、tenderness は「優しさ」。Poor forlorn thing から her as well as him. までの部分は free indirect style（→ p. 111）の技法で書かれています。thing はここでは「人」。she was nicer than …における nice は「(持って生まれた性質が) 素晴らしくて可憐な」の意。Mammon は「物欲の化身」、sense は「感覚、意識」、know A to be ～で「A が～であると知っている」、instinct は「本能」、insane は「頭のおかしい」。

Track 081　D・H・ロレンス『チャタレイ夫人の恋人』

あらすじ　戦争で負傷したことにより下半身が麻痺している准男爵サー・クリフォード・チャタレイは、文化人として名声を築き、さらにはビジネスの世界でも手腕を発揮します。しかし成功者としての外面とは対照的に、プライベートな領域では漠然とした不安に苛まれるサー・クリフォード。まるで幼児のように彼は精神的に妻のレディ・チャタレイに依存しています。以下は、そんな彼の内面と外面の両方を表した一節。文中の Connie はレディ・チャタレイの愛称です。彼女は、知識人に共通する欺瞞と不毛さを夫のクリフォードに感じており、夫との生活に耐えられなくなっています。

[…] he was haunted by […] a sense of dangerous **impending** **void**. He was afraid. And Connie could keep the fear off him, if she would. But it was obvious she wouldn't, she wouldn't. She was **callous**, cold […]. […] A terrible hollow seemed to **menace** him […]. […] So his […] eyes had a queer look, **furtive**, and […] at the same time almost **impudent**. It was a very odd look, this look of **impudence** […].

彼は、恐ろしい無の世界が押し迫ってくる感覚に取り憑かれていた。彼は怯えていた。そしてコニーなら彼にその恐怖を忘れさせることができるのだった。彼女がその気になりさえすれば。しかし彼女にその気がないのは明らかであった。彼女にそんな気はないのだ。彼女は人の苦しみに無頓着で、冷たい。恐ろしげに口を広げた穴が彼を脅かすようであった。このために彼は、こそこそした、しかし同時にほとんど不遜とさえ言える奇妙な目つきをしていた。この不遜な目つきは実に奇妙なものであった。

Vocabulary　Track 082

□ **impending** 形 [ɪmpéndɪŋ]	差し迫っている、押し迫っている ＊よく一緒に使われる名詞は danger（危険）など。

□ **void** 名 [vɔ́ɪd]	何もない空間、虚空、心に空いた穴
□ **callous** 形 [kǽləs]	他人の痛みや苦しみに無頓着な ＊他にも「（皮膚が）厚くて固い」という意味があります。
□ **menace** 動 [ménəs]	～を脅かす
□ **furtive** 形 [fə́ː(r)tɪv]	こそこそとした、人目を盗んだ
□ **impudent** 形 [ímpjədənt]	不遜な
□ **impudence** 名 [ímpjədəns]	不遜さ

ヒント haunt は「～に取り憑く」、sense は「感覚、意識」。Connie could keep ... から She was callous, cold までは free indirect style（→ p. 111）の技法で書かれています。この部分はあくまでもクリフォードが思っていることを表しており、「客観的事実」ではありません。keep A off B で「A を B から遠ざけておく」。if she would における would は「意思」を表しています。she wouldn't における would も同様。hollow は「空洞、穴」、queer は「奇妙な」。

～これほどまでに自然に嘘を～　苛立ちや驚きを表す単語

この項では、exasperated（苛立ちを限界まで募らせている）、To think ～！（～なんて！　～とは！）、be taken aback（［常識外れと思える言動などに］ショックを受ける）など、「苛立ち」や「驚き」に関連する重要語句を中心に学びます。

Track **083**　　D・H・ロレンス『チャタレイ夫人の恋人』

あらすじ　ある日、下半身が麻痺している准男爵サー・クリフォード・チャタレイは動力つきの車椅子に乗って自分の所有する森の小道を散歩しますが、上り坂で車椅子の調子が悪くなり立往生してしまいます。そして自分ではどうすることもできない事態に癇癪を起こしそうになりながら、クラクションを鳴らして森番を呼び出します(森番はレディ・チャタレイの秘密の逢瀬の相手です)。冒頭の If I could only ...はクリフォードが、散歩に付き添っていた妻のレディ・チャタレイに向けて発した言葉で、the damned thing は車椅子を指しています。2 行目以降は、呼び出されてやってきた森番が加わったやり取り。文中の her と she はすべて車椅子を指しています。the keeper は森番。Connie はレディ・チャタレイの愛称です。

‘If I could only get out and look at the damned thing!’ he said, **exasperated**. [...]

‘If I give her a push, she’ll do it,’ said the keeper, going behind. ‘Keep off!’ **snapped** Clifford. ‘She’ll do it by herself.’ ‘But Clifford!’ **put in** Connie [...], ‘you know it’s too much for her. Why are you so **obstinate**!’ [...]

Clifford [...] was white with **vexation**. [...] he moved little handles and got more noises out of her. But she would not **budge**. [...]

‘I expect she’ll have to be pushed,’ said Clifford at last, with an **affectation** of ***sangfroid***.

「私が降りてこの車椅子の奴を調べられさえすればいいのだが！」とクリフォードは憤懣(まん)やるかたない様子で言った。

「私が車椅子を押せば上れるでしょう」と森番が後ろに回りながら言った。「離れていろ！　自力で上れる」とクリフォードが声を荒げた。「でも、クリフォード！」とコニーが口をはさんだ。「その車椅子にこの坂は無理なのよ。おわかりでしょ。どうしてそう頑固なの！」

クリフォードは苛立ちで蒼白になっていた。彼は小さなレバーを動かし、車椅子はさらに音を立てたが、まったく進まなかった。

「車椅子を押してもらわねばならないようだな」とクリフォードは冷静さを装いながらようやく言った。

Vocabulary Track 084

□ **exasperated** 形 [ɪgzάːspəreɪtɪd]	苛立ちを限界まで募らせている ＊「ああもう、なんでそうなの!? いい加減にして！」と叫びたくなるような気持ちを表します。
□ **snap** 動 [snǽp]	声を荒げる ＊他にも「ポキンと折れる」などの意味があります。
□ **put in** 熟 [pʊt ín]	口をはさむ
□ **obstinate** 形 [ɔ́bstɪnət]	頑固な
□ **vexation** 名 [vekséɪʃ(ə)n]	苛立ち、フラストレーション ＊理不尽なことに対する「なんでなの!?」という気持ちなどを表します。
□ **budge** 動 [bʌ́dʒ]	少し動く、譲歩する ＊否定文でよく使われます。
□ **affectation** 名 [æ̀fektéɪʃ(ə)n]	気取り、ふり、てらい
□ **sangfroid** 名 [sɔŋfrwάː]	冷静さ ＊フランス語由来の名詞で、sang は「血液」、froid は「冷たい」という意味を表します。

ヒント If I could only ～で「～できさえすればいいのだが」。damned は話者の苛立ちを表します。give ～ a push で「～を押す」、keep off で「離れている」。she would not budge における would not は、「～しようとしなかった」という「過去のある時点における拒否の意思」を表します。

Track 085　D・H・ロレンス『チャタレイ夫人の恋人』

あらすじ　激しい嵐に見舞われたある日のこと。秘密の逢瀬の相手である森番メラーズと森の小屋でひとときを過ごしたレディ・チャタレイは、様々な思いを抱えながら視界がかすむほどの雨を見ているうちに急に外に出てみたくなり、服をすべて脱ぎ捨て、激しく雨が叩きつける外に走り出ます。そしてそれを見たメラーズも少しの間を置いて、やはり服を脱いで外へ出ていきます――。数時間後、「嵐の中をいったい何時間もどこへ行っていたんだ？」と激怒する夫の准男爵サー・クリフォードに対して、レディ・チャタレイは「1人で小屋で休んでいただけ」と言い、濡れて乱れた格好について尋ねられると「裸で外に出てみたのよ」と穏やかに答えます。そして驚愕したクリフォードから「あの小屋には森番のメラーズが来るだろう？」と聞かれると「ええ、雨が上がってから来たわ」と返答します。その後に続くのが以下の場面。冒頭の She はレディ・チャタレイを指しています。また、And suppose he'd come で始まるセリフはクリフォードのもので、この he は森番メラーズを指しています。なお、Mrs Bolton は屋敷の使用人で、彼女はレディ・チャタレイの秘密の逢瀬のことを知っています。

She spoke with amazing **nonchalance**. Mrs Bolton, who was listening in the next room, heard in sheer admiration. **To think** a woman could carry it off so naturally!

'And suppose he'd come while you were running about in the rain with nothing on, like a **maniac**?'

'I suppose he'd have had **the fright of his life**, and **cleared out** as fast as he could.'

Clifford still stared at her **transfixed**. [...] And he was too much **taken aback** to form one clear thought [...]. He just simply accepted what she said [...]. And he [...] could not help admiring her. She looked so **flushed** and handsome [...].

'At least,' he said, **subsiding**, 'you'll be lucky if you've **got off without** a severe cold.'

'Oh, I haven't got a cold,' she replied. [...] She **bore herself** rather like an offended queen, and went upstairs to change.

話をする彼女の、事もなげな平然とした様子には驚嘆すべきものがあった。隣の部屋で聴いていたボルトン夫人は、聞きながら感嘆の念に堪えなかった。女性がこれほどまでに自然に嘘をついてのけるなんて！

「頭のおかしい人のように君が雨の中を裸で走り回っているときに、もしそこに森番がやってきたら、どうしていたのだね？」

「そしたら彼は極度の恐怖にとらわれて全速力で逃げていったでしょうね」

クリフォードはまだ啞然として動けないまま彼女を見つめていた。彼は何かはっきりとした考えをまとめるにはあまりにも啞然としており、彼女の言うことをただただそのまま受け入れた。そして彼は彼女を讃嘆の目で眺めずにはいられなかった。彼女は生き生きと顔を紅潮させて本当に美しかった。

「何はともあれ」と、たかぶりが静まった様子で彼が言った。「ひどい風邪を引かなかったのなら、君は運がいいのだろう」

「風邪なんて引いていませんわ」と彼女は答えた。彼女は気分を害した女王のように振る舞い、着替えのために上の階へ上がっていった。

Vocabulary　Track 086

□ **nonchalance** 名 [nɔ́nʃələns]	（特に何も気にかけていないような）事もなげな態度
□ **To think ～！** 熟 [tə θíŋk]	～なんて！　～とは！
□ **maniac** 名 [méɪniæk]	頭のおかしい人
□ **the fright of one's life** 熟 [ðə fraɪt əv wʌnz láɪf]	極度の恐怖
□ **clear out** 熟 [klɪə(r) áʊt]	出ていく、いなくなる

□ **transfix** 動 [trænsfíks]	（驚きや恐怖などで）〜を動けなくする
□ **be taken aback** 熟 [bi teɪkən əbǽk]	（常識外れと思える言動などに）ショックを受ける
□ **flushed** 形 [flʌ́ʃt]	（顔が）紅潮している
□ **subside** 動 [səbsáɪd]	静まる、弱まる、（洪水が）引く ＊主語としてよく使われる名詞は anger（怒り）、flood（洪水）、storm（嵐）など。
□ **get off without 〜** 熟 [get ɔ́f wɪðaʊt]	〜（ケガなど）を負わずに済む、〜（罰など）を受けずに済む
□ **bear oneself** 熟 （**– bore – borne**） [béə(r) wʌnself]	振る舞う

ヒント sheer は「完全なる」、admiration は「賛嘆、称賛」。To think …の部分は free indirect style（→ p. 111）の技法で書かれています。carry 〜 off で「〜（難しいこと）をうまくやってのける」。carry it off における it は「嘘をつくこと、演技すること」を指しています。suppose he'd come（= suppose he had come）は「もし仮に彼が来ていたとしたら？」の意。running about における about は around と同じ意味。I suppose (that) S + V は「たぶん S + V ということでしょうね」の意。form は「〜を形成する」。you'll be lucky における will は「現在の事柄についての推量」を表します。offended は「気分を害した」。

Chapter 3

人物描写

Jane Eyre / Anne of Green Gables / This Side of Paradise / Nineteen Eighty-four / Oliver Twist

人柄・態度を表す表現

この章では、シャーロット・ブロンテの『ジェイン・エア』、L・M・モンゴメリの『赤毛のアン』、F・スコット・フィッツジェラルドの『楽園のこちら側』などから、登場人物の性格がよく描かれている場面を取り上げました。この章の文章では、demeanour（態度、物腰）、aloofness（他人と仲良くせずに距離を保っていること、よそよそしさ）、ardent（熱烈な）、inarticulate（自分の考えをはっきりと言えない）など、人柄や態度を表す語が多く登場します。平凡なキャラクターであってもその描写は際立っており、作家による人物の描き方の違いに注目しても面白いかもしれません。

～洗練されたたしなみ～　人柄を高く評価する場面の単語

この項では、serenity（静謐さ、安らかさ）、propriety（礼節、倫理的な正しさ）などの重要語を学びます。

Track 087　シャーロット・ブロンテ『ジェイン・エア』

あらすじ　主人公の孤児ジェインは寄宿学校で最初は生徒として、のちに教師として合わせて８年間過ごします。ジェインが学校で最も尊敬しているのがミス・テンプルという先生で、ジェインとミス・テンプルは、生徒と先生、そして同僚として交友を深めていきます。以下は後年、ジェインがミス・テンプルのことを振り返って語ったものです。

Miss Temple had always something of **serenity** in her air, […] of refined **propriety** in her language, which **precluded deviation** into the **ardent**, the excited […].

[…] her friendship and society had been my continual **solace** […].

ミス・テンプルは常に何か静謐な雰囲気をまとっており、彼女の言葉の使い方には常に洗練されたたしなみとでも言うべきものがありました。そしてこれらの性質のために、熱烈な態度や興奮した状態へと逸脱してしまうことはないのでした。

彼女との交友は私にとっていつも心の癒しでした。

Vocabulary　Track 088

□ **serenity** 名 [səréːnəti]	静謐さ、安らかさ
□ **propriety** 名 [prəpráɪəti]	礼節、倫理的な正しさ

□ **preclude** 動 [prɪklúːd]	～を阻む、～を不可能にする
□ **deviation** 名 [dìːviéɪʃ(ə)n]	逸脱
□ **ardent** 形 [ɑ́ː(r)d(ə)nt]	熱烈な　＊よく一緒に使われる名詞は fan（ファン）、lover（恋人）など。
□ **solace** 名 [sɔ́ləs]	癒し、慰め

ヒント the ardent や the excited における the は、「the +《形容詞》」で「《形容詞》なもの」の意。society はここでは「交友、一緒にいること」。

～お行儀の良い小川～　自然を描く場面の単語

この項では、dip（降下する、下がる、沈む）、traverse（～を横切る）、decorum（礼節）などの重要語を学びます。

Track 089　　L・M・モンゴメリ『赤毛のアン』

あらすじ 『赤毛のアン』の冒頭部分です。ここに出てくるレイチェル・リンド夫人は、アンを養子にすることになるマリラとマシューの近所に住む、目ざとい女性。作者モンゴメリのユーモアが発揮されている冒頭です。

Mrs Rachel Lynde lived just where the Avonlea main road dipped down into a little hollow [...] traversed by a brook [...]; it was reputed to be an intricate, headlong brook in its earlier course [...]; but by the time it reached Lynde's Hollow it was a quiet, well-conducted little stream, for not even a brook could run past Mrs Rachel Lynde's door without due regard for decency and decorum; it probably was conscious that Mrs Rachel was sitting at her window, keeping a sharp eye on everything that passed, [...] and that if she noticed anything odd or out of place she would never rest until she had ferreted out the whys and wherefores thereof.

レイチェル・リンド夫人は、ちょうどアヴォンリーの大通りが小さなくぼ地へと下るところに住んでいました。そのくぼ地を横切って小川が流れていました。その小川は上流では複雑で向こう見ずな激しい急流だと言われていましたが、リンド家のくぼ地を流れる頃には静かでお行儀の良い小川になっていました。というのは、小川でさえも良識と礼節をきちんとわきまえずにレイチェル・リンド夫人の家の玄関前を通り過ぎることはできなかったのです。おそらく小川は意識していたのでしょう。レイチェル夫人が、通り過ぎるすべてのものに鋭く目を光らせて窓際に座っていて、奇妙なことやおかしなことに気づいたら、その理由を見つけ出すまでは休むことを知らない、ということを。

Vocabulary Track 090

☐ **dip** 動 [díp]	降下する、下がる、沈む
☐ **traverse** 動 [trəvə́ː(r)s]	～を横切る
☐ **be reputed to be ～** 熟 [bi rɪpjúːtɪd tə bi]	～であると言われている
☐ **intricate** 形 [íntrɪkət]	(模様などが) 凝って複雑な
☐ **headlong** 形 [hédlɔŋ]	前を見ずに突き進むような、向こう見ずな

□ **due** 形 [djúː]	しかるべき　＊ due regard for ～で「～に対するしかるべき配慮」。
□ **decency** 名 [díːs(ə)nsi]	良識
□ **decorum** 名 [dɪkɔ́ːrəm]	礼節
□ **out of place** 熟 [aʊt əv pléɪs]	ふさわしくない、場違いな、あるべき場所にない
□ **ferret ～ out / ferret out ～** 熟 [ferɪt áʊt]	（徹底的な探索によって）～を探し出す
□ **the whys and wherefores（of ～）** 熟 [ðə waɪz ənd wéə(r)fɔː(r)z]	（～の）理由
□ **thereof** 形 [ðeərɔ́v]	その　＊ thereof は後ろから名詞を修飾します。「～ thereof」で「その～」。

ヒント　where S + V で「S が V する場所に」、hollow は「くぼ地」、brook は「小川」、by the time S + V で「S が V するときまでには」、well-conducted は「行儀の良い」、for S + V で「というのは S + V だから」、regard for ～は「～に対する配慮」、be conscious that S + V で「S + V ということを意識している」。until she had ferreted out ...における過去完了（had ＋過去分詞）は「完了」の意味を表します。

～自分の考えをはっきりと言えない人物～
人柄を低く評価する場面の単語

この項では、ineffectual（能力や自信に欠けて物事をきちんと遂行することのできない）、inarticulate（自分の考えをはっきりと言えない）、disreputability（いかがわしさ）などの重要語を学びます。

Track 091 | F・スコット・フィッツジェラルド『楽園のこちら側』

あらすじ この作品の冒頭は「エイモリー・ブレインは、彼を価値のある人間にしている特徴をほぼすべて母親から受け継いだ」という文で始まり、その後に以下の文章が続きます。

His father, an **ineffectual**, **inarticulate** man with [...] a habit of **drowsing** over the Encyclopedia Britannica, grew wealthy at thirty [...] and **in the first flush of** feeling that the world was his, went to Bar Harbor and met Beatrice O'Hara. In consequence, Stephen Blaine handed down to **posterity** his height of just under six feet and his tendency to **waver** at crucial moments [...]. For many years he **hovered** in the background of his family's life, an **unassertive** figure [...] continually **harassed** by the idea that he didn't and couldn't understand her.

彼の父親は（父親はブリタニカ国際大百科事典を読みながら居眠りをする習慣のある、気概のない、自分の考えをはっきりと言えない人物であった）30歳で経済的に豊かになり、世界は自分のものだという初めての感覚に酔いしれてバー・ハーバーへ行き、ベアトリス・オハラに出会ったのだった。その結果、スティーヴン・ブレインは、6フィート（約183cm）に少し届かない身長と、決定的な瞬間に気持ちをぐらつかせてしまう傾向を子孫に残した。長年にわたって彼は、自分は妻を理解していないし理解できないという考えに常に追い立てられて焦燥している、自分を主張することのない人物として、一家の中の目立たない場所でソワソワしていた。

Vocabulary Track 092

□ **ineffectual** 形 [ìnɪféktʃuəl]	能力や自信に欠けて物事をきちんと遂行することのできない ＊他の意味は→ p. 283

□ **inarticulate** 形 [ìnɑː(r)tíkjələt]	自分の考えをはっきりと言えない、（話し方が）はきはきしておらず不明瞭な
□ **drowse** 動 [dráʊz]	うとうとする、軽く居眠りする
□ **in the first flush of ～** 熟 [ɪn ðə fəː(r)st flʌʃ əv]	～の最初の最も輝いているときに ＊「～」の部分によく使われる名詞は youth（若さ）、romance（恋愛）など。
□ **posterity** 名 [pɔstérəti]	子孫　＊この文章では「特定の人の子孫」という意味で使われていますが、「未来の人々」という意味でもよく用いられます。
□ **waver** 動 [wéɪvə(r)]	（決心などが）揺らぐ、（光などが）揺らめく
□ **hover** 動 [hɔ́və(r)]	（何かが気になってしかたない様子で）ソワソワしながら１か所にとどまる
□ **assertive** 形 [əsə́ː(r)tɪv]	自信に満ちて自己主張の強い ＊ unassertive は反意語で「自己主張に乏しく目立たない」の意。
□ **harassed** 形 [həræ̃st]	（大量の仕事や問題に）追い立てられて焦燥している

ヒント over the Encyclopedia Britannica における over は「～を読みながら」の意。in consequence は「その結果」。hand down ～ は「～を（下の世代に）受け渡す」（his height of ...の部分が「～」に相当します）。tendency to do ～で「～する傾向」。an unassertive figure は名詞ですが、ここでは「自分を主張することのない人物として」という意味で、分詞構文と同等の働きをしています（分詞だけでなく名詞や名詞句も分詞構文に相当する働きをすることができます）。continually harassed ... の部分は分詞構文と解釈しても、an unassertive figure を修飾する過去分詞と解釈しても構いません。

Track 093

ジョージ・オーウェル『1984』

あらすじ 党員のあらゆる行動が監視され、党に不都合と見なされればたちまち捕らえられて処刑される究極の監視社会に生きるウィンストン。ある日の昼食時、同僚のサイムと同席した彼は、サイムから仕事の話を聞かされます。サイムが担当している党の仕事は、既存の語彙の使用を制限したり新たな語彙に置き換えたりすることによって、人々の思想をコントロールするというもので、その仕事についてサイムは次のように熱っぽく語ります。最終的には思想犯罪というものは不可能になるんだ。というのは異端的な思想を形成する言葉自体をなくしてしまうのだからね。実際のところ、思考というもの自体が今とは別のものになるはずだ。「思考しない」ことが党に忠実であるということになるのさ――。以下は、サイムの話を聞いたウィンストンの心の内と、サイムという人物についての描写です。なお、文中の Big Brother は党の最高指導者です。

One of these days, thought Winston [...], Syme will be **vaporised**. [...] He sees too clearly and speaks too plainly. [...] There was something that he lacked: **discretion**, **aloofness**, a sort of **saving** stupidity. You could not say that he was **unorthodox**. [...] he **venerated** Big Brother, [...] he hated **heretics**, not merely with sincerity but with a sort of [...] **zeal** [...]. Yet a faint air of **disreputability** always **clung to** him. He said things that would have been better unsaid, he had read too many books, he **frequented** the Chestnut Tree Café, **haunt** of painters and musicians. There was no law [...] against **frequenting** the Chestnut Tree Café, yet the place was somehow **ill-omened**. The old, **discredited** leaders of the Party [...] used to gather there before they were finally **purged**. [...] Syme's fate was not difficult to **foresee**.

近いうちにサイムは「蒸発」させられるだろう、とウィンストンは思った。この男は物事を見抜きすぎるし、物事をはっきりと言いすぎる。彼には欠けているものがあった。慎重さ、他人と距離を置いた態度、（無害な人間であることの証として）彼を救ってくれるような愚かさなどだ。彼は異端的な考えの持ち主というわけではなかった。彼はビッグブラザーを崇拝していたし、異端者を嫌っていた。しかも、単に心から嫌っていただけでなく、ある種の情熱でもって嫌悪していた。だが、彼にはわずかだが何かいかがわしい雰囲気が常につきまとっていた。彼は言わないほうがよいことを口にしていたし、本を読みすぎてもいた。また、画家や音楽家の溜まり場となっている「栗の木カフェ」にもよく出入りしていた。「栗の木カフェ」に頻繁に行ってはいけないという法律はなかったが、その場所にはなぜか災いを呼ぶようなところがあった。信用が失墜した昔の党のリーダーたちが、最終的に粛清される前によく集まっていたのがそのカフェだった。サイムの運命を予想するのは難しくなかった。

Vocabulary　Track 094

□ **vaporise** 動 [véɪpəraɪz]	〜を蒸発させる
□ **discretion** 名 [dɪskréʃ(ə)n]	慎重さ ＊ discreetly（→ p. 154、p. 172）の名詞形です。
□ **aloofness** 名 [əlúːfnəs]	他人と仲良くせずに距離を保っていること、よそよそしさ
□ **saving** 形 [séɪvɪŋ]	他の欠点をかろうじて補うような　＊欠点は多いけれども、それがあるためにかろうじて許せる、というような長所に使われます。
□ **unorthodox** 形 [ʌnɔ́ː(r)θədɔks]	異端的な
□ **venerate** 動 [vénəreɪt]	〜を崇拝する、〜を崇める
□ **heretic** 名 [hérətik]	異端的な考えを持った人、異端者

□ **zeal** 名 [zíːl]	（特に政治や宗教における）熱意、情熱
□ **disreputability** 名 [dɪsrèpjətəbɪ́ləti]	いかがわしさ
□ **cling（to ～）** 動 **（– clung – clung）** [klɪ́ŋ]	（～に）くっつく、（～に）すがりつく
□ **frequent** 動 [frɪkwént]	～を頻繁に訪れる
□ **haunt** 名 [hɔ́ːnt]	溜まり場、好きでよく来る場所
□ **ill-omened** 形 [ɪlóʊmənd]	悪いことが起こると運命づけられている、災いを呼ぶような
□ **discredit** 動 [dɪskrédɪt]	～の信用を失墜させる
□ **purge** 動 [pə́ː(r)dʒ]	～を粛清する
□ **foresee** 動 **（– foresaw – foreseen）** [fɔː(r)síː]	～を予知する、～を予見する

ヒント plainly は「明瞭にはっきりと」、sincerity は「真摯さ、誠意」、faint は「かすかな」、air は「雰囲気」。haunt of …の部分は the Chestnut Tree Café と同格。

～彼は憤怒の激流を抑えた～　怒りを抑える場面の単語

この項では、demeanour（態度、物腰）、clench（～［こぶし］を握りしめる）、dilate（［目が］大きく開く）など、「態度」に関連する重要語を中心に学びます。

あらすじ　無理やり窃盗団の仲間に加えられた孤児のオリバーは、ある夜、強盗の手引きをするよう脅されて、とある屋敷に侵入させられ、そこで住人に見つかりピストルで撃たれてしまいます。仲間たちは撃たれたオリバーを担いで逃げようとしますが追手が迫り、瀕死の彼を残して散り散りに。一方、窃盗団の頭領の老人はオリバーを見込んでおり、仲間がオリバーを置き去りにして逃げたことを知って激怒し、隠れ家を飛び出します。逃げた仲間の１人と普段一緒に暮らしている女性のところへ行った老人は、猛り狂って「あの子はわしにはものすごい価値があったのに」と叫び、さらに、自分と「生まれつき悪魔のような」ある人物との関係を口走りそうになりますが、突然そこで黙ります。以下はそのときの老人の様子を描いたものです。

Panting for breath, the old man **stammered** for a word; and in that instant **checked** the **torrent** of his **wrath**, and changed his whole **demeanour**. A moment before, his **clenched** hands had grasped the air; his eyes had **dilated**; and his face grown livid with passion; but now, he shrunk into a chair, and [...] trembled with the **apprehension** of having himself **disclosed** some hidden villainy.

息をしようとあえぎながら、老人は何かを言おうとして口ごもった。そしてそれと同時に彼は憤怒の激流を抑え、それまでとは打って変わった態度になった。今の今まで彼の握りしめたこぶしは空をつかみ、目は大きく見開き、顔は激情のために青白くなっていたが、その同じ人間が今度は椅子に小さく座り込み、隠している悪行を自らさらしてしまったのではないかという不安から震えていた。

Vocabulary　Track 096

□ **pant** 動 [pǽnt]	（きつい運動などの後で）ゼイゼイとあえぐ

□ **stammer** 動 [stǽmə(r)]	言いよどむ、どもる
□ **check** 動 [tʃék]	～を抑える、～を抑制する
□ **torrent** 名 [tɔ́rənt]	激流
□ **wrath** 名 [rɔ́θ]	憤怒、激怒
□ **demeanour** 名 [dɪmíːnə(r)]	態度、物腰
□ **clench** 動 [kléntʃ]	～（こぶし）を握りしめる、～（歯）を食いしばる
□ **dilate** 動 [daɪléɪt]	（目が）大きく開く、（瞳孔や血管などが）拡大する　＊「～を拡大させる」という意味で他動詞としても使えます。
□ **apprehension** 名 [æ̀prɪhénʃ(ə)n]	不安
□ **disclose** 動 [dɪsklə́ʊz]	～を開示する

ヒント for breath と for a word の for はともに「～を求めて」の意。grasp は「～をつかむ」。his face と grown の間には had が省略されています（文の構造が前の文と同じ場合には、このように共通部分を省略することがあります）。「grow +《形容詞》」で「《形容詞》な状態になる」。livid はここでは「青白い」、villainy は「悪行、悪徳」。

Chapter 4

情景描写

様々な場面を表す表現

この章ではF・スコット・フィッツジェラルドによる『楽園のこちら側』と『グレート・ギャツビー』を取り上げました。フィッツジェラルドは、本書で取り上げている作家の中でも特に「文学的」な文章を楽しめる作家ですが、使われている語彙が必ずしも文学的であるわけではありません。むしろ特別な語を用いずに独自の文学世界を築く手腕こそがフィッツジェラルドの真骨頂と言えるでしょう。本章では、impassioned（強い感情や気持ちが込められた）など心情に関する語から、waver（揺らめく、揺らぐ）など動きを表す語、そしてvigil（祈りや見張りや病人の見守り等のために寝ずにいること）のようにニュース英語で頻出する語まで、バラエティーに富む語彙が登場します。

～唇が野の花のように触れ合った～　初めてキスする場面の単語

この項では、capitulate（屈する）、revulsion（激しい拒否反応）、poise（落ち着いた心）、audacity（厚顔さ）、perseverance（粘り強さ）など、人の性質や気持ちを表す重要語を多く学びます。

Track 097　F・スコット・フィッツジェラルド『楽園のこちら側』

あらすじ　13歳の主人公エイモリーは母親譲りの美しい顔立ちをしているだけでなく、裕福な家の出の母親と小さい頃からあちこち旅行したことで、同年代の他の男子にはない洗練された物腰が身についています。以下は、エイモリーが同じクラスのマイラという女の子とパーティーに向かう途中の場面から。マイラは自分の家の執事が運転するリムジンの後部座席にエイモリーと一緒に座り、うっとりとしています。しかし、エイモリーは性格的な問題のために恋愛を成就させることができません。

Myra **capitulated**. [...] Amory [...] kissed Myra's cheek. He had never kissed a girl before, and he tasted his lips curiously, as if he had **munched** some new fruit. Then their lips **brushed** like young wild flowers in the wind.

[...] her head **drooped** against his shoulder. Sudden **revulsion** seized Amory, disgust, **loathing** for the whole incident. He desired **frantically** to be away, never to see Myra again, never to kiss anyone [...].

マイラは自分を彼にゆだねた。エイモリーはマイラの頬にキスした。それまで女の子にキスしたことはなく、彼は何か未知の果物を食べたかのように、自分の唇を興味深く味わった。そして、2人の唇が風に揺れる初々しい野の花のように触れ合った。

彼女の頭が彼の肩にもたれかかった。突然の激しい拒否反応がエイモリーを捉えた。それはこの出来事全体に対する吐き気、強い嫌悪であった。彼はこの場を離れたい、マイラに二度と会いたくない、二度と誰ともキスしたくないという気持ちで、いても立ってもいられなかった。

Vocabulary　Track 098

□ **capitulate** 動 [kəpítʃəleɪt]	（要求などに）屈する、降伏する
□ **munch** 動 [mʌ́ntʃ]	～を（音を立てて）むしゃむしゃ食べる
□ **brush** 動 [brʌ́ʃ]	（動きながら）軽く触れる
□ **droop** 動 [drúːp]	垂れ下がる　＊眠気でまぶたが閉じそうになる様子や、植物がしおれて茎が垂れ下がる様子などによく使われます。
□ **revulsion** 名 [rɪvʌ́lʃ(ə)n]	（おぞましいものにショックを受けたときなどの）激しい拒否反応と嫌悪
□ **loathing** 名 [lóʊðɪŋ]	強い嫌悪感
□ **frantically** 副 [frǽntɪkli]	半狂乱になって、無我夢中でバタバタと

ヒント　seize は「～を急に捉える」。disgust（胸のむかつくような嫌悪感）と loathing for ... は Sudden revulsion と同格。desire to do ～で「～したいと願う」。

Track 099　F・スコット・フィッツジェラルド『楽園のこちら側』

あらすじ　15歳になった主人公エイモリーの性格を描写する文章から。エイモリーは母親譲りの美しい顔立ちをしている上に、裕福な家の出の母親と小さい頃からあちこち旅行したことで、同年代の他の男子にはない洗練された物腰が身についていますが、やや神経質なところがあります。『楽園のこちら側』は自叙伝的と評されることが多く、エイモリーにフィッツジェラルド自身の性格が多分に反映されているのかもしれません。

There was, also, a curious **strain** of weakness running **crosswise** through his **make-up** ... a harsh phrase from the lips of an older boy (older boys usually **detested** him) **was liable to** sweep him off his **poise** into **surly** sensitiveness [...] he felt that, though he was capable of **recklessness** and **audacity**, he possessed neither courage, **perseverance**, nor self-respect.

また、奇妙な弱さが彼の気質全体を貫いていた。上級生の口からの辛辣なひと言によって、すぐに彼は自信を失い、不機嫌で過敏な状態に陥ってしまいがちであった（上級生はたいてい彼をひどく嫌った）。彼は、自分は無謀で厚顔な振舞いをすることができるにもかかわらず、（実際のところは）勇気も忍耐力も自己肯定感も持ち合わせていないと感じていた。

Vocabulary　Track 100

□ **strain** 名 [stréɪn]	（人の）性質　＊「a strain of ~」というフレーズでよく使われます。
□ **crosswise** 副 [krɔ́swaɪz]	（端から端まで）横切って
□ **make-up** 名 [méɪkʌp]	気質、精神構造、構成
□ **detest** 動 [dɪtést]	～をひどく嫌う
□ **be liable to do ～** 熟 [bi láɪəbl tə]	～してしまいがちである、～しそうである ＊通常悪いことに使われます。
□ **poise** 名 [pɔ́ɪz]	どっしりと落ち着いた心
□ **surly** 形 [sə́ː(r)li]	不機嫌そうで不愛想な

□ **reckless** 形 [rékləs]	無謀な ＊ recklessness は名詞形で「無謀さ」の意。
□ **audacity** 名 [ɔːdǽsəti]	厚顔さ
□ **perseverance** 名 [pə̀ː(r)səvíərəns]	（苦しい状況が続いても諦めない）粘り強さ

ヒント harsh は「辛辣な」、sweep ~ off A into B で「～を A の状態から B の状態へ急に変えてしまう」、sensitiveness は「過敏な状態」、possess は「～を所有している」。neither A nor B で「A も B も～ない」。

～優美な首と肩～　再会の場面の単語

この項では、requisite（必須の）、measure up to ～（～にふさわしい）、reprove（～をとがめる）、exquisite（精妙で非常に美しい）など、様々なジャンルの重要語を学びます。

Track 101　F・スコット・フィッツジェラルド『楽園のこちら側』

あらすじ 1 つ前の文章の少し後の場面から。母親譲りの美しい顔立ちをした 15 歳のエイモリーが、休暇でウィスコンシン州のレイク・ジェニーバで久しぶりに母親に再会する様子を描いた文章です。

The train slowed up with midsummer **languor** at Lake Geneva, and Amory caught sight of his mother waiting in her electric on the **gravelled** station drive. [...] The sight [...] of her face, where beauty and dignity combined [...] filled him with a sudden great pride of her. As [...] he stepped into the electric, he felt a quick fear lest he had lost the **requisite** charm to **measure up to** her.

[…] After **reproving** him for avoiding her, she took him for a long **tête-à-tête** in the moonlight. He could not **reconcile** himself to her beauty, […] the **exquisite** neck and shoulders […].

列車は真夏の気だるい空気とともに（ウィスコンシン州の）レイク・ジェニーバで速度を落とし、エイモリーは、砂利の敷きつめられた駅前の道で母親が車の中で待っているのを認めた。彼女の顔（そこには美しさと威厳が同居していた）を見た彼の心は、彼女を非常に誇りに思う気持ちで突然満ちた。彼は車に乗り込みながら、自分は彼女と釣り合うために必要な魅力を失ってしまっているのではないかと急に恐れた。

彼女は自分を避けていたことについて彼をとがめた後、彼を連れ出して月明かりの中、2人きりでゆっくりと話をした。彼は彼女の美しさ、この上なく優美な首と肩を受容できかねた。

Vocabulary Track 102

□ **languor** 名 [lǽŋə(r)]	（心地よく疲れて）まったりした気分、（夏の午後などの）風のない気だるさ
□ **gravelled** 形 [grǽvld]	砂利の敷きつめられた
□ **requisite** 形 [rékwəzɪt]	必要な、必須の ＊よく一緒に使われる名詞は skill（技能）など。
□ **measure up to ～** 熟 [meʒə(r) ʌ́p tə]	～（要求されるレベル）にふさわしい
□ **reprove** 動 [rɪprúːv]	～をとがめる
□ **tête-à-tête** 名 [tèɪtɑːtéɪt]	2人きりのプライベートな会話

☐ **reconcile A to B** 熟 [rékənsaɪl tə]	AにBを受け入れさせる
☐ **exquisite** 形 [ɪkskwízət]	精妙で非常に美しい、極めて精妙な

ヒント slow upは「速度を落とす」、catch sight of ～で「～が目に入る、目に留まる」、electricは「電気自動車」(電気自動車は19世紀に登場しています)。station driveは「駅前の道」。dignityは「威厳」、combineは「(複数のものが) 合わさる」。lest he had lost ～は「自分が～を失ってしまったのではないかと思って」の意。

～若いエゴイズムの絶頂～　恋に落ちる2人を描写する単語

この項では、squabble (口喧嘩)、discreetly (目立たないように控えめに)、ingenuous (純真で人を信じやすい)、kiss away ～ (キスすることで～を取り除く) など、人の態度や行為を表す重要語を多く学びます。特にdiscreetlyは会話でも非常によく使われる語でありながら、正確なニュアンスが日本ではあまり認知されていない語です。

Track 103 | F・スコット・フィッツジェラルド『楽園のこちら側』

あらすじ アメリカの名門プリンストン大学に入学した主人公エイモリーは、休暇で帰郷した際、子どもの頃に会ったきりだったイザベルと再会し、2人はすぐに恋に落ちます。以下は、大学に戻ったエイモリーがイザベルに対する想いを募らせる様子を描いたもの。なお、エイモリーは母親譲りの美しい顔立ちをしている上に、裕福な家の出の母親と小さい頃からあちこち旅行したことで、同年代の他の男子にはない洗練された物腰が身についていますが、自身の性格上の問題もあり、これまで恋愛関係を長続きさせることができていません。

All through the spring Amory had **kept up** an **intermittent** correspondence with Isabelle Borgé, **punctuated** by violent **squabbles** and chiefly **enlivened** by his attempts to find new words for love. He discovered Isabelle to be **discreetly** and **aggravatingly** unsentimental in letters [...].

[...] He had a snap-shot of Isabelle, **enshrined in** an old watch, and at eight almost every night he would turn off all the lights except the desk lamp and, sitting by the open windows with the picture before him, write her **rapturous** letters.

> [...] you see I thought you were **fickle** the first time I saw you and you are so popular and everything that I can't imagine you really liking me best.

春の間、彼はイザベル・ボージェとの途切れては再び始まるやり取りをずっと続けていた。そのやり取りは、些細なことについての激しい言い争いによって時折中断されたが、主に愛を表現するための新しい言葉を探そうとする彼の試みによって、心ときめくものになっていた。手紙でのイザベルは無難で、彼が頭をかきむしりたくなるほどロマンティックさに欠けていた。

彼はイザベルの写真を持っており、それを神聖なものとして古い時計の中に入れていた。そしてほぼ毎晩８時になると、彼は決まって机のランプ以外はすべて消し、その写真を前にして開けた窓のそばに座り、彼女に熱烈な手紙を書くのだった。

> 君を初めて見たとき、僕は君のことを気まぐれな女性だと思ったんだ。君は皆の憧れの的だし、君が本当に僕のことを一番好きだなんて想像できないよ。

Vocabulary　Track 104

□ **keep ～ up / keep up ～** 熟 [kiːp ʌ́p]	～を途絶えさせずに続ける
□ **intermittent** 形 [ìntə(r)mítənt]	断続的な

□ **punctuate** 動 [pʌ́ŋktʃueɪt]	～を（頻繁に／時折）中断させる
□ **squabble** 名 [skwɔ́bl]	（些細なことについての）言い争い、口喧嘩
□ **enliven** 動 [ɪnláɪv(ə)n]	～をより生き生きとさせる、～をよりエキサイティングにする
□ **discreetly** 副 [dɪskríːtli]	目立たないように控えめに、事を荒立てないように慎重に ＊よく一緒に使われる動詞は cough（咳をする）など。cough discreetly で「最小限の動作で相手の注意を引くためにエヘンと小さく咳払いする」という意味になります。discretely（別々に）との混同に注意。
□ **aggravatingly** 副 [ǽgrəveɪtɪŋli]	人をひどくイライラさせるほど ＊「ああもう、なんでそうなの!?　いい加減にして！」と言いたくなるような言動に使われます。動詞の aggravate には「～を悪化させる」という意味があります→ p. 228。
□ **enshrine A in B** 熟 [ɪnʃráɪn ɪn]	（神社に祭るかのように）A を神聖なものとして B の中に入れておく
□ **rapturous** 形 [rǽptʃərəs]	熱烈な ＊よく一緒に使われる名詞は applause（拍手）、welcome（歓迎）など。
□ **fickle** 形 [fíkl]	気まぐれな、移り気な

ヒント correspondence は「やり取り」、chiefly は「主に」、attempt to do ～で「～しようとする試み」、discover A to be ～で「A は～であるとわかる」。he would turn off ...における would は「決まって～するのだった」という「過去の習慣」を表します。you see I thought ...における you see には特に明確な意味はありません。the first time S + V で「S が初めて V するとき」。so ～ that S + V で「あ

まりにも～なのでSがVする」。popular and everythingで1つのまとまり。and everythingは「列挙はしないが、他にもいろいろある」ということを表します。

Track **105** ｜ *F・スコット・フィッツジェラルド『楽園のこちら側』*

あらすじ 1つ前の文章の少し後の場面から。夏になり再会を果たすエイモリーとイザベル。2人は互いの愛が永遠に続くと確信しながら数日間をプリンストン周辺で過ごし、それからニューヨークのロングアイランドにある別荘に向かいます。文中のproblem playは「社会問題に焦点を当てた劇」のこと。また、Borgéはイザベルの苗字です。

[…] they glided the silent roads about Princeton […]. Amory felt strangely **ingenuous** and made no attempt to kiss her.

Next day they […] went to see a problem play at which Isabelle wept all through the second act […]. He was tempted to […] **kiss away** her tears […].

Then at six they arrived at the Borgés' summer place on Long Island […]. Everything was **hallowed** by the **haze** of his own youth. […] he looked at himself in the mirror, trying to find in his own face the qualities that made him see clearer than the great crowd of people […]. […] how well a dinner coat **became** him. He […] waited at the top of the stairs, for he heard footsteps coming. It was Isabelle, and […] she had never seemed so beautiful.

'Isabelle!' he cried, half **involuntarily**, and held out his arms. As in the story-books, she ran into them, and on that half-minute, as their lips first touched, rested […] the **crest** of his young **egotism**.

2人はプリンストン周辺の静かな道を車で流した。エイモリーは不思議と純粋な気持ちになり、彼女にキスしようとはしなかった。

次の日、2人は問題劇を観にいった。イザベルは第2幕の間中すすり泣いた。彼はキスすることで彼女を泣きやませたい誘惑に駆られた。

そして夕方6時に、2人はロングアイランドにあるボージェ家の夏の別荘に到着した。すべてが彼自身の若さから来る熱気のもやに包まれて神聖なものとなっていた。彼は、大多数の人間よりも物事をはっきりと見通すことを可能にする性質を彼の顔に見出そうとして、自分の姿を鏡に映した。ディナーコートがなんと彼に似合っていたことだろうか！　彼は階段の一番上で待った。足音が上ってくるのが聞こえてきていたのだ。イザベルであった。このときほど彼女が美しく思われたことはなかった。

「イザベル！」彼は半ば我知らず叫び、両手を差し出した。物語のように彼女は彼の腕に飛び込んだ。この30秒の間こそが、2人の唇が初めて触れ合ったこのときこそが、彼の若いエゴイズムの絶頂であった。

Vocabulary　Track 106

□ **ingenuous** 形 [ɪndʒénjuəs]	純真で人を信じやすい
□ **kiss ～ away / kiss away ～** 熟 [kɪs əwéɪ]	キスすることで～（悲しみや怒りなど）を取り除く
□ **hallow** 動 [hǽləʊ]	～を神聖なものにする、～を神聖視する
□ **haze** 名 [héɪz]	（熱気による）もや、かすみ
□ **become** 動 （– became – become） [bɪkʌ́m]	～に似合う
□ **involuntarily** 副 [ɪnvɔ́lənt(ə)rəli]	思わず、我知らず

□ **crest** 名 [krést]	一番高い部分、頂点、絶頂
□ **egotism** 名 [íːgətɪzəm]	自分が他人より優れているという意識、自己中心性、エゴイズム、肥大した自我

ヒント glide は「滑るように進む」、about Princeton における about は around と同じ意味。attempt は「試み」、wept は weep（「泣く」という意味の文学的な語）の過去形。the qualities that …の部分が find の目的語。quality はここでは「（人の）性質」。see clearer における see は自動詞で、ここでは目的語はありません。the great crowd of people は「世の中の大多数の人々」の意。for S + V で「というのは S + V だから」。hear A ～ ing で「A が～しているのを聞く」。hold out ～は「～を差し出す」。on that half-minute 以下は倒置文で、The crest of his young egotism rested on that half-minute. という文が元になっています。rest on ～はここでは「～に存在する」の意。

～幸せで体が麻痺しちゃったのよ～　小さな動作を表す単語

この項では、flutter（上下や左右に軽く素早く繰り返し動く）、imperceptibly（知覚できない程度に）など「小さな動作」を表す重要語のほか、complacency（自分の現状についての独りよがりの満足）、impassioned（強い感情や気持ちが込められた）など、人の性質や気持ちを表す語を多く学びます。

Track **107**　*F・スコット・フィッツジェラルド『グレート・ギャツビー』*

あらすじ この小説の語り手であるニックが、ニューヨークの証券会社で仕事をするために近郊の町に家を借りてまもない頃のこと。ニックは高級住宅街に住むビュキャナン夫妻と食事をともにするために、広大で海を望む、ひときわ豪奢な夫妻の邸宅を訪れます（夫人のデイズィ・ビュキャナンはニックの親戚です）。ニックが部屋に招じ入れられると、そこには大きなソファでくつろぐ２人の若い女性の姿が。１人は夫人のデイズィ、もう１人は面識がありません。初対面のほうの女性はニックを見てもまったく動かず、一方、夫人のデイズィは立ち上がろうとしたものの、わずかに体を前に傾けたのみで、つと笑って口を開きます——「私、幸せで体が麻痺しちゃったのよ」。そしてデイズィはニックと握手しながら、「誰よりもあなたに一番会いたかった」と言わんばかりの表情で彼の顔を見つめます（ニックによれば、これは彼女がよく浮かべる表情です）。以下は、そのすぐ後の場面から。第 1 文の She はデイズィ、the girl は初対面の女性を指しています。なお、ニックとデイズィは親戚ですが、お互いのことをそれほどよく知っているわけではありません。

She hinted in a **murmur** that the surname of the [...] girl was Baker. (I've heard it said that Daisy's **murmur** was only to make people lean toward her; an **irrelevant** criticism that made it no less charming.)

At any rate, Miss Baker's lips **fluttered**, she nodded at me almost **imperceptibly**, and then quickly **tipped** her head back again [...]. [...] a sort of apology arose to my lips. Almost any exhibition of complete **self-sufficiency** draws a **stunned tribute** from me.

その女性の姓はベイカーだということをデイズィは小さな声で私に知らせた。（デイズィの小声は相手を彼女のほうに引き寄せるための手段にすぎないと人が言うのを聞いたことがあるが、それはあの声が持つ魅力をまったく減じることのない的外れな批判だ）

ともかくミス・ベイカーは唇を軽く動かし、私に向かってほとんどわからない程度にうなずくと、またすぐに頭を後ろに傾けた。謝罪の言葉のようなものが私の口をついて出そうになった。完全に自己充足しているさまを目にすると、それがどのようなものであれ、ほとんどの場合、私は畏敬の念に打たれるのである。

Vocabulary Track 108

□ **murmur** 名 [mə́ː(r)mə(r)]	小さな（しばしば不明瞭な）声、つぶやき
□ **irrelevant** 形 [ɪréləvənt]	本題とは無関係な
□ **flutter** 動 [flʌ́tə(r)]	上下や左右に軽く素早く繰り返し動く ＊飛ぶ蝶やひらめく旗などのパタパタとした動きや、人が目をしばたたかせる様子等を描写するのによく使われます。名詞としての使い方は→ p. 163。
□ **imperceptibly** 副 [ìmpə(r)séptəbli]	知覚できない程度に
□ **tip** 動 [típ]	～を傾ける
□ **self-sufficiency** 名 [sèlfsəfíʃ(ə)nsi]	自己充足 ＊ sufficiency は「充足」「十分であること」の意。
□ **stunned** 形 [stʌ́nd]	（何か圧倒的なものに接して）驚きやショックに打たれている
□ **tribute** 名 [tríbjuːt]	敬意の印、敬意を表明するために捧げられるもの

ヒント hint that S + V で「S + V とそれとなく言う、ほのめかす」。hear it said that S + V で「S + V ということを耳にする」（この it は形式目的語で、that S + V が実質的な目的語です。「hear + A +過去分詞」で「A が～されるのを聞く」）。an irrelevant criticism that …の部分は直前の内容（= Daisy's murmur was only to make people lean toward her）と同格。at any rate は「ともかく」、nod は「うなずく」、arose（arise の過去形）はここでは「込み上げてきた」の意。exhibition はここでは「発露」、draw は「～を引き出す」。

Track 109 | F・スコット・フィッツジェラルド『グレート・ギャツビー』

あらすじ　1つ前の文章の少し後の場面から。場所は同じくビュキャナン夫妻の豪奢な邸宅。ニック、ミス・ベイカー、デイズィ、そしてデイズィの夫トム・ビュキャナンが夕日に面したポーチで夕食を取りながら雑談しています。ミス・ベイカーとデイズィの洒脱で力の抜けた会話を耳にし、普段自分が暮らしている場所との空気の違いを感じるニック。感銘を受けた彼は思わず「デイズィ、君といると僕は自分がuncivilized（粗野で洗練されていない）な気がするよ」と口にします。すると、特に深い意味のないニックの発言のuncivilizedという言葉にトムが反応し、急に強い口調でcivilization（文明）について語り始め、陳腐な学説を真剣に引用したりします。以下はそのときのトムの様子をニックが語ったもの。トムは富豪の家の出身、さらに名門大学のチームでフットボールプレイヤーとして全国的に名を馳せた人物ですが、その後は活躍することなく30歳を迎えています。

There was something **pathetic** in his concentration, as if his **complacency** [...] was not enough to him anymore. [...] Something was making him **nibble at** the edge of **stale** ideas as if his **sturdy** physical **egotism** no longer **nourished** his **peremptory** heart.

彼の没入した様子にはどこか痛ましいものがあった。自己について満悦しているにもかかわらず、もはやそれだけでは彼には不十分であるかのようだった。何かに駆られて彼は陳腐な学説を少しずつかじっていた。自身の強靭な身体から発するうぬぼれでは、もはや彼の専制的な心を満たすことができなくなったかのようであった。

Vocabulary　Track 110

□ **pathetic** 形 [pəθétɪk]	哀れで痛ましい　＊よく一緒に使われる名詞はsight（光景）など。patheticには「情けない、ダメダメな」という意味もあります。

□ **complacency** 名 [kəmpléɪs(ə)nsi]	自分の現状についての独りよがりの満足 ＊現状について満悦していて、自分を変えたり、さらなる高みを目指したりする気がまったくない状態を指します。
□ **nibble at ～** 熟 [níbl ət]	～をちょこちょことかじる ＊鳥などがえさをついばむイメージです。
□ **stale** 形 [stéɪl]	陳腐な、古くなった
□ **sturdy** 形 [stə́ː(r)di]	がっしりとした
□ **egotism** 名 [íːgətɪzəm]	自分が他人より優れているという意識、自己中心性、エゴイズム、肥大した自我
□ **nourish** 動 [nʌ́rɪʃ]	～に十分な栄養を与える
□ **peremptory** 形 [pərémptəri]	断固とした命令調で有無を言わせないような

ヒント concentrationは「集中、没入」、physicalは「身体の」。

Track 111 | F・スコット・フィッツジェラルド『グレート・ギャツビー』

あらすじ 1つ前の文章の少し後の場面から。場所は同じくビュキャナン夫妻の邸宅。ニック、ミス・ベイカー、デイズィ、そしてデイズィの夫トム・ビュキャナンが夕日に面したポーチで夕食を取りながら雑談をしていると、建物の中で電話が鳴ります。電話に出た執事がトムのところへ来て彼の耳元で何かをささやくと、トムは電話に出るために建物の中へ。夫のトムがいなくなると、デイズィはどこか活気づいたような様子でニックに「あなたは私にバラを連想させるの」と話しますが、急に席を立ち、やはり家の中へ入っていきます。以下は、その直後の様子をニックが語ったものです。

Miss Baker and I exchanged a short glance consciously **devoid** of meaning. I was about to speak when she sat up **alertly** and said 'Sh!' [...]. A **subdued impassioned murmur** was **audible** in the room beyond, and Miss Baker leaned forward **unashamed**, trying to hear. [...]

'Tom's got some woman in New York. [...] She might have the **decency** not to telephone him at dinner time. Don't you think?'

Almost before I had grasped her meaning there was the **flutter** of a dress [...] and Tom and Daisy were back at the table.

ミス・ベイカーと私は、何の意味も含ませないように意識した目つきで、さっと視線を交わした。私は彼女に話しかけようとしたが、ちょうどそのとき彼女は耳をそばだてて起き直り、「シッ！」と言った。抑えられて小さい声ではあるけれども、感情のたかぶった声が奥の部屋から聞こえていた。ミス・ベイカーはそれを聞こうとして、恥ずかしげもなく体を声のほうへ傾けた。

「トムにはニューヨークに愛人がいるのよ。食事どきに彼に電話してこないだけの常識があってもよさそうなのに。そう思いません？」

彼女の言う意味を私が完全に理解したかしないかのうちに、ドレスがパタパタとひらめくのが見え、次の瞬間にはトムとデイズィがこちらのテーブルに戻ってきていた。

Vocabulary Track 112

□（be）**devoid of** ～ 熟 [dɪvɔ́ɪd əv]	～が完全に欠如している ＊ devoid は形容詞です。
□ **alertly** 副 [əlɔ́ː(r)tli]	（周りの状況に対して）神経を研ぎ澄まして
□ **subdued** 形 [səbdjúːd]	抑制された

□ **impassioned** 形 [ɪmpǽʃ(ə)nd]	強い感情や気持ちが込められた ＊ impassive（無表情の）との混同に注意。
□ **murmur** 名 [mə́ː(r)mə(r)]	小さな（しばしば不明瞭な）声、つぶやき
□ **audible** 形 [ɔ́ːdəbl]	聞こえる　＊ある声や音の大きさが「聞き取れる程度に大きい状態」を表します。
□ **unashamed** 形 [ʌnəʃéɪmd]	恥ずかしがらずに平然とした
□ **decency** 名 [díːs(ə)nsi]	良識
□ **flutter** 名 [flʌ́tə(r)]	上下や左右に軽く素早く繰り返される動き ＊飛ぶ蝶やひらめく旗などのパタパタとした動きや、人が目をしばたたかせる様子等を描写するのによく使われます。動詞としての使い方は→ p. 159。

ヒント consciously は「意識的に」。some woman における some は「何らかの」の意。She might have ...における might は「～してくれてもよさそうなのに」という「非難」の意味を表します。grasp は「～を把握する」。

～絶対に出ないで～　緊迫した場面の単語

この項では、vigil（祈りや見張りや病人の見守り等のために寝ずにいること）、sedative（鎮静作用のある）、waver（揺らめく、揺らぐ）など、様々なジャンルの重要語を学びます。vigil はニュース英語でも頻出します。

あらすじ 1つ前の文章の少し後の場面から。トムとディナーテーブルに戻ってきたデイズィは何事もなかったかのように話し始めますが、再び建物の中で電話が鳴り響きます。夫のトムに向かって「絶対に出ないで」と首を振って合図するデイズィ。場は急に緊迫した空気に包まれ、ディナーが終わっても和やかな雰囲気になることはありません。以下は、ディナーのすぐ後の様子をニックが語ったものです。

Tom and Miss Baker [...] **strolled** back into the library, as if to a **vigil** beside a perfectly **tangible** body, while [...] I followed Daisy [...] to the porch in front. In its deep **gloom** we sat down [...].

[...] her eyes moved gradually out into the velvet **dusk**. I saw that **turbulent** emotions **possessed** her, so I asked what I thought would be some **sedative** questions about her little girl.

'We don't know each other very well, Nick,' she said suddenly.

トムとミス・ベイカーはゆっくりとした足取りで書庫へ戻っていった。まるで完全に実態のある遺体を見守って夜を過ごす通夜に行くかのように。一方、私はデイズィの後について玄関前のポーチへ行き、そこの深い暗がりの中で一緒に座った。

彼女の目は徐々にビロードのような夕闇へと吸い込まれていった。激しくかき乱された感情に彼女が捉えられているのが見て取れたので、彼女を落ち着かせるのに役立てばと、私は彼女の幼い娘のことを尋ねた。

「ニック、私たちお互いのことをよく知らないのよね」と彼女は唐突に言った。

Vocabulary Track 114

□ **stroll** 動 [strə́ʊl]	ぶらぶらと歩く

□ **vigil** 名 [vídʒɪl]	祈りや見張りや病人の見守り等のために寝ずにいること ＊ニュース英語でもよく使われます。
□ **tangible** 形 [tǽndʒəbl]	（実際に存在しているために）触れて感知することのできる、（曖昧ではなく）具体的でちゃんとした　＊よく一緒に使われる名詞はbenefit（利点）、evidence（証拠）など。
□ **gloom** 名 [glúːm]	暗がり、漆黒に近い暗闇
□ **dusk** 名 [dʌ́sk]	夕暮れ、夕闇
□ **turbulent** 形 [tə́ː(r)bjələnt]	（気流や水流や感情などが）激しくかき乱された
□ **possess** 動 [pəzés]	（特定の感情が）～の心を支配する
□ **sedative** 形 [sédətɪv]	鎮静作用のある ＊名詞として「鎮静剤」という意味もあります。

ヒント bodyはここでは「遺体」。what I thought would be ～（～だろうと私が思ったもの）におけるwhatは関係代名詞で、自身の節の内部ではwouldの主語として働いています。

Track 115　*F・スコット・フィッツジェラルド『グレート・ギャツビー』*

あらすじ　1つ前の文章の少し後の場面。夜になって自宅に戻ったニックは、すぐには建物の中に入らず、庭で少し時間を過ごします。以下はそのときのことをニックが語ったもの。ニックの家の隣には別世界のように広大な屋敷と庭があり、それらはギャツビーという名の謎めいた若い大富豪が所有しているということをニックは知っているものの、ギャツビー本人には会ったことがありません。なお、彼らの邸宅はニューヨーク市にほど近いロングアイランドの小さな湾に面しており、湾の対岸にはデイズィの住む邸宅があります。

The silhouette of a moving cat **wavered** across the moonlight, and, turning my head to watch it, I saw that I was not alone [...]. Something in his **leisurely** movements [...] suggested that it was Mr. Gatsby himself [...].

[...] But I didn't call to him, for he gave a sudden **intimation** that he was content to be alone – he stretched out his arms toward the dark water in a curious way, and, far as I was from him, I **could have sworn** he was **trembling**. **Involuntarily** I glanced seaward – and distinguished nothing except a single green light, **minute** and far away, that might have been the end of a dock. When I looked once more for Gatsby he had **vanished** [...].

動くネコのシルエットが月明かりの中で揺らめいた。それを見ようとして顔を向けたとき、私は自分が１人ではないことに気づいた。その人物のゆったりとした動きには何か私に「彼がギャツビー氏本人だ」と思わせるものがあった。

しかし私は彼に声をかけなかった。というのは、彼は突然体を動かしたのだが、その姿には彼が自分独りの世界に浸りきっていることを示すオーラのようなものがあったから。彼は奇妙な動作で両手を暗い海のほうへ差し出したのだった。彼と私の間にはかなりの距離があったが、それでもそのとき彼の体が震えていたことは断言してもいい。思わず私は海のほうを見やったが、遠くに一点小さく見える緑色の光以外には何も見えなかった。それは埠頭の先端の灯かもしれなかった。私がもう一度ギャツビーの姿を探したときには、彼はもう消えていた。

Vocabulary Track 116

□ **waver** 動 [wéɪvə(r)]	(光などが) 揺らめく、(決心などが) 揺らぐ
□ **leisurely** 形 [léʒə(r)li]	急がずにゆったりとした　＊よく一緒に使われる名詞は lunch（昼食）、walk（散歩）など。
□ **intimation** 名 [ìntɪméɪʃ(ə)n]	あることを直接的または間接的に示す発言、仕草、態度、サイン、兆候
□ **could have sworn 〜** 熟 [kəd həv swɔ́ː(r)n]	絶対に〜と断言できる ＊過去に起きたことについて請け合うのに使われます。「〜」の部分に入るのは「(that) S + V」という形。V には動詞の過去形が用いられます。
□ **tremble** 動 [trémbl]	震える
□ **involuntarily** 副 [ɪnvɔ́lənt(ə)rəli]	思わず、我知らず
□ **minute** 形 [maɪnjúːt]	非常に小さな、非常に細かい ＊他の意味は→ p. 265
□ **vanish** 動 [vǽnɪʃ]	消え失せる

ヒント for S + V で「というのは S + V だから」、content to be 〜で「〜であることに満足している」、「〜 as +《主語》+ is」で「《主語》は（非常に）〜ではあるけれど」、seaward は「海のほうへ」、distinguish は「〜を識別する」。

〜何が何でも私を連れていこうとする〜　場所について描写する単語

この項では、bare（がらんとした、むき出しの）、sumptuous（豪華な）など、場所を描写する重要語のほか、supercilious（人を見下した）、anaemic（貧血症の）など、人を形容する語も学びます。

あらすじ ある日曜日の午後、この物語の語り手であるニックは親戚のデイズィの夫であり大金持ちのトムとニューヨークへ出かけようとしますが、行く途中でトムから「自分が付き合っている女性を紹介したい」と言われます。そしてトムに強引に誘われて、トムの愛人の夫が経営する小さな自動車修理工場へ行くことになります。以下は、そのときのことをニックが語ったもの。冒頭の his はトム、文中の The interior は自動車修理工場の内部を指しています。

[...] his determination to have my company **bordered on** violence. The **supercilious** assumption was that on Sunday afternoon I had nothing better to do. [...]

The interior was unprosperous and **bare** [...]. It had occurred to me that this shadow of a garage must be a blind, and that **sumptuous** and romantic apartments were concealed overhead, when the **proprietor** himself appeared in the door of an office [...]. He was a blond, spiritless man, **anaemic**, and faintly handsome. When he saw us a damp **gleam** of hope **sprang** into his light blue eyes.

'Hello, Wilson, old man,' said Tom, **slapping** him **jovially** on the shoulder. 'How's business?'

何が何でも私を連れていこうとする彼の意志はほとんど暴力的といってもよかった。どうせ私には日曜の午後に大事な予定などないはずだという人を見下した決めつけがあるのだった。

工場の中は不景気そうでがらんとしていた。自動車修理工場のこの名残のようなものは人目を欺くための擬態であって、上の階に豪華でロマンティックな住居が隠されているのではないかという考えが私の頭をよぎっていたところへ、オーナー本人が事務所のドアに姿を現した。彼はブロンドの覇気のない男で、貧血気味で、かすかに美男子の片鱗があった。我々に気づくと、彼の薄い青色の目に希望の湿った光がさっと宿った。

トムが陽気に彼の肩を叩いて「ウィルソン、商売はどうだ？」と言った。

Vocabulary　Track 118

□ **border on ～** 熟 [bɔ́ː(r)də(r) ɔn]	ほとんど同じと言ってよいほど～に近い ＊この border は動詞です。
□ **supercilious** 形 [sùːpə(r)síliəs]	人を見下した
□ **bare** 形 [béə(r)]	がらんとした、むき出しの
□ **sumptuous** 形 [sʌ́mptʃuəs]	豪華な
□ **proprietor** 名 [prəpráɪətə(r)]	（店やホテル等の）オーナー、所有者
□ **anaemic** 形 [əníːmɪk]	貧血症の
□ **gleam** 名 [glíːm]	光 ＊ a gleam of hope で「一筋の希望の光」。
□ **spring** 動 (– **sprang** – **sprung**) [spríŋ]	急にさっと現れる
□ **slap** 動 [slǽp]	～を平手で叩く
□ **jovially** 副 [dʒə́ʊviəli]	陽気に

ヒント determination to do ～で「何が何でも～しようという気持ち、態度」、unprosperous は「栄えていない」、occur は「思い浮かぶ」、shadow of ～はここでは「～の名残のようなもの」の意。garage は「自動車修理工場」、blind はここ

では「擬態」、conceal は「～を隠す」、spiritless は「覇気のない」、faintly は「かすかに」、damp は「湿った」、old man は親しみを表す呼びかけの言葉。

Track 119 F・スコット・フィッツジェラルド『グレート・ギャツビー』

あらすじ 1つ前の文章の少し後の場面から。自動車修理工場でトムとウィルソンが立って話をしていると、ドアのところにトムの愛人であるウィルソン夫人が姿を現します。そして彼女は「夫がまるで幽霊であるかのように夫を通り過ぎて」トムと握手し、振り向きもせずに夫に椅子を持ってくるように伝えます。以下は、そのときのことをニックが語ったもの。なお、文中の East Eggers はトムが住んでいる高級住宅街 East Egg の住民たちを指しています。

[…] Wilson […] went toward the little office, **mingling** immediately **with** the cement colour of the walls. A white ashen dust **veiled** his dark suit and his pale hair as it **veiled** everything in the **vicinity** – except his wife, who moved close to Tom.

'I want to see you,' said Tom **intently**. 'Get on the next train.'

'All right.' […]

We waited for her down the road […]. […]

'Terrible place, isn't it,' said Tom, […] 'It does her good to get away.'

'Doesn't her husband **object**?'

'Wilson? He thinks she goes to see her sister in New York. He's so **dumb** he doesn't know he's alive.'

So Tom Buchanan and his girl and I went up together to New York – or not quite together, for Mrs. Wilson sat **discreetly** in another car. Tom **deferred** that much **to** the **sensibilities** of those East Eggers who might be on the train.

ウィルソンは小さなオフィスに向かっていき、その姿は壁のセメントの色とすぐに混じり合った。白っぽい灰のほこりが彼の暗い色のスーツと薄い色の髪を覆っていた。それはこの近隣のすべてのものを覆ってしまうのだった。彼の妻を除くすべてのものを。その妻がトムに歩み寄った。

「君と落ち合いたい。次の列車に乗るんだ」とトムが力のこもった様子で言った。

「いいわ」

トムと私は道を先に進んだところで彼女を待った。

「ひどい場所だろ？　出かけたほうが彼女にはいいのさ」とトムは言った。

「彼女の夫は反対しないのかい？」

「ウィルソンか？　あいつは彼女が出かけるのはニューヨークで妹に会うためだと思っているんだ。あいつは愚かすぎて自分が生きていることもわからないのさ」

こうしてトム・ビュキャナンと彼の愛人と私は一緒にニューヨークへ行った。いや、完全に一緒とは言えない。というのは、ウィルソン夫人は人目につかないように別の車両に座ったから。トムは、列車に乗り合わせているかもしれないイーストエッグの住民の感情をその程度には尊重していたのだった。

Vocabulary　Track 120

□ **mingle (with ～)** 動 [míŋgl]	(～と) 混じり合う
□ **veil** 動 [véɪl]	～を覆う、～を覆い隠す
□ **vicinity** 名 [vəsínəti]	近隣のエリア
□ **intently** 副 [ɪnténtli]	意識を集中させて、一心に
□ **object** 動 [əbdʒékt]	反対する

□ **dumb** 形 [dʌ́m]	愚かな、頭の弱い
□ **discreetly** 副 [dɪskríːtli]	目立たないように控えめに、事を荒立てないように慎重に ＊ discretely（別々に）との混同に注意。
□ **defer to ～** 熟 [dɪfə́ː(r) tə]	～（他人の考え方など）を尊重して受け入れる
□ **sensibility** 名 [sènsəbíləti]	感性、感受性、敏感さ ＊「気分の害しやすさ」に関する文脈ではこの文章のように複数形で使い、芸術における「感性、感受性」を表す場合には不可算名詞として使います。

ヒント ashen は「灰の」、pale は「色の薄い」。down the road における down は前置詞で、「～を先に進んだところで」の意。He's so dumb ...では、so ～ (that) S + V（あまりにも～なので S が V する）というパターンが使われています。not quite together における quite は「完全に」の意。for S + V で「というのは S + V だから」。

～彼は文字通り輝いていた～　昔の恋人との再会を描く場面の単語

この項では、exultation（得意満面）、bewilderment（混乱、当惑）、flushed（紅潮している）、vicariously（他者の身を通して疑似的に）など、人の気持ちに関する重要語を多く学びます。

Track 121　*F・スコット・フィッツジェラルド『グレート・ギャツビー』*

あらすじ ニックの家で、ずっと心に想い続けてきた昔の恋人デイズィについに再会するギャツビー。最初は非常にぎこちなく気まずい雰囲気になりますが、ニックが席を外してしばらくしてから戻ると、すっかり様子が変わっています。以下は、そのときのことをニックが語ったものです。

I went in – after making every possible noise in the kitchen, **short of** pushing over the stove – but I don't believe they heard a sound. They were sitting at either end of the couch, looking at each other [...], and every **vestige** of embarrassment was gone. Daisy's face was **smeared** with tears [...]. But there was a change in Gatsby that was simply **confounding**. He **literally glowed**; without a word or a gesture of **exultation** a new well-being **radiated** from him and filled the little room.

私は（2人のいる部屋に）入っていく前に、（前もって自分の存在を知らせるために）ガス台を倒す以外で立てることのできる、ありとあらゆる音をキッチンで立てたが、2人には何の音も聞こえていなかったと思う。2人はソファの両端に座って見つめ合っていた。そして気まずい様子は跡形もなくなっていた。デイズィの顔は涙で汚れていた。しかし、ギャツビーの様子は先ほどとは変わっており、その変化はただただ不可解だった。彼は文字通り輝いていた。得意げな言葉や身振りなしに、新たなる幸福が彼から放射され、小さな部屋を満たしていた。

Vocabulary　Track 122

□ **short of ～** 熟 [ʃɔ́ː(r)t əv]	～を除いて、～以外で
□ **vestige** 名 [véstɪdʒ]	痕跡
□ **smear** 動 [smíə(r)]	～を汚す
□ **confounding** 形 [kənfáʊndɪŋ]	（予想とは異なるために）人を驚かせて混乱させるような
□ **literally** 副 [lítərəli]	文字通り

□ **glow** 動 [ɡlə́ʊ]	輝く　＊熱を帯びたものがぼうっと光るニュアンスがあります。
□ **exultation** 名 [èɡzʌltéɪʃ(ə)n]	得意満面
□ **radiate** 動 [réɪdieɪt]	放射する

ヒント stove はここでは「ガス台」、couch は「ソファ」、embarrassment は「気まずさ」、be gone で「なくなっている」、well-being は「心身が良好で満たされている状態、幸福」。

Track 123　F・スコット・フィッツジェラルド『グレート・ギャツビー』

あらすじ　1つ前の文章の場面の後、ギャツビー、デイズィ、ニックの3人はギャツビーの屋敷へ行き、彼の広大な邸宅と庭を見るなどして時を過ごします。そして夕暮れどき、そろそろ辞去しようと思ったニックは、部屋の暗い隅にあるソファに2人きりで座っていたギャツビーとデイズィのところへ行き、別れを告げようとします。以下は、そのときのことをニックが回想したものです。

[…] I saw that the expression of **bewilderment** had come back into Gatsby's face, as though a faint doubt had occurred to him as to the quality of his present happiness. […] There must have been moments even that afternoon when Daisy **tumbled short of** his dreams – not through her own fault, but because of the **colossal** vitality of his illusion. […] as she said something low in his ear he turned toward her with a rush of emotion. I think that voice held him most, with its **fluctuating**, feverish warmth […].

まるでそのときの自分の幸福度についてかすかな疑義が生じたかのように、困惑の表情がギャツビーの顔に再び現れているのに私は気づいた。あの日の午後でさえ、実際のデイズィが、彼が夢に描いてきた彼女に及ばない瞬間があったに違いない。彼女自身のせいではなく、彼の幻想の途方もないパワフルさのせいで。彼女が彼の耳元で何かをささやくと、彼は急に気持ちがたかぶった様子で彼女のほうを向いた。彼の心を一番捉えたのは、揺れ動き、そして火照るような温かみのあるあの声だったと思う。

Vocabulary Track 124

□ **bewilderment** 名 [bɪwíldə(r)mənt]	混乱、当惑
□ **tumble** 動 [tʌ́mbl]	(転がり)落ちる、急落する
□ **fall short of ～** 熟 [fɔːl ʃɔ́ː(r)t əv]	～(求められる水準)に届かない ＊この文章では fall の代わりに、よりドラマティックな響きのある tumble が特別に使われています。
□ **colossal** 形 [kəlɔ́sl]	巨大な、途方もない
□ **fluctuate** 動 [flʌ́ktʃueɪt]	(上下に)変動する

ヒント expression は「表情」、「as though +《主語》+ had +過去分詞」で「まるで《主語》が～したかのように」、faint は「かすかな」、occur は「思い浮かぶ」、as to ～で「～について」、present は「現在の」、moments when S + V で「S が V する瞬間」、illusion は「幻想」、low はここでは副詞で「小さな声で」の意。rush は「急で力強い動き」、held him における hold は「～を魅了する」の意。feverish は「高熱がある」。

あらすじ この小説の語り手であるニックは、ニューヨークの証券会社で働くために近郊の町に移り住み、偶然ギャツビーという名の謎めいた若い大富豪の隣人となります。夏のある暑い日の午後、ニックとギャツビー、そしてニックの親戚のデイズィとデイズィの夫トムの４人はニューヨークへ遊びに行き、プラザホテルのスイートルームで休憩することに。しかし、デイズィとギャツビーが互いに特別な感情を抱いていることを見て取ったトムはギャツビーに対して敵意を持ち、謎の多いギャツビーの過去を暴き出そうとしたあげく、ギャツビーに「君は俺の家庭にどんな揉めごとを起こす気なんだ？」と尋ねます。以下は、その直後の様子をニックが語ったもの。最初のセリフはトムに対するデイズィの言葉で、He はギャツビーを指しています。なお、トムには愛人がいます。

'He isn't causing a **row** [...] You're causing a **row**. Please have a little self-control.'

'Self-control!' repeated Tom **incredulously**. 'I suppose the latest thing is to **sit back** and let Mr. Nobody from Nowhere make love to your wife. Well, if that's the idea you can **count** me **out**... Nowadays people begin by **sneering at** family life and family **institutions**, and next they'll **throw** everything **overboard** [...].'

Flushed with his **impassioned gibberish**, he saw himself standing alone on the last barrier of civilization. [...] I was tempted to laugh [...]. The transition from **libertine** to **prig** was so complete. [...]

'Your wife doesn't love you,' said Gatsby. '[...] She loves me.'

[...] At this point Jordan and I tried to go, but Tom and Gatsby insisted [...] that we remain – as though [...] it would be a **privilege** to **partake vicariously of** their emotions.

「揉めごとを起こそうとしているのは彼じゃないわ。あなたよ。少しは自制して」

「自制!?」何を言っているんだと言わんばかりにトムがオウム返しに言った。「どこの馬の骨ともわからない男が自分の妻に手を出すのを我関せずと放っておくのが今の流行りらしいな。だとしたら俺はごめんだ。最近では皆まず家庭生活や家庭という枠組みをバカにすることから始めて、次にはもうあらゆるもの（=あらゆる規律や伝統）をかなぐり捨ててしまうんだ」

自分自身の熱いたわごとに顔を紅潮させて、彼は、文明社会の最後の砦に（その守護者として）ただ１人立ちはだかっている気になっているのだった。私は笑いたい誘惑に駆られた。快楽主義者からエセ道徳家への転身はあまりにも完全だったのだ。

「君の妻は君を愛していない。彼女が愛しているのは僕なんだ」とギャツビーが（トムに）言った。

この時点でジョーダンと私は席を外そうとしたが、トムとギャツビーは私たちにそこにとどまるように言って譲らなかった。（そばにいれば）彼らの感情をさながら自分ごとのように体験することができ、それは特権であるというかのように。

Vocabulary　Track 126

□ **row** 名 [ráʊ]	言い争い
□ **incredulously** 副 [ɪnkrédʒələsli]	まったく信じようとせずに
□ **sit back** 熟 [sɪt bǽk]	ゆったりと座ってくつろぐ ＊自分は何もせず、他人が何かをするのを傍観する場合に特によく使われます。
□ **count ～ out / count out ～** 熟 [kaʊnt áʊt]	～を除外する
□ **sneer（at ～）** 動 [sníə(r)]	（～を）あざ笑う

☐ **institution** 名 [ìnstɪtjúːʃ(ə)n]	（ほとんど伝統と化した）慣習、制度、仕組み
☐ **throw ～ overboard** 熟 [θrəʊ óʊvə(r)bɔː(r)d]	～を完全に捨て去る ＊ overboard は「船のへりから水中へ」の意。
☐ **flushed** 形 [flʌ́ʃt]	（顔が）紅潮している
☐ **impassioned** 形 [ɪmpǽʃ(ə)nd]	強い感情や気持ちが込められた ＊ impassive（無表情の）との混同に注意。
☐ **gibberish** 名 [dʒíbərɪʃ]	まともな意味をなさない発言
☐ **libertine** 名 [líbə(r)tiːn]	快楽主義者、退廃的な人物
☐ **prig** 名 [príg]	道徳家ぶった人 ＊自分の道徳的な正しさに自信があるために、自分のことを他人より偉いと思い、他者に批判的な態度を取る人を指します。
☐ **privilege** 名 [prívəlɪdʒ]	特権、栄誉
☐ **partake of ～** 熟 [pɑː(r)téɪk əv]	～（性質など）をシェアする
☐ **vicariously** 副 [vɪkéəriəsli]	（他者の身を通して）疑似的に ＊自分自身で何かを経験するのではなく、身近な人や物語のキャラクターなどが何かを経験するのを見たり聞いたりすることによって、それを自分が経験した気持ちになる場合に使われます。

ヒント I suppose (that) S + V で「たぶん S + V ということなのだろうね」の意。the latest thing は「最新の流行」、Mr. Nobody from Nowhere は「どこの馬の骨ともわからない男」の意。make love to ～で「～とベッドをともにする」、the idea はここでは「趣旨」の意。see A ～ ing で「A が～しているのを見る」。be tempted to do ～で「～したい誘惑に駆られる」、transition は「移行」。

Track 127 ｜ F・スコット・フィッツジェラルド『グレート・ギャツビー』

あらすじ　ギャツビーと出会ってからずっと彼のことを否定的に見ていたニックですが、ある事件を機にギャツビーに同情的になります。そして事件の翌日、ニックは夜明けが近づく頃にギャツビーの屋敷に行き、彼を気遣ってしばらく一緒に時を過ごします。以下は、仕事に行くためにしかたなくギャツビーに別れを告げたときのことをニックが語ったもの。なお、ニックのセリフ They're a rotten crowd における They は、ギャツビーが自分の広大な屋敷で連夜催していたパーティーに押し寄せていた人々など、ギャツビーの友人知人をまとめて指しています。

'I'll call you up,' I said finally.

'Do, old sport.'

'I'll call you about noon.'

We walked slowly down the steps.

'I suppose Daisy'll call too.' He looked at me anxiously, as if he hoped I'd **corroborate** this.

'I suppose so.'

'Well, goodbye.'

We shook hands and I started away. Just before I reached the **hedge** I remembered something and turned around.

'They're a rotten crowd,' I shouted across the **lawn**. 'You're worth the whole damn **bunch put together**.'

[…] First he nodded politely, and then his face **broke into** that **radiant** and **understanding** smile […].

「君に電話するよ」と私はようやく言った。

「そうしてくれ」

「正午ごろに電話する」

私たちはゆっくりと階段を下りた。

「きっとデイズィからも僕に電話があるだろう」そう言って彼はすがるような面持ちで私を見た。僕がその裏付けとなる証拠を示すことを望んでいるかのように。

「そうだね」

「では、さよなら」

私たちは握手し、そして私は彼に背を向けて歩き出した。垣根のすぐ手前まで来たとき、私はあることを思い出し、彼のほうを向いた。

「あいつらは腐った連中だ」と私は芝生越しに叫んだ。「君の価値はあの連中を全部足し合わせた分に匹敵する」

最初彼は丁重にうなずいた。それから彼はあの輝くような、すべてをわかって受け入れてくれるような笑顔を見せたのだった。

Vocabulary　Track 128

□ **corroborate** 動 [kərɔ́bəreɪt]	～の裏付けとなる証拠を示す、～を裏書きする　＊ collaborate（共同で仕事などを行う）との混同に注意。
□ **hedge** 名 [hédʒ]	垣根
□ **lawn** 名 [lɔ́ːn]	芝生
□ **bunch** 名 [bʌ́ntʃ]	（あるグループの人をまとめて指して）連中
□～ **put together** 熟 [pʊt təgéðə(r)]	～を全部足し合わせたもの ＊この put は過去分詞で、put together は「～」の部分を修飾しています。

□ **break into ～** 熟 [breɪk íntə]	（それまでの表情や姿勢などをさっと崩して）～を始める
□ **radiant** 形 [réɪdiənt]	（幸せや愛などに満ちて）輝くような ＊よく一緒に使われる名詞は bride（花嫁）、face（顔）、smile（笑顔）など。
□ **understanding** 形 [ʌ̀ndə(r)stǽndɪŋ]	理解のある、寛容な

ヒント old sport はギャツビー独特の呼びかけの言葉。down the steps における down は前置詞で、down ～で「～を下に向かって」の意。I suppose (that) S + V で「たぶん S + V だろう」、anxiously は「気遣わしげに、すがるように」、rotten は「腐った」、crowd はここでは「連中」、the whole ～で「～全体」。the whole damn ...における damn は苛立ちや侮蔑を込めて使われる形容詞で、それ自体に明確な意味はありません。nod は「うなずく」、politely は「丁重に」。

Chapter 5

会話のやり取り

Oliver Twist / A Christmas Carol / Alice's Adventures in Wonderland / Anne of Green Gables / Pride and Prejudice

会話で使われる表現

この章ではチャールズ・ディケンズの『オリバー・ツイスト』『クリスマス・キャロル』、ルイス・キャロルの『不思議の国のアリス』、L・M・モンゴメリの『赤毛のアン』など世界的に親しまれている名作から、コミカルな場面や、登場人物たちの軽快なやり取りを楽しめる場面を取り上げました。この章の文章には会話が多めですが、on second thoughts（やっぱり）、on the spur of the moment（事前に考えることなくそのときその場で）など日常会話でよく使われる語句だけでなく、propensity（傾向）、prerogative（特権）などのややフォーマルな語まで、ハイレベルな語彙をバランス良く学ぶことができます。

～防水仕様の心～　喧嘩する場面の単語

この項では、brute（冷酷な男）、clasp（～をがっしりとつかむ）など、人の性質や動きを表す重要語のほか、deal a blow（打撃を与える）のような幅広い文脈で使われる熟語を学びます。

Track 129　チャールズ・ディケンズ『オリバー・ツイスト』

あらすじ　役人として尊大に振る舞ってきたバンブル氏は、結婚したばかりの妻にも尊大に振る舞おうとし、「命令するのが男の特権だ」と言い放ちます。そして、「では女の特権は何ですの？」と尋ねる夫人に「従うことだ」と答え、「今は亡き君の前夫が君にそれを教えておくべきだった。そうすれば彼も長生きできたかもしれん」と続けます。以下は、その直後のバンブル夫妻の様子を描いたもの。この場面の後、バンブル氏は夫人から手ひどい仕返しを受けることになります。ちなみに、英語には「市民に対する役人の尊大さ」を意味するbumbledomという語があり、『オリバー・ツイスト』のこのバンブル氏が由来となっています。

Mrs Bumble, [...] no sooner heard this **allusion** to the dead and gone than she dropped into a chair, and, with a loud scream that Mr Bumble was a hard-hearted **brute**, fell into a **paroxysm** of tears.

But [...] his heart was waterproof. Like washable beaver hats that improve with rain, his nerves were rendered **stouter** and more **vigorous** by showers of tears, which, being **tokens** of weakness, and so far **tacit** admissions of his own power, pleased and exalted him.

バンブル夫人は、今は亡き前夫へのこの言及を聞くやいなや椅子に倒れ込み、そして、バンブル氏は心の冷たい血も涙もない人だと大声で叫ぶと同時に号泣し始めた。

しかしバンブル氏の心は防水仕様なのであった。雨が降るたびにますます良くなる、ビーバーの毛皮でできた洗濯可能な帽子のように、彼の神経は大量の涙によってさらに図太くなり、より一層奮い立った。大泣きというものは弱さの象徴であり、その限りにおいて、彼が持っている力の無言の肯定であった。それゆえに大泣きは彼を満足させ、あふれんばかりの喜びで満たすのだった。

Vocabulary　Track 130

□ **allusion** 名 [əlúːʒ(ə)n]	言及
□ **brute** 名 [brúːt]	荒々しくて冷酷な男、野獣
□ **paroxysm** 名 [pǽrəksɪzəm]	（感情などの）ほとばしり、発作
□ **stout** 形 [stáʊt]	がっしりとした、太ってどっしりとした
□ **vigorous** 形 [vígərəs]	力のみなぎった、活発で精力的な
□ **token** 名 [tóʊkən]	象徴
□ **tacit** 形 [tǽsɪt]	無言のうちの、暗黙の ＊よく一緒に使われる名詞は agreement（同意）、approval（賛意）など。

ヒント no sooner ... than ～は「...するやいなや～した」という意味を表す慣用句（文字通りの意味は「...したのは～よりも全然前ではなかった」）。the dead and gone は「死者」。第 1 文の and は dropped into ...と fell into ...を結んでいます。render A + B で「A を B の状態にする」、being ...は「理由」を表す分詞構文。so far はここでは「その限りにおいて」の意。admission は「肯定」、exalt は「～を歓喜させる」。

Track 131 チャールズ・ディケンズ『オリバー・ツイスト』

あらすじ 1つ前の文章の少し後の場面から。前の場面で夫の前で大泣きしたバンブル夫人。しかし、それはあくまでも夫を試すための行為であり、涙では効果がないと判断した夫人は実力行使に出ることに。手始めに夫人は夫のかぶっていた帽子を投げ飛ばします。以下は、それに続く夫人の攻撃を描いたもの。最後に出てくる「特権」への言及は、夫のバンブル氏による「男の特権は命令することだ」という発言を受けています。

This **preliminary** proceeding **laying bare** his head, the expert lady, **clasping** him tightly round the throat with one hand, **inflicted** a shower of **blows** (**dealt** with **singular vigour** and **dexterity**) **upon** it with the other. This done, she created a little variety by scratching his face [...]; and, having [...] **inflicted** as much punishment as she **deemed** necessary for the offence, she pushed him over a chair [...] and defied him to talk about his **prerogative** again [...].

下準備となるこの手順によって夫の頭がむき出しになると、この熟練したレディ（＝バンブル夫人）は片手で彼の喉もとをがっしりとつかみ、もう片方の手で彼の頭にパンチを雨あられのようにお見舞いした（そのパンチは際立った精力と手際で繰り出された）。それが済むと、彼女は彼の顔を引っかくことで少し変化を持たせ、そして彼の罪に対して必要と彼女が見なすだけの罰を与え終わると、彼女は彼を椅子に突き飛ばし、自分の「特権」についてもう一度講釈できるものならしてみるといいわ、と挑発した。

Vocabulary Track 132

□ **preliminary** 形 [prɪlímənəri]	下準備のための

□ **lay ～ bare / lay bare ～** 熟 [leɪ béə(r)]	～をむき出しにする ＊ bare は「むき出しの状態」を表す形容詞です。
□ **clasp** 動 [klάːsp]	～をがっしりとつかむ
□ **inflict A on/upon B** 熟 [ɪnflíkt ɔn/əpɔn]	A（痛みや苦しみなど）を B に与える
□ **deal a blow（to ～）**熟 [diːl ə blóʊ]	（～に）打撃を与える　＊ blow は「手によるパンチや武器による打撃」の意。「経済に打撃を与える」のように比喩的にもよく使われます。
□ **singular** 形 [síŋgjələ(r)]	際立った、著しい
□ **vigour** 名 [vígə(r)]	精力
□ **dexterity** 名 [dekstérəti]	器用さ、俊敏さ
□ **deem A B** 動 [díːm]	A は B だと認識する ＊ B の部分には形容詞や名詞が入ります。
□ **prerogative** 名 [prɪrɔ́gətɪv]	特権

ヒント laying bare his head は「～すると」を表す分詞構文で、This preliminary proceeding がその主語として働いています。proceeding はここでは「行為、手順」の意。upon it の it は his head を指しています。This done の done は分詞構文で、This がその主語。having inflicted は「～し終わると」という「完了」の意味を表す分詞構文。offence は「罪、違反」。defy A to do ～はここでは「できるものなら～してみなさいと A に言う」の意。

～おじさん、機嫌を直してください～　明るく声をかける場面の単語

この項では、morose（不機嫌で口数が少ない）や cross（腹を立てている）など、気分を表す重要語を主に学びます。

Track 133　チャールズ・ディケンズ『クリスマス・キャロル』

あらすじ　物語の冒頭、あるクリスマスイブのこと。貪欲な金貸しの老人である主人公スクルージのところに甥がやってきます。スクルージはクリスマスが嫌いで不機嫌ですが、甥はそんなおじの態度を意に介さず、明るくメリー・クリスマスと声をかけます。以下は、そのときのスクルージと甥のやり取りで、最初のセリフはスクルージのものです。

'[...] what reason have you to be merry? [...] You're poor enough.'

'Come, then,' returned the nephew **gaily**. '[...] What reason have you to be **morose**? You're rich enough.'

Scrooge, having no better answer ready **on the spur of the moment**, said, 'Bah!' again; and **followed it up with** 'Humbug.'

'Don't be **cross**, uncle!' said the nephew.

'What else can I be,' returned the uncle, 'when I live in such a world of fools as this?'

「どんな理由でお前は楽しそうにしているのかね？　カネもないのに」

「それでしたら」と甥は陽気に応じました。「どんな理由でおじさんは不機嫌なのです？　お金をお持ちなのに」

スクルージはとっさにもっとうまい答えを思いつかず、また「ふん！」と言い、さらに「くだらん」と付け加えました。

「おじさん、機嫌を直してください」と甥は言いました。

「不機嫌でいる以外にどうしろと言うのかね？」とスクルージは返しました。「こんな愚か者ばかりの世の中に住んでいるというのに」

Vocabulary　Track 134

□ **gaily** 副 [géɪli]	陽気に明るく
□ **morose** 形 [məróʊs]	不機嫌で口数が少ない
□ **on the spur of the moment** 熟 [ɔn ðə spəːr əv ðə móʊmənt]	(事前に考えることなく) そのときその場で
□ **follow A up with B** 熟 [fɔləʊ ʌ́p wɪð]	(意図した結果を得るために、または、より良い結果を得るために) A を行った後でさらに B も行う
□ **cross** 形 [krɔ́s]	腹を立てている、ムッとしている

ヒント what reason have you ...? における have you は do you have と同じ。to be merry と to be morose はともに what reason を修飾する不定詞の形容詞的用法。Come, then は「それでしたら」の意。having no better answer ready ...における having は「理由」を表す分詞構文。have ~ ready で「~をすぐに使える状態で持っている」。Humbug は「くだらん」。when I live in ~は、ここでは「~に住んでいるというのに」の意。when S + V が「S が V しているというのに」というニュアンスで使われることはよくあります。

～彼はますます困惑していきました～　認識や困惑を表す単語

この項では、make out ~（~を認識する)、can make nothing of ~（~の意味や性質を理解できない)、perplexed（困惑している）など、認識や困惑を表す重要語を中心に学びます。

Track 135 チャールズ・ディケンズ『クリスマス・キャロル』

あらすじ あるクリスマスイブの晩、貪欲な金貸しの老人である主人公スクルージのもとに幽霊が現れます。幽霊は何年も前に死んだマーリーという男で、スクルージと一緒に金貸しを営んでいた人物。生前に貪欲だったために今苦しむことになったマーリーの幽霊は、「お前にはまだ救われるチャンスがある。これから3人の精霊がお前を訪れる。1人目が来るのは明日の午前1時だ」とスクルージに伝え、窓から消え去っていきます。その後、スクルージは夜中の2時過ぎに眠りにつきますが、目が覚めると周りは真っ暗で、しかも12時を知らせる教会の鐘が聞こえてきます。以下は、自分がほぼ丸一日眠り続けてしまったなどということはあり得ない、と不安になるスクルージの様子です。

[…] he **scrambled** out of bed, and **groped** his way to the window. He was obliged to **rub** the frost **off** with the sleeve of his dressing-gown before he could see anything; and could see very little then. All he could **make out** was that it was still very foggy and extremely cold […]. […] Scrooge went to bed again, and […] **thought it over** […] and **could make nothing of it**. The more he thought, the more **perplexed** he was […].

スクルージはベッドから転がり出ると、手探りで窓のところへ行きました。ガウンの袖で霜をこすり落とさなければ彼には何も見えませんでしたし、そうした後でも、視界はあまり変わりませんでした。彼にわかったのは、まだ霧がとても濃くて極端に寒いということだけでした。スクルージはベッドに戻り、時間のことをよく考えてみましたが、どうにも訳がわかりませんでした。考えれば考えるほど、彼はますます困惑していきました。

Vocabulary Track 136

□ **scramble** 動 [skrǽmbl]	慌ててドタバタと動く

□ **grope** 動 [gróʊp]	(暗闇の中を) 手で探る　＊ grope one's way で「(暗闇の中を) 手探りで進む」。
□ **rub ～ off /** **rub off ～** 熟 [rʌb ɔ́f]	～をこすり落とす　＊この off は副詞で、「くっついている状態から離れた状態へ」という変化を表します。直訳は「こすることによって～をくっついている状態から離れた状態にする」。
□ **make ～ out /** **make out ～** 熟 [meɪk áʊt]	～を認識する、～を理解する
□ **think ～ over /** **think over ～** 熟 [θɪŋk óʊvə(r)]	～をよく検討する ＊この over は副詞です。
□ **can make nothing of ～** 熟 [kən meɪk nʌθɪŋ əv]	～の意味や性質を理解できない
□ **perplexed** 形 [pə(r)plékst]	(不可解な現象などについて) 困惑している、当惑している

ヒント be obliged to do ～は「～せざるを得ない」。and could see ...における and は、was obliged to ...と could see ...を結んでいます。

Track **137**　チャールズ・ディケンズ『クリスマス・キャロル』

あらすじ 1つ前の文章の少し後の場面です。午前1時に精霊がやって来ると告げられていたスクルージ。午前1時直前になっても何も起こらないため、やはり来ないのだ、と安心しますが、午前1時になった瞬間に部屋が光り輝き、目の前のカーテンがサッと開かれます。

The curtains of his bed were drawn aside; and Scrooge [...] found himself face to face with the **unearthly** visitor who drew them [...].

It was a strange figure – like a child: yet not so like a child as like an old man viewed through some **supernatural** medium, which gave him the appearance of having **receded** from the view, and being diminished to a child's proportions. [...] round its waist was bound a **lustrous** belt, the **sheen** of which was beautiful. [...]

'Are you the Spirit, sir, whose coming was **foretold** to me?' asked Scrooge.

'I am!'

彼のベッドのカーテンが開き、(次の瞬間には) スクルージは、カーテンを開けたこの世のものとは思えない来訪者と顔をつき合わせていました。

その来訪者は一見子どものような奇妙な姿をしていましたが、子どもというよりは、視界から遠ざかって子どもの大きさに縮んだような視覚効果を与える、何か超自然的な媒体を通して見た老人のようでした。ウェストには艶のあるベルトが巻かれており、その艶が美しく見えました。

「精霊がお見えになるという予言を聞きました。あなたがその精霊なのですか？」とスクルージは尋ねました。

「その通り！」

Vocabulary　Track 138

□ **unearthly** 形 [ʌnə́ː(r)θli]	この世のものとは思えないような、超自然的で奇妙な、超自然的で気味の悪い
□ **supernatural** 形 [sùːpə(r)nǽtʃrəl]	超自然的な

□ **recede** 動 [rɪsíːd]	遠ざかる、後退する
□ **lustrous** 形 [lʌ́strəs]	艶のある ＊よく一緒に使われる名詞は hair（髪）など。
□ **sheen** 名 [ʃíːn]	艶
□ **foretell** 動 （**– foretold – foretold**） [fɔː(r)tél]	～を予言する

ヒント find A + B で「A が B だと気づく」。face to face with ～で「～と向かい合っている」。who drew them の them は The curtains of his bed のこと。figure は「姿、体つき」、yet は「しかし」、medium は「媒体」、diminish は「～を小さくする」。round its waist was bound ... は倒置文で、「...」の部分が主語。通常の語順に戻すと、... was bound round its waist. となります。be bound はここでは「巻かれている」の意。the sheen of which の which は a lustrous belt を先行詞とする非制限用法の関係代名詞。whose coming の whose は所有格の関係詞で、coming という動名詞の意味上の主語として働いています。フォーマルな文では、動名詞の意味上の主語は所有格で表されます。～ 's coming で「～が来ること」。

Track **139** チャールズ・ディケンズ『クリスマス・キャロル』

あらすじ 1つ前の文章の少し後の場面です。スクルージのもとにやってきたのは「過去のクリスマス」の精霊。以下は、スクルージと精霊のやり取りで、第1文の He はスクルージ、him は精霊を指しています。

He then made bold to inquire what business brought him there.

'Your welfare!' said the Ghost.

Scrooge expressed himself much **obliged**, but could not help thinking that a night of unbroken rest would have been more **conducive to** that end. The Spirit must have heard him thinking, for it said immediately:

'Your reclamation, then. **Take heed!**'

It put out its strong hand as it spoke, and **clasped** him gently by the arm.

'Rise! and walk with me!'

[...] The grasp, though gentle as a woman's hand, was not to be resisted. He rose: but finding that the Spirit **made towards** the window, **clasped** his robe in **supplication**.

'I **am a mortal**,' Scrooge **remonstrated**, 'and **liable to** fall.'

[...] they passed through the wall, and stood upon an open country road [...]. The city had entirely **vanished**. Not a **vestige** of it was to be seen.

そして大胆にもスクルージは（精霊に）何の目的で来たのか尋ねました。

「お前の健康と幸福のためだ！」と精霊は言いました。

スクルージは大変ありがたいことですと述べましたが、心の中で「それが目的なのであれば、邪魔されずに一晩中眠れたほうがもっと効果的だったのに」と思わずにはいられませんでした。精霊はスクルージの心の声を聞いたに違いありません。というのは、すぐにこう言いましたから。

「ではお前の更生のためとでも言おう。よく聞くのだ！」

そう言いながら精霊はその力強い手を伸ばし、スクルージの腕をゆっくりと握りしめました。

「立ち上がれ！　そして私と一緒に歩くのだ！」

精霊のつかみ方は女性の手のように優しげでしたが、抵抗できるものではなく、スクルージは立ち上がりました。しかし、精霊が窓のほうへ進むのに気づくと、お願いですからやめてくださいと言わんばかりに精霊の衣を握りしめました。

「私はただの人間です」スクルージは抗議しました。「落ちてしまうでしょう」

精霊とスクルージは壁を通り抜けました。すると２人が立っているのは開けた田舎道なのでした。都会の街並みはすっかり消え失せており、その痕跡はまったく見当たりませんでした。

Vocabulary　Track 140

□ **obliged** 形 [əbláɪdʒd]	感謝している
□ **conducive** (to ～) 形 [kəndjúːsɪv]	(～に) 貢献するような、(～の) 助けとなるような
□ **take heed** (of ～) 熟 [teɪk híːd]	(～を) 集中して聞く
□ **clasp** 動 [kláːsp]	～をがっしりとつかむ
□ **make towards ～** 熟 [méɪk təwɔː(r)dz]	～のほうへ進む
□ **supplication** 名 [sʌ̀plɪkéɪʃ(ə)n]	歎願、懇願
□ **mortal** 名 [mɔ́ː(r)tl]	(神や権力者などではない) ただの人間
□ **remonstrate** 動 [rémənstreɪt]	抗議する、苦情を言う
□ **be liable to do ～** 熟 [bi láɪəbl tə]	～しそうである、～してしまいがちである ＊通常悪いことに使われます。
□ **vanish** 動 [vǽnɪʃ]	消え失せる
□ **vestige** 名 [véstɪdʒ]	痕跡

ヒント make bold to do ～で「大胆にも～する」、inquire は「～を尋ねる」、express oneself ～で「自分は～であると述べる」。could not help の help は「～を避ける」の意。a night of unbroken rest would ...で would が使われているのは、主語の a night of unbroken rest に「もし仮に邪魔されずに一晩中眠れていたのなら」という仮定が含まれているため（「架空の仮定」を受けると助動詞は過去形に変わります）。hear A ～ ing で「A が～しているのを聞く」。for S + V で「というのは S + V だから」。reclamation はここでは「更生」。was not to be resisted は「抵抗できる性質のものではなかった」の意。finding は「～すると」を表す分詞構文。

～身体が大きくなったり小さくなったりする～ 不思議な国でのやり取りを描く単語

この項では、get into the way of ～ ing（～するのに慣れる）、certainly（間違いなく）など、会話でよく使われる重要語句を学びます。特に certainly は英語で頻出する語でありながら、正確なニュアンスが日本ではあまり認知されていない語です。

Track **141**　ルイス・キャロル『不思議の国のアリス』

あらすじ　地下の不思議な世界で金色の鍵と、それがぴったりささる、高さ 40 センチくらいの小さなドアを見つけたアリス。その鍵でドアを開けてみると、先のほうに素敵な庭が広がっているのが見えます。アリスはその庭へ行ってみたくてしかたがなくなりますが、ドアが小さすぎて通り抜けることができません。ふと見つけたビンに入っていた液体を飲んで身体が小さくなったアリスは、これで庭に行けると喜びますが、今度は、液体を飲む前にうっかりテーブルの上に置いた鍵に手が届かなくなってしまいます。悔しがるアリスですが、テーブルの下を見ると、そこには「EAT ME」と書かれたケーキが。以下はアリスがそのケーキを食べてみようとする場面で、最初のセリフはアリスの独り言。it はケーキを指しています。

'[...] if it makes me grow larger, I can reach the key; and if it makes me grow smaller, I can creep under the door; so either way I'll get into the garden, and I don't care which happens!'

She ate a little bit [...] and she was quite surprised to find that she remained the same size. **To be sure**, this generally happens when one eats cake, but Alice had **got** so much **into the way of** expecting nothing but **out-of-the-way** things to happen that it seemed quite dull and stupid for life to go on in the common way.

So she **set to work**, and very soon **finished off** the cake.

「もしこれで私が大きくなったら鍵に手が届くし、もし小さくなったら腹ばいになってドアの下をくぐればいい。だからどちらにしてもあのお庭に行ける。大きくなっても小さくなってもどっちでもいいわ」

彼女はケーキをちょっとだけ食べました。そして自分の大きさが変わっていないことに気づいて彼女は驚きました。ケーキを食べても自分の大きさが変わらないのは当たり前のことだったけれど、アリスにとっては、奇妙なことしか起こらないのがあまりにも当然になってしまっていたため、物事がごく普通の展開を見せるのはつまらなく、バカみたいに思われたのです。

彼女は残りのケーキを食べ始め、すぐにそれを食べ終えてしまいました。

Vocabulary Track 142

□ **creep** 動 (– crept – crept) [kríːp]	腹ばいになって進む、両手と両膝をついて進む　＊他の意味は→ p. 252、p. 264、p. 310
□ **to be sure** 熟 [tə bi ʃʊ́ə(r)]	確かに、もちろん
□ **get into the way of ～ing** 熟 [get ɪntə ðə weɪ əv]	～するのに慣れる
□ **out-of-the-way** 形 [àʊtəvðəwéɪ]	奇妙な

□ **set to work** 熟 [set tə wə́ː(r)k]	（作業などに）取りかかる
□ **finish ～ off /** **finish off ～** 熟 [fínɪʃ ɔ́f]	～を全部食べ切る、～を仕上げる

ヒント Alice had got so much into ... that it seemed ...の文では、so ～ that S + V（あまりにも～なのでSがVする）というパターンが使われています。Alice had got で過去完了が用いられているのは、この文が she was quite surprised ...の理由を表しているため。過去完了（had +過去分詞）は、過去の出来事の背景を表すのによく使われます。expecting nothing but out-of-the-way things to happen における but は、but ～で「～以外」の意。expect A to do ～で「A が～すると予想する」。nothing but out-of-the-way things の部分が A に相当します。dull は「面白みのない」、common は「ありきたりの」。for life to go on における for は、life が不定詞の意味上の主語であることを示しています。

参考 to be sure のニュアンスについて
to be sure は、本当に言いたいことを言う前に「確かに／もちろん～ではあるけれども」といったん譲歩して何かを認めるのに使われ、通常、この文章のように but が後に続きます。

Track 143　ルイス・キャロル『不思議の国のアリス』

あらすじ 森の中を歩いているうちに高さが1メートルくらいの小さな家を見つけたアリス。何か凄まじい物音がその家の中から聞こえてきており、キノコを食べることで身体を小さくして家の中に入った彼女は、奇妙な光景を目にします。煙が立ち込めている中で公爵夫人が赤ん坊をあやしており、料理人が火にかけた大鍋のスープをかき混ぜているのでした。

'There's **certainly** too much pepper in that soup!' Alice said to herself, as well as she could for sneezing.

There was **certainly** too much of it in the *air*. Even the Duchess sneezed occasionally; and **as for** the baby, it was sneezing and **howling alternately** without a moment's pause. The only things in the kitchen that did not sneeze, were the cook, and a large cat which was sitting on the **hearth** and **grinning** from ear to ear.

'Please would you tell me,' said Alice, a little **timidly**, for she was not quite sure whether it was good **manners** for her to speak first, 'why your cat **grins** like that?'

'It's a Cheshire cat,' said the Duchess, 'and that's why. [...]' [...]

'I didn't know that Cheshire cats always **grinned**; in fact, I didn't know that cats could **grin**.'

'They all can,' said the Duchess; 'and most of 'em do.'

'I don't **know of** any that do,' [...]

「あのスープにコショウを入れすぎているのは間違いないわ！」とアリスは止まらないくしゃみに悩まされながら、ようやく途切れ途切れに言いました。

（スープの中にコショウが入っているかどうかはともかく）空中に過剰な量のコショウが漂っているのは間違いありませんでした。公爵夫人でさえときどきくしゃみをしていたし、その赤ん坊にいたっては、一時も休みなしにくしゃみをするのと泣きわめくのを交互に繰り返していたのです。キッチンでくしゃみをしていないのは、料理人と、あとは暖炉の前に座って満面の笑みを見せている大きなネコだけでした。

「教えてほしいんです」とアリスはもじもじした様子で尋ねました。彼女は自分から先に話しかけるのがマナーとして正しいのか確信がなかったのです。「なぜあのネコはあんなに笑っているの？」

「あれはチェシャーネコなの。だからよ」と公爵夫人が言いました。

「チェシャーネコがいつも笑っているなんて知らなかったわ。そもそもネコが笑うことができるなんて」

「ネコは皆できるし、ほとんどのネコは実際に笑うのよ」と公爵夫人は言いました。

「笑うネコのことは聞いたことがなかったわ」

Vocabulary Track 144

□ **certainly** 副 [sə́ː(r)tnli]	間違いなく * certainly は、「そのことについては疑いの余地がない」という意味合いを文に加えます。
□ **as for ～** 熟 [əz fə(r)]	～については
□ **howl** 動 [háʊl]	泣きわめく、大声を上げる、(風が) びゅうびゅう音を立てる
□ **alternately** 副 [ɔːltə́ː(r)nətli]	交互に
□ **hearth** 名 [hɑ́ː(r)θ]	暖炉の前の (くつろぎの) スペース
□ **grin** 動 [grín]	大きな笑顔を見せる *名詞としての使い方は→ p. 251
□ **timidly** 副 [tímɪdli]	もじもじした様子で
□ **manners** 名 [mǽnə(r)z]	マナー　* manner には他に「やり方」の意味もありますが、「マナー」の意味で使われる場合には常に複数形で用いられます。have good manners で「マナーが良い」。
□ **know of ～** 熟 [nóʊ əv]	～の存在を知っている

ヒント sneeze は「くしゃみをする」、occasionally は「ときどき」、pause は「一時休止」。for S + V で「というのは S + V だから」。for her to speak first における for は、her が不定詞の意味上の主語であることを示しています。of 'em は of them を短縮したもの。any that do の any は名詞で、この that は any を先行詞とする主格の関係代名詞です。

参考 certainly のニュアンスについて

certainly に「確かに」という訳語が与えられていることがよくありますが、certainly を「確かに」と訳すと原文のニュアンスから少しずれてしまうことが多いため、注意が必要です。certainly は、「そのことについては疑いの余地がない」という意味合いを文に加えます。冒頭のアリスのセリフ There's certainly too much pepper in that soup!（あのスープにコショウを入れすぎているのは間違いないわ！）は、自分のくしゃみが止まらないことからアリス自身が確信したことを表しており、誰かの発言を受けて「確かにそうですね」と言っているわけではありません。また、その後の語り手の文 There was certainly too much of it in the *air*. は、アリスによる「スープにコショウを入れすぎている」という断定を受けたもので、「アリスの言うようにスープの中にコショウが過剰に入っているかどうかはわからないが、空中に過剰な量のコショウが漂っているのは間違いなかった」という意味を表しています。in the *air* において air が斜体になっているのは、「スープの中」との対比としての「空中」を強調するためです。

～アリスは失言が多い!? ～　相手を怒らせてしまう場面の単語

この項では、bristle（毛を逆立てる、ひどく怒る）、commotion（騒乱）、on second thoughts（やっぱり）など、バラエティーに富む重要語句を学びます。

Track 145　　ルイス・キャロル『不思議の国のアリス』

あらすじ　地下の不思議な世界で身体が極端に小さくなったアリスは、身体が大きかったときに流した自分の涙の中で溺れそうになってしまいます。彼女がふと見ると、そこには同じく涙の池にはまってしまったネズミが。そこでアリスはネズミに、どうすればこの池から出られるかを尋ねます。以下は、その直後のアリスとネズミのやり取りです。文中の Où est ma chatte? はフランス語で「私のネコはどこですか？」の意。

The Mouse looked at her rather **inquisitively** [...] but it said nothing.

'Perhaps it doesn't understand English,' thought Alice; 'I daresay it's a French mouse [...].' [...] So she began again: 'Où est ma chatte?' which was the first sentence in her French lesson-book. The Mouse gave a sudden leap out of the water, and seemed to **quiver** all over with **fright**. 'Oh, I beg your pardon!' cried Alice hastily [...]. 'I quite forgot you didn't like cats.'

'Not like cats!' cried the Mouse, in a **shrill**, passionate voice. 'Would *you* like cats if you were me?'

'Well, perhaps not,' said Alice in a **soothing** tone: 'don't be angry about it. And yet I wish I could show you our cat Dinah: I think you'd **take a fancy to** cats if you could only see her. [...]'

ネズミは探るように彼女を見ましたが、何も言いませんでした。

「きっと彼は英語がわからないのね」とアリスは思いました。「たぶんフランスのネズミなんだわ」そこで彼女は「Où est ma chatte?（私のネコはどこですか？）」と再び声をかけました。これが彼女のフランス語の教科書に載っていた最初の文なのでした。ネズミは水たまりから急に大きく飛び上がり、恐怖のために全身で震えているようでした。アリスは「ごめんなさい！」と急いで言いました。「あなたたちはネコが好きじゃないって、すっかり忘れていたの」

「好きじゃないだって？」とネズミは熱のこもった金切り声で叫びました。「もし君が僕だったら、ネコが好きだと思う？」

「きっと違うわね」アリスはなだめるような口調で言いました。「怒らないで。でも、あなたにうちのネコのダイナを見せてあげられたらいいのに。彼女を見さえしたら、あなたもネコを好きになると思うわ」

Vocabulary Track 146

□ **inquisitively** 副 [ɪnkwízətɪvli]	探るような様子で、詮索するような感じで
□ **quiver** 動 [kwívə(r)]	わなわなと震える ＊名詞としての使い方は→ p. 214
□ **fright** 名 [fráɪt]	恐怖
□ **shrill** 形 [ʃríl]	金切り声の
□ **soothing** 形 [súːðɪŋ]	心を落ち着かせるような
□ **take a fancy to ～** 熟 [teɪk ə fǽnsi tə]	～を気に入る

ヒント I daresay ～で「きっと～なのね」、give a leap で「飛び上がる」、hastily は「急いで」。

Track 147　ルイス・キャロル『不思議の国のアリス』

あらすじ 1つ前の文章の続きです。冒頭の She はアリスが飼っているネコを指しています。

'[…] She is such a dear quiet thing […] and she sits […] by the fire, licking her **paws** […] and she's such a capital one for catching mice – oh, I beg your pardon!' cried Alice again, for this time the Mouse was **bristling** all over […]. 'We won't talk about her any more if you'd rather not.'

'We **indeed**!' cried the Mouse [...]. 'As if I would talk on such a subject! Our family always hated cats: nasty, **low**, vulgar things! [...]' [...] the Mouse was swimming away from her as hard as it could go, and making **quite a commotion** in the pool as it went.

「彼女は本当に愛らしくておとなしい子なのよ。手足を舐めながら暖炉のそばに座っているの。そしてネズミを捕まえるのがすごく得意なの。あ、ごめんなさい！」とアリスはまた叫びました。というのは、今度はネズミは体じゅうの毛を逆立てていましたから。「私たち、もう彼女の話をするのはやめましょうね、もしあなたが嫌なら」

「何が『私たち』だ！」とネズミは叫びました。「僕がネコの話なんかするはずがないじゃないか！　僕の一家はずっとネコを憎んできたんだ。あのたちが悪くていかがわしい粗野な奴らめ！」ネズミはできるだけ速く泳いで彼女から離れようとしており、彼が泳ぐにつれてバシャバシャと激しい音がしていました。

Vocabulary Track 148

□ **paw** 名 [pɔ́ː]	（犬や猫など手足に爪のある動物の）手足
□ **bristle** 動 [brísl]	毛を逆立てる、（誰かの言動に対して）ひどく怒る
□～ **indeed** 熟 [ɪndíːd]	何が～だ！　バカらしい
□ **low** 形 [lə́ʊ]	いかがわしい、根っから不誠実な
□ **quite a ～** 熟 [kwáɪt ə]	大した～、なかなかの～
□ **commotion** 名 [kəmə́ʊʃ(ə)n]	騒ぎ、騒乱

ヒント lick は「～を舐める」。capital はここでは「非常に優れた」、for S + V で「というのは S + V だから」。you'd rather not の you'd は you would を短縮したもの。would rather not ～で「～しないほうを好む」。As if I would talk on such a subject! における As if S + V は「君はまるで S が V するかのような口をきくね」の意。この場合の V には仮定法過去形が使われます。nasty, low, vulgar things の things は「奴ら」。thing は人や動物を指すのにも用いられます。nasty は「たちの悪い、悪辣な」、vulgar は「野卑な」。as it could go と as it went の it はネズミのこと（和訳では「彼」で表しています）。

Track **149**　　ルイス・キャロル『不思議の国のアリス』

あらすじ 地下の不思議な世界で、身体が大きくなったり小さくなったりするアリス。身体がとても小さくなったときに偶然出会ったイモムシとの会話の中で、彼女は「1日のうちに何度も身体の大きさが変わるのは混乱のもとなんです」とこぼしますが、イモムシに「そんなことはない」と言下に否定されてしまいます。以下は、その後に続くアリスとイモムシのやり取り。最初のセリフはアリスのものです。なお、it asked における it はイモムシのことです。

[…] 'but when you have to turn into a **chrysalis** […] I should think you'll feel it a little queer, won't you?'

'Not a bit,' said the **Caterpillar**. […]

'What size do you want to be?' it asked.

'Oh, I'm not **particular** as to size,' Alice hastily replied; 'only one doesn't like changing so often, you know.'

'I don't know,' said the **Caterpillar**.

Alice said nothing: she had never been so much **contradicted** in her life before, and she felt that she was losing her temper.

'Are you content now?' said the **Caterpillar**.

'Well, I should like to be a little larger, sir, if you wouldn't mind,' said Alice: 'three inches is such a **wretched** height to be.'

'It is a very good height indeed!' said the **Caterpillar** angrily, **rearing** itself upright as it spoke (it was exactly three inches high).

'But I'm not used to it!' **pleaded** poor Alice [...].

「でもさなぎになったら、きっとあなたも変な感じがすると思うわ。そうでしょ？」

「まったくしないね」とイモムシは言いました。

イモムシは「どんな大きさになりたいのかね？」と尋ねました。

「大きさに特にこだわりはないの」とアリスは急いで答えました。「ただ、ほら、あまりしょっちゅう大きさが変わるのは嫌なものでしょ」

「そんなことは知らない」とイモムシは言いました。

アリスは黙りました。彼女はこれまでの人生で、自分の言うことをこれほどいちいち否定されたことはなく、癇癪を起こしかけているのが自分でもわかりました。

「今は（自分の大きさに）満足なのかね？」とイモムシは言いました。

「もしよければ、もうちょっと大きくなりたいんです」アリスは言いました。「3インチなんて本当にみじめな身長ですもの」

「3インチは素晴らしい身長なんだ！」とイモムシは垂直に立ち上がりながら怒って言いました（イモムシの身長はぴったり3インチでした）。

「でも私、慣れていないのよ！」とかわいそうなアリスは訴えかけるように言いました。

Vocabulary Track 150

□ **chrysalis** 名 [krísəlɪs]	（蝶や蛾の）さなぎ
□ **caterpillar** 名 [kǽtəpɪlə(r)]	イモムシ、アオムシ、毛虫
□ **particular** 形 [pə(r)tíkjələ(r)]	こだわりがある ＊他に「特定の」という意味もあります。

□ **contradict** 動 [kɔ̀ntrədíkt]	～に異議を唱える　＊相手とは正反対の主張をする場合に特によく使われます。
□ **wretched** 形 [rétʃɪd]	みじめな ＊他の意味は→ p. 48、p. 248
□ **rear** 動 [ríə(r)]	～を持ち上げる　＊「立ちはだかる」という意味の自動詞としてもよく使われます。
□ **plead** 動 [plíːd]	（強い感情を込めて）訴えかける

ヒント turn into ～で「～になる」。I should think ～は「おそらく～だと思う」の意。feel A + B で「A のことを B だと感じる」、queer は「変な」。Not a bit は「全然そんなことはない」（a bit は「少し」の意）。as to ～で「～については」、hastily は「急いで」。only one doesn't like changing so often, you know における only は「ただ」の意。この you know は「ほら、～でしょ？」というニュアンスを加えています。content は「満足している」。I should like to は I would like to と同じで「できれば～したいです」の意。イギリス英語では主語が一人称の場合、will の代わりに shall が、would の代わりに should が使われることがあります。a very good height indeed の indeed は very を強めています。

Track 151　ルイス・キャロル『不思議の国のアリス』

あらすじ 地下の不思議な世界で、アリスはひょんなことからある裁判を見物することに。裁判官はトランプカードの絵柄そっくりの王様で、陪審員席には様々な動物たちが座っています。以下は、その裁判が奇妙極まりない展開を見せる中で、突然アリスの身体が大きくなり始める場面です。

[…] Alice felt a very curious sensation, which **puzzled** her **a good deal** until she **made out** what it was: she was beginning to grow larger again, and she thought at first she would get up and leave the court; but **on second thoughts** she decided to remain where she was as long as there was room for her.

'I wish you wouldn't squeeze so.' said the Dormouse, who was sitting next to her. 'I can hardly breathe.'

'I can't help it,' said Alice very **meekly**: 'I'm growing.'

'You've no right to grow here,' said the Dormouse.

'Don't talk nonsense,' said Alice more boldly: 'you know you're growing too.'

'Yes, but I grow at a reasonable pace,' said the Dormouse: 'not in that ridiculous fashion.' And he got up very **sulkily** and crossed over to the other side of the court.

アリスはとても変な感覚を覚えました。そして、これはいったい何だろうとだいぶ怪訝に思ったあげく、それが何かわかりました。彼女は再び大きくなり始めているのでした。最初彼女は立ち上がって法廷を出ようと思ったけれど、スペースがある限り、やっぱり今の場所にとどまることにしました。

「そんなにぎゅうぎゅう押さないでほしいんだけどね」と、彼女の隣に座っていたヤマネが言いました。「まともに息ができないじゃないか」

「どうしようもないんです」とアリスはごく神妙に言いました。「体が大きくなっているの」

「ここで大きくなる権利なんて君にはないんだ」とヤマネが言いました。

「バカなこと言わないで」アリスは今度はもっと強く出ました。「あなただって大きくなっているでしょ」

「そうだけど僕の成長は妥当なペースだ。君みたいなバカげた成長のしかたじゃない」そう言うと彼は非常に不機嫌な様子で席を立ち、法廷の反対側へ移動していきました。

Vocabulary Track 152

□ **puzzle** 動 [pʌ́zl]	～を訳がわからなくて当惑した状態にさせる

□ **a good deal** 熟 [ə gʊd diːl]	大いに、たくさん ＊同じ意味で a great deal も使われます。
□ **make ～ out / make out ～** 熟 [meɪk áʊt]	～を理解する、～を認識する
□ **on second thoughts** 熟 [ɔn sékənd θɔːts]	やっぱり　＊気が変わって別のことをしようと思ったときに使われます。
□ **meekly** 副 [míːkli]	（自分を主張することなく）おとなしく従順に　＊相手の言うことを何でも黙って受け入れるような態度を描写するのに使われます。
□ **sulkily** 副 [sʌ́lkɪli]	不機嫌な様子で

ヒント sensation は「感覚」、room は「スペース」。I wish you wouldn't ～は「～するのを君がやめてくれたらいいのに」の意で、しつこく何かをし続ける相手に対して使われるフレーズ。この would は「意思」を表します。dormouse は「ヤマネ（ネズミに似た動物）」。I can't help it は「しかたがない、どうしようもない」（この help は「～を避ける」の意）。right to do ～で「～する権利」。talk nonsense で「バカげたことを言う」。boldly は「大胆に」、reasonable は「妥当な」、ridiculous は「バカげた」、in ～ fashion で「～なやり方で」。

～謝罪を愉しむアン～　お詫びの場面の単語

この項では、dejection（打ちひしがれた気持ち）、exhilaration（この上なく爽快で充実して高揚した気持ち）、rapt（完全に夢中になっている）など、人の気持ちに関する重要語を中心に学びます。

Track 153

L・M・モンゴメリ『赤毛のアン』

あらすじ アンがマリラの家の養子になってまもない頃のこと。近所に住むリンド夫人が訪ねてきた際、あけすけにものを言う夫人に容姿を否定されてひどく傷ついたアンは、夫人の前で感情を爆発させてしまいます。そしてマリラは夫人の態度を批判しつつも、アンに自分と一緒に夫人のところに謝りに行くよう厳しく言いつけます。以下は、後日アンとマリラがリンド夫人の家に行く場面。最初アンは打ちひしがれていましたが、夫人の家に行く途中でなぜか態度が変わってしまいます。

But halfway down Anne's **dejection vanished** as if by **enchantment**. She lifted her head and stepped lightly along, her eyes fixed on the sunset sky and an air of **subdued exhilaration** about her. Marilla beheld the change disapprovingly. This was no **meek penitent** [...]. [...] Anne **had no business to** look so **rapt** and **radiant**.

Rapt and **radiant** Anne continued until they were in the very presence of Mrs Lynde [...]. Then the **radiance vanished**. **Mournful penitence** appeared on every feature. Before a word was spoken Anne suddenly went down on her knees before the astonished Mrs Rachel and held out her hands **beseechingly**.

'Oh, Mrs Lynde, I am so extremely sorry,' she said with a **quiver** in her voice. '[...] Please say you forgive me, Mrs Lynde.'

[...] There was no mistaking her sincerity [...]. Both Marilla and Mrs Lynde recognized its unmistakable **ring**. But the former understood in **dismay** that Anne [...] was **revelling in** the thoroughness of her **abasement**. [...]

Good Mrs Lynde, not being overburdened with perception,

did not see this. She only perceived that Anne had made a very thorough apology and all **resentment vanished** from her kindly, if somewhat **officious**, heart.

しかし道を半分ほど進んだところで、アンの打ちひしがれた様子はまるで魔法のように消え失せてしまいました。彼女は頭を上げ、軽い足取りで歩き、夕焼けの空を見据えて、心の高揚を抑えている雰囲気をまとっていました。マリラは非難がましい目でこの変化を眺めました。これは神妙な悔悟者などではないわ。こんなにうっとりして輝いた顔をする権利なんてアンにはないのに。

アンはその後も道中ずっとうっとりして輝いた顔をしていましたが、いざリンド夫人の前に出ると、輝きはさっと消え、悲しみに沈んだ悔悟の色が顔中に現れました。そして、ひと言も言葉が交わされないうちに、アンは唖然としているリンド夫人の前にひざまずき、懇願するように両手を差し出しました。

「リンドさん、本当に本当にごめんなさい」と彼女は震える声で言いました。「どうか私を許すとおっしゃってください」

彼女が心からそれを言っていることは疑いようがありませんでした。マリラもリンド夫人も、間違えようのない誠意の響きを聞き取りました。しかしマリラは、へりくだるという行為を完璧に遂行することにアンがこの上ない歓びを覚えているということに気づいて目の前が暗くなったのでした。

善良なるリンド夫人は、鋭すぎる洞察力という重荷を背負っておらず、このことに気づきませんでした。彼女はただ、アンが非常に丁寧な謝罪をしたということのみを感じ取り、いくらか指図したがりなところがあるにしても親切心に富む彼女の心から、憤りは跡形もなく消えてしまったのでした。

Vocabulary　Track 154

□ **dejection** 名 [dɪdʒékʃ(ə)n]	（落胆あるいは失望して）打ちひしがれた気持ち

□ **vanish** 動 [vǽnɪʃ]	消え失せる
□ **enchantment** 名 [ɪntʃɑ́ːntmənt]	魔法、(魔法のように人を引きつけてしまう)魅力、魅了された状態
□ **subdued** 形 [səbdjúːd]	抑制された
□ **exhilaration** 名 [ɪgzìləréɪʃ(ə)n]	この上なく爽快で充実して高揚した気持ち
□ **meek** 形 [míːk]	おとなしくて自分を主張することのない
□ **penitent** 名 [pénɪtənt]	悔悟者
□ **have no business to do ～** 熟 [hæv nəʊ bɪznəs tə]	～しているべきではない、～する権利など持っていない ＊勝手に私有地に立ち入っていたり、他人の手紙を読んでいたりなど、正当な権利なしに勝手な行動を取る人を非難するのによく使われます。同じ意味で have no business ～ ing も用いられます。
□ **rapt** 形 [rǽpt]	完全に夢中になっている、完全に魅了されている
□ **radiant** 形 [réɪdiənt]	(幸せや愛などに満ちて) 輝くような ＊よく一緒に使われる名詞は bride (花嫁)、face (顔)、smile (笑顔) など。
□ **radiance** 名 [réɪdiəns]	放射される光や熱、輝き ＊幸せや愛などに満ちた顔の輝きを表すのにもよく使われます。
□ **mournful** 形 [mɔ́ː(r)nfl]	悲しみに沈んだ、もの悲しい

□ **penitence** 名 [pénɪtəns]	悔悟
□ **beseechingly** 副 [bɪsíːtʃɪŋli]	懇願するように
□ **quiver** 名 [kwívə(r)]	震え ＊動詞としての使い方は→ p. 33、p. 204
□ **ring** 名 [ríŋ]	（発言に含まれる）響き
□ **dismay** 名 [dɪsméɪ]	（悪い知らせを受けたときなどの）「ああ、なんということだ」という、目の前が暗くなるような気持ち
□ **revel in** ～ 熟 [révl ɪn]	～にこの上ない愉悦を覚える
□ **abasement** 名 [əbéɪsmənt]	貶めること ＊この文章では「自分を貶めること」つまり「へりくだること／卑下すること」という意味で使われています。
□ **resentment** 名 [rɪzéntmənt]	憤り
□ **officious** 形 [əfíʃəs]	偉そうに人にあれこれ指図したがる

ヒント halfway down は「道のりの半分まで進んだところで」。her eyes fixed ...における fixed は分詞構文で、her eyes は分詞構文の主語。an air of subdued exhilaration about her においては、about her の部分が分詞構文と同等の働きをしており、an air of subdued exhilaration がその主語となっています（分詞だけでなく、形容詞や前置詞句も分詞構文に相当する働きをすることができます）。直訳は「抑制された高揚の雰囲気が彼女の周りにある状態で」。air は「雰囲気」。beheld は behold（～を見る）の過去形。behold は文学的な響きのある語です。disapprovingly は「非難がましく」。This was no ...から look so rapt and radiant.

の部分は free indirect style（→ p. 111）の技法で書かれています。Rapt and radiant Anne continued は倒置文で、通常の語順に戻すと Anne continued rapt and radiant となります。in the very presence of ～で「～の面前で」、feature は「顔のパーツ」。There is no ～ ing で「～するのは不可能だ」、unmistakable は「間違えようのない」、thoroughness は「徹底ぶり」、not being ...は「理由」を表す分詞構文。be overburdened with ～で「～を過剰に背負わされている」、perception は「洞察力」、perceive that S + V で「S + V ということを知覚する」、kindly「親切心に富む」。

～それは確かに欠点ですわね！～　相手について話す場面の単語

この項では、disposition（気質）、propensity（傾向、性向）など、人の性質に関連する重要語を中心に学びます。

Track 155　　ジェイン・オースティン『高慢と偏見』

あらすじ　主人公のエリザベスがダーシーと知り合ってまだまもない頃に、エリザベスとダーシー、そしてダーシーの知人であるミス・ビングリーの 3 人が談笑している場面から。エリザベスとダーシーの間でお互いの性格についての会話が少し続いた後、ミス・ビングリーがエリザベスに「もうダーシーさんの性格を診断し終わったのでしょう？　結果はいかが？」と尋ねます。その後に続くのが以下のやり取り。最初のセリフはエリザベスのものです。文中のエリザベスのセリフ I really cannot *laugh* at it. は、先だってエリザベス自身が「私は笑うのが大好き」と述べたことを受けています。

'I am perfectly convinced [...] that Mr Darcy has no defect. He owns it himself [...].'

'No,' said Darcy, 'I have made no such **pretension**. I have faults enough [...]. [...] My temper I dare not **vouch for**. [...] I cannot forget the **follies** and **vices** of others so soon as I ought […]. […] My good opinion once lost is lost for ever.'

'*That* is a **failing**, indeed!' cried Elizabeth. '**Implacable resentment** is a shade in a character. But you have chosen your fault well. I really cannot *laugh* at it. […]'

'There is, I believe, in every **disposition** […] a natural defect, which not even the best education can overcome.'

'And your defect is a **propensity** to hate everybody.'

'And yours,' he replied, with a smile, 'is **wilfully** to misunderstand them.'

「ダーシーさんには欠点が1つもないと100パーセント確信しましたわ。ご自身でそう自負していらっしゃいます」

「いえ」とダーシーが言った。「そのような自負をお伝えした覚えはありません。私にもいろいろ欠点があります。私はおおらかとは言いがたい性格です。他人の愚行や悪癖をなかなか忘れることができません。私は一度この人はだめだと思うと、その考えを決して変えられないのです」

「それは確かに欠点ですわね！」とエリザベスは言った。「一度怒ったらずっと怒りっぱなしというのは性格上の短所ですもの。でもご自身の欠点を上手にお選びになったのね。（笑うのが好きな）私でもそんな欠点を笑うことは絶対にできませんわ」

「どれほど素晴らしい教育をもってしても直すことのできない生まれつきの欠点というものが、どんな性格にもあると思います」

「そして誰でも彼でも憎んでしまう傾向があなたの欠点というわけですのね」

「そしてあなたの欠点は」とダーシーはにっこりと笑って応じた。「人の言うことをわざと誤解してみせることですね」

Vocabulary Track 156

□ **pretension** 名 [prɪténʃ(ə)n]	自負　＊他に「実際よりも自分をよく見せようとする態度、気取り」という意味もあります。

□ **vouch for ～** 熟 [váutʃ fə(r)]	～を請け合う、～を保証する
□ **folly** 名 [fɔ́li]	（思慮を欠いた）愚かな行為
□ **vice** 名 [váɪs]	悪癖、悪行、悪徳、不道徳性、（特に売春や麻薬などの）犯罪行為
□ **failing** 名 [féɪlɪŋ]	欠点、悪いところ、ダメなところ
□ **implacable** 形 [ɪmplǽkəbl]	（敵対心などが）峻烈でなだめることが不可能な
□ **resentment** 名 [rɪzéntmənt]	憤り
□ **disposition** 名 [dìspəzíʃ(ə)n]	（人の）気質、性質
□ **propensity** 名 [prəpénsəti]	（生まれつき持っている）傾向、性向 ＊悪い傾向によく用いられます。a propensity to do ～で「～する傾向」。
□ **wilfully** 副 [wílfəli]	（悪いことと知りながら）故意に

ヒント be convinced that S + V で「S + V ということを確信している」、defect は「欠点」、own はここでは「～を認める」の意。My temper I dare not vouch for. は倒置文で、通常の語順に戻すと I dare not vouch for my temper. となります。dare do ～で「（勇気を出して）～する」、temper は「怒りっぽさ」。once lost「一度失われると」は分詞構文。shade は「影」。

あらすじ 物語の中盤、あるパーティーの場面から。主人公エリザベスが頼まれてピアノを弾き始めると、ダーシーがいつもの重厚な物腰でピアノのそばに来て、エリザベスの顔がよく見える場所に座ります。以下は、それに気づいたエリザベスとダーシーのやり取りです。なお、文中の Your cousin とはダーシーを指しています。

'You mean to frighten me, Mr Darcy, by coming in all this state to hear me. But I will not be alarmed [...]. [...] My courage always rises with every attempt to **intimidate** me.'

'I shall not say that you are mistaken,' he replied, 'because you could not really believe me to **entertain** any **design** of alarming you; and I have had the pleasure of your acquaintance long enough to know that you find great enjoyment in occasionally **professing** opinions which, in fact, are not your own.'

Elizabeth laughed **heartily** at this picture of herself, and said to Colonel Fitzwilliam, 'Your cousin will [...] teach you not to believe a word I say. I am particularly unlucky in meeting with a person so well able to expose my real character, in a part of the world where I had hoped to **pass myself off** with some degree of credit. Indeed, Mr Darcy, it is very ungenerous in you to mention all that you knew to my disadvantage [...] – and, give me **leave** to say, very impolitic too – for it is provoking me to **retaliate**, and such things may **come out** as will shock your relations to hear.'

「ダーシーさん、そんなに威厳に満ちた態度で私の演奏を聴きにこちらにいらっしゃるなんて、私を怖がらせようとなさっているのね。でも不安になったりはしませんわ。私、誰かが私を恐れさせようとするたびに勇気が湧いてきますの」

「私を誤解なさっているとは申し上げません」とダーシーは答えた。「私があなたを不安にさせようとしていると、あなたが本気で思っていらっしゃるはずはありませんから。それに、あなたは思ってもいないことをときどき口にするのが大好きだ、ということが私にもわかってきたのです」

エリザベスは自分についてのこの批評を聞いて心の底からおかしそうに笑い、フィッツウィリアム大佐に向かって言った。「ダーシーさんのせいで、あなたは私が何を申し上げても一切信じなくなってしまいますわね。こんなに上手に私の本性をさらすことのできるお方にこちらで出会ってしまうなんて、私は本当に不運ですわ。多少なりとも信用のおける人間だと思っていただけるよう、ネコをかぶっていようと思っていましたのに。ダーシーさん、あなたがご存じのことをすべてさらして私を不利な立場に追いやるなんて、とても意地悪でいらっしゃるわ。それに失礼ですけれど、ずいぶん軽率なことをなさるのね。だって、こんなことをされたら仕返しをしたくなってしまいますもの。あなたのご親戚が聞いたらショックを受けるようなことが、私の口をついて出てしまうかもしれませんわ」

Vocabulary Track 158

□ **intimidate** 動 [ɪntímədeɪt]	～を脅す、～を威圧してオドオドさせる
□ **entertain** 動 [èntə(r)téɪn]	～を心に抱く ＊目的語としてよく一緒に使われる名詞は hope（希望）、illusion（幻想）など。
□ **design** 名 [dɪzáɪn]	意図
□ **profess** 動 [prəfés]	～を主張する、～を明言する ＊前者の意味では、「本人はそう主張しているが、その真実性には疑いがある」という場合によく使われます。
□ **heartily** 副 [hɑ́ː(r)tɪli]	心からの楽しさや喜びを表しながら、心の底から
□ **pass oneself off** 熟 [pɑːs wʌnself ɔ́f]	（素性を隠して）別人のふりをする、（本性を隠して）別の性格をしているかのように振る舞う

□ **leave** 名 [líːv]	許可 ＊ leave to do ～で「～する許可」。
□ **retaliate** 動 [rɪtǽlieɪt]	報復する、仕返しをする
□ **come out** 熟 [kʌm áʊt]	（言葉が）口をついて出る

ヒント mean to do ～で「～しようとしている」、state はここでは「威厳のある態度」の意。alarm は「～を不安な気持ちにさせる」、attempt to do ～で「～しようとする試み」。I shall は I will と同じ（イギリス英語では主語が一人称の場合、will の代わりに shall が使われることがあります）。acquaintance は「知り合いとしての付き合い」、expose は「～をさらす」、credit はここでは「信頼性」の意。to ～ 's disadvantage で「～にとって不利になるような」、give me leave to say は「こう言ってもよろしければ」の意。and, give me leave …における and は、very ungenerous と very impolitic を結んでいます。ungenerous は「寛大でない」、impolitic は「思慮のない」、for S + V で「というのは S + V だから」、provoke A to do ～で「～するように A を挑発する」。as will shock …における as は、such things を先行詞とする関係代名詞です。relation は「親戚」。

Chapter 6

意見の主張

A Tale of Two Cities / Anne of Green Gables / Oliver Twist / The Picture of Dorian Gray

意見を表す表現

この章では、チャールズ・ディケンズの『二都物語』『オリバー・ツイスト』、L・M・モンゴメリの『赤毛のアン』など、物語の展開のしかたが大きな魅力となっている作品を取り上げました。この章の文章もできるだけ原作を読み進める楽しみを味わえるように配置しています。本章では、I suppose so.（まあたぶんそうだね）などの気持ち・意見を表明する語句や、admonition（訓戒、忠告）などの意見を表す語、さらにfervent（熱烈な）などの態度を表す語が多く登場します。I suppose so.は、確信がない場合だけでなく、本当は同意したくないにもかかわらず同意する場合にもよく使われるニュアンス豊かな熟語で、『赤毛のアン』の文章ではこの「同意したくない」というニュアンスを正確につかむことができます。

～18年の監禁生活を経て～
変わり果てた人物と再会する場面の単語

この項では、bewilderment（混乱、当惑）、coercion（強制）などの重要語を学びます。

Track 159　チャールズ・ディケンズ『二都物語』

あらすじ　舞台は18世紀後半のフランスとイギリス。フランスでは貴族階級に対する民衆の怒りが募り、フランス革命への機運が高まっています。物語の冒頭、イギリスの銀行に長く勤めるジャーヴィス・ローリーは、ある人物が見つかったことを暗示するメッセージを受け取ります。その人物とは、かつてフランスで仕事の付き合いがあったものの、行方不明で死んだと思われていたマネットという名のフランス人医師。マネットは無実ながらバスティーユの監獄に18年もの間幽閉されていたのでした。ローリーはただちにマネットの娘と合流し、パリで彼と面会します。しかし、長きにわたる監禁生活を経たマネットは認知機能が低下しており、もはや通常の受け答えができません。以下はそのときのマネットの様子を描いたもので、第1文のTheyはマネットの娘とローリー、himはマネットを指しています。

They tried speaking to him; but, he was so confused, and so very slow to answer, that they **took fright at** his **bewilderment** [...]. He had a wild, lost manner of occasionally **clasping** his head in his hands [...]; yet, he had some pleasure in the mere sound of his daughter's voice, and **invariably** turned to it when she spoke. In the **submissive** way of one long accustomed to obey under **coercion**, he ate and drank what they gave him to eat and drink [...].

2人はマネットに話しかけてみたが、彼があまりにも混乱しており、また返事をするのがあまりにも遅かったため、2人は彼の混乱ぶりが恐ろしくなった。彼は周りのことがわかっていない様子で時折激しく手で自分の頭を抑えつけた。しかし、自分の娘の声を聞くとそれだけで嬉しいらしく、彼女が話すと、毎回必ず彼女の声のするほうへ体を向けた。彼は、強制によって命令に従わされることに慣れ切った人間特有の盲目的に従順な態度で、与えられた食べ物や飲み物を口に運んだ。

Vocabulary　Track 160

□ **take fright（at ～）** 熟 [teɪk fráɪt]	（～に）怖気づく ＊ fright は「恐怖」の意。
□ **bewilderment** 名 [bɪwíldə(r)mənt]	混乱、当惑
□ **clasp** 動 [klάːsp]	～をがっしりとつかむ
□ **invariably** 副 [ɪnvéəriəbli]	毎回必ず
□ **submissive** 形 [səbmísɪv]	過度に従順でどんなことにも服従するような
□ **coercion** 名 [kəʊə́ː(r)ʃ(ə)n]	強制

ヒント　lost は「周りで起きていることがわかっていない」、occasionally は「ときどき」。accustomed to ～で「～に慣れている」（この文章では「～」の部分に動詞の原形が使われていますが、現在では通常、名詞または動名詞が用いられます）。long accustomed to ...の部分は one（人）を後ろから修飾しています。to eat and drink は what を修飾する不定詞の形容詞的用法。

～抑圧こそが原則なのだよ～　意見を主張する場面の単語

この項では、observe（～とコメントする）、abandon（～を放棄する、～を見捨てる）、relinquish（～を放棄する）などの重要語を中心に学びます。abandon と relinquish は意味が非常によく似ていますが、目的語として使われがちな語が若干異なります。

Track 161　チャールズ・ディケンズ『二都物語』

あらすじ　貴族階級に対する民衆の怒りが募り、フランス革命への機運が高まる18世紀後半のフランス。フランス人青年チャールズ・ダーネイは、貴族として生まれながらも庶民に対する貴族階級の横暴さと残虐さに耐えられず、身分と財産を捨ててイギリスに渡る決意をしています。以下は、ダーネイと彼のおじであるサン・テヴレモンド侯爵とのやり取りから。侯爵は庶民の命を何とも思わない冷酷な人物で、豪奢極まる生活を送っています。最初のセリフはダーネイのものです。

‘There is not [...] a face [...] which looks at me with any **deference** on it but the dark **deference** of fear and slavery.’

‘A compliment,’ said the Marquis, ‘to the **grandeur** of the family [...]. [...] ‘**Repression** is the only lasting philosophy. The dark **deference** of fear and slavery, my friend,’ **observed** the Marquis, ‘will keep the dogs obedient to the whip [...].’

「恐れと隷属による暗い敬意以外の敬意でもって私のことを見てくれる人など１人もいません」

「それは我が一族の偉大さに対する賛辞だね」と侯爵は言った。「抑圧こそが、長続きする唯一の原則なのだよ。恐れと隷属による暗い敬意というのはね、いいかい、犬をムチに対して従順にさせるものなのさ」と侯爵は自説を述べた。

Vocabulary　Track 162

□ **deference** 名 [défərəns]	敬意
□ **grandeur** 名 [grǽndʒə(r)]	壮大さ、荘厳さ、壮麗さ、偉大さ

□ **repression** 名 [rɪpréʃ(ə)n]	抑圧
□ **observe** 動 [əbzə́ː(r)v]	〜とコメントする　＊自分が気づいたことなどを伝える場合によく使われます。

ヒント but ～で「～以外」、slavery は「隷属」、compliment は「賛辞」、Marquis は「侯爵」、lasting は「長く続く」、obedient は「従順な」、whip は「ムチ」。

Track **163**　チャールズ・ディケンズ『二都物語』

あらすじ 1つ前の文章の続きです。冒頭のセリフはダーネイのもので、この直前に「もし仮に明日、あるいは20年後に自分があなたの遺産を受け継ぐことになったとしても」という前置きがあります。

'I would **abandon** it, and live otherwise and elsewhere. It is little to **relinquish**. What is it but a **wilderness** of misery and ruin!'

'Hah!' said the Marquis, glancing round the luxurious room.

'[...] it is a **crumbling** tower of waste, **mismanagement**, **extortion**, [...] **oppression**, [...] and suffering.'

「私は遺産を放棄して別の場所で別の生き方をします。放棄すると言っても、たかが知れています。この屋敷など、苦しみと形骸だけの荒れ地以外の何だと言うのでしょう」

侯爵は「ほう！」と言って、豪奢な部屋を見回した。

「この屋敷は、無駄と失政、そして恐喝と抑圧と苦しみばかりの崩れかけの塔にすぎません」

Vocabulary Track 164

□ **abandon** 動 [əbǽndən]	～を放棄する、～を見捨てる、～を置き去る ＊目的語としてよく一緒に使われる名詞は attempt（試み）、car（車）、mission（使命）など。
□ **relinquish** 動 [rɪlíŋkwɪʃ]	～を放棄する ＊目的語としてよく一緒に使われる名詞は power（権力）、right（権利）など。
□ **wilderness** 名 [wíldə(r)nəs]	荒野
□ **crumble** 動 [krʌ́mbl]	ぼろぼろと細かく崩れる
□ **mismanagement** 名 [mɪsmǽnɪdʒmənt]	不適切な管理や運営
□ **extortion** 名 [ɪkstɔ́ː(r)ʃ(ə)n]	恐喝
□ **oppression** 名 [əpréʃ(ə)n]	抑圧

ヒント otherwise は「他のやり方で」。little はここでは名詞で、to relinquish は little を修飾する不定詞の形容詞的用法です。but ～で「～以外」、misery は「苦しみ」、Marquis は「侯爵」。

～ご令嬢を無私の心で愛しているのです～ 気持ちをまっすぐに伝える場面の単語

この項では、aggravate（～を悪化させる）、resolution（決意）、fervent（熱烈な）など、バラエティーに富む重要語を学びます。

Track 165

あらすじ 無実ながらバスティーユの監獄に18年もの間幽閉されていたマネット医師。長い監禁生活のため、出獄した当初は認知機能がひどく低下していましたが、娘と再会し、一緒にロンドンに移り住んだ彼は徐々に回復していきます。以下は、ロンドンに住み始めてしばらく経ったときのマネット医師の様子を描いたものです。

The energy which had **at once** supported him under his old sufferings **and aggravated** their sharpness, had been gradually **restored to** him. He was now a very energetic man indeed, with [...] strength of **resolution**, and **vigour** of action.

苦しみの年月の間に彼を持ちこたえさせ、また同時に幽閉のつらさを（彼にとって）より増大させる原因にもなっていた彼のバイタリティは、時間をかけて少しずつ彼の中によみがえっていた。決意は非常に強く、行動は精力にあふれ、今では彼は実にエネルギーに満ちあふれた人間になっていた。

Vocabulary Track 166

□ **at once A and B** 熟 [ət wʌns ænd]	同時にAかつB
□ **aggravate** 動 [ǽgrəveɪt]	～を悪化させる ＊目的語としてよく一緒に使われる名詞はpain（痛み）、situation（状況）など。副詞のaggravatinglyについては→p. 154。
□ **restore A to B** 熟 [rɪstɔ́ː(r) tə]	AをBの元へ戻す
□ **resolution** 名 [rèzəlúːʃ(ə)n]	決意

□ **vigour** 名 [vígə(r)]	精力

ヒント indeed は very を強めています。

Track **167**

チャールズ・ディケンズ『二都物語』

あらすじ p. 225 と p. 226 の文章の場面の後、チャールズ・ダーネイはイギリスに移り住み、フランス語の教師や翻訳者として身を立てるようになります。そうして1年が過ぎた頃、ルーシーに強く惹かれているダーネイは、彼女の父であるマネット医師に、ルーシーと結婚する許可を求めます。以下は、そのときのダーネイとマネット医師のやり取りから。最初のセリフはマネット医師のもので、her はルーシーを指しています。なお、ダーネイはルーシーに惹かれているだけでなく、マネット医師にも深い敬意を抱いています。また、ダーネイは自分が冷酷なサン・テヴレモンド侯爵の身内であることを、まだマネット父娘に明かしていません。

'[...] It is very hard for me to hear her spoken of in that tone of yours, Charles Darnay.'

'It is a tone of **fervent** admiration, true **homage**, and deep love, Doctor Manette!' he said **deferentially**. [...]

'I believe it. [...]'

His **constraint** was so **manifest**, and it was so **manifest**, too, that it originated in an unwillingness to approach the subject, that Charles Darnay hesitated.

'Shall I go on, sir?' [...]

'Yes, go on.'

'You anticipate what I would say, though you cannot know how earnestly I say it, [...] without knowing my secret heart, and the hopes and fears and anxieties with which it has long been laden. Dear Doctor Manette, I love your daughter [...] disinterestedly, devotedly. [...]'

「君のその口調で娘の話をされるのは私にはとてもつらいのだ、チャールズ・ダーネイ君」

「熱烈な讃嘆、真の敬意、そして深い親愛の気持ちのためにこのような口調になってしまうのです、マネット先生！」と彼は敬意のこもった態度で言った。

「君を信じるよ」

マネット医師の態度が消極的であることはあまりにも明白であったし、また、その消極性が娘のことを話題にしたくない気持ちから生じていることもあまりにも明らかだったため、チャールズ・ダーネイはためらった。

「話を続けても構いませんか？」

「続けてくれ」

「これから私が言うであろうことをあなたは予期していらっしゃる。しかしあなたは私の秘められた心、そして私の心を長い間いっぱいに占めてきた希望と恐れと不安をご存じありません。ですから、これから申し上げることを私がどれほど真剣な思いで口にするのかは、あなたにもおわかりではないでしょう。マネット先生、私はあなたのご令嬢を無私の心でひたむきに愛しているのです」

Vocabulary Track 168

□ **fervent** 形 [fə́ː(r)vənt]	熱烈な ＊よく一緒に使われる名詞は belief（信念）、hope（希望）など。
□ **homage** 名 [hɔ́mɪdʒ]	敬意、敬意の印、オマージュ
□ **deferentially** 副 [dèfərénʃəli]	敬意のこもった態度で
□ **constraint** 名 [kənstréɪnt]	制約

□ **manifest** 形 [mǽnəfest]	容易に見て取れる
□ **be laden with ～** 熟 [bi léɪdn wɪð]	～（何かずっしりとしたもの）を載せている、抱えている
□ **disinterestedly** 副 [dɪsíntrəstɪdli]	無私の心で

ヒント 「hear + A +過去分詞」で「A が～されるのを聞く」。spoken of は speak of ～（～のことを話す）の過去分詞。2 か所の so manifest における so は、ともに that Charles Darnay hesitated の部分と関連しています。so ～ that S + V で「あまりにも～なので S が V する」。it was so manifest の it は形式主語で that it originated in ...が実質的な主語。originate in ～で「～に起因している」、unwillingness to do ～で「～したくない気持ち」、hesitate は「ためらう」、go on は「続けて言う」、anticipate は「～を予期する」、earnestly は「真剣に熱っぽく」、anxiety は「心配ごと、不安」。with which it has ...における which は the hopes and fears and anxieties を先行詞とする関係代名詞で、この関係代名詞の節は with から始まっています。

Track **169**　　チャールズ・ディケンズ『二都物語』

あらすじ 貴族階級に対する民衆の怒りが募り、フランス革命への機運が高まる 18 世紀後半のフランス。ある貴族階級の兄弟による残虐な行為の詳細を偶然知ることになった若き日のマネット医師は、後日、その兄のほうの貴族の妻から訪問を受けます。彼女の目的は、夫が関わった残虐な行為の償いをするために、犠牲者の家族についてマネットに尋ねるというものでした。以下は、そのときのことをマネットが書き留めたもので、For his sake で始まる部分は貴族の妻がマネットに語った言葉です。貴族の妻はシャルル（英語名チャールズ）という名の幼い息子を連れています。

She was a good, **compassionate** lady [...].

'For his sake [...] I would do all I can to **make** what poor **amends** I can. [...] I have a **presentiment** that, if no [...] **atonement** is made for this, it will one day be required of him. [...]'

She kissed the boy, and said, **caressing** him, 'It is for thine own dear sake. [...]'

彼女は善良で思いやりのある女性だった。

「私にできる償いは小さなものですが、この子のためなら、償いをするためにどんなことでもします。もしあのことに対して何の償いもしなければ、いつの日かこの子がその代償を払わされることになる気がしてなりません」

彼女はその子にキスし、彼を優しく撫でながら「あなたのためなのよ」と言った。

Vocabulary Track 170

□ **compassionate** 形 [kəmpǽʃənət]	（苦しんでいる人に対して）思いやりのある
□ **make amends** 熟 [meɪk əméndz]	償いをする
□ **presentiment** 名 [prɪzéntɪmənt]	予感　＊a presentiment that S + V で「S が V してしまうのではないかという予感」。悪い予感についてよく使われます。
□ **atonement** 名 [ətóʊnmənt]	償い　＊make atonement for ～で「～に対して償いをする」。
□ **caress** 動 [kərés]	（愛情を込めて）～を優しく撫でる

ヒント I would do ...において would が使われているのは、「この子のためであるなら」「それがたとえどんなことであっても」という仮定の気持ちが込められているため。「架空の仮定」を受けると助動詞は過去形に変わります。be required of ～で

「～に求められる」。thine は your と同じ意味を表す古い語です。

～処刑のときが迫る中で～　決意する場面の単語

この項では、stipulation（守らなければならない指示）、resolve to do ～（～しようと決意する）、self-possession（冷静さ、落ち着き）などの重要語を学びます。

Track 171　チャールズ・ディケンズ『二都物語』

あらすじ　物語の終盤、舞台は貴族階級に対する民衆の怒りが頂点に達し、いよいよ革命の口火が切られたフランスです。自身が属する貴族階級の庶民に対する横暴に耐えられなくなり、身分と財産を捨てイギリスに移り住んだフランス人貴族チャールズ・ダーネイ。彼はイギリスで結婚し、つかの間の幸せを味わいますが、昔の使用人を助けるため母国に戻った彼は捕らえられ、さらに、残虐行為を行った貴族の血縁者であることを理由に死刑を宣告されてしまいます。一方、何とかダーネイを助け出そうとする弁護士カートンは、ダーネイの義父であり、フランスの民衆に影響力を持っていた老マネット医師に最後の希望を託し、ダーネイを助けるよう有力者を説得してもらおうとします。しかしそれも失敗に終わり、マネット医師は錯乱状態に。以下はそのときのマネット医師と弁護士カートンたちの様子を描いたもので、第1文の him は老マネット医師、they はカートンと彼の仲間を指しています。

It was so clearly beyond hope to **reason with** him, or try to **restore** him, that – as if by agreement – they each put a hand upon his shoulder, and **soothed** him to sit down before the fire [...]. He [...] **brooded** over the embers, and shed tears. [...] Carton was the first to speak:

'The last chance is gone [...]. But, before you go, will you, for a moment, steadily attend to me? Don't ask me why I make the **stipulations** I am going to make, and **exact** the promise I am going to **exact**; I have a reason – a good one.'

マネット医師に道理を説いて聞かせたり、彼をまともな状態に戻したりするのが絶望的であることはあまりにも明白だったので、2人はまるで申し合わせたかのように手を彼の肩に置き、彼を落ち着かせて暖炉の前に座らせた。彼は赤く輝く燃えさしを見ながら物思いに沈み、涙を流した。最初に口を切ったのはカートンだった。

「最後の望みが絶たれてしまった。だが帰る前に少しの間、俺の言うことをじっくり聞いてくれないか？　これから君にしてほしいことを言うが、なぜそんなことを頼むのか、なぜそんな約束を君から取りつけようとするのかは聞かないでくれ。理由があってのことなんだ。ちゃんとした理由がね」

Vocabulary　Track 172

□ **reason with ～** 熟 [ríːzn wɪð]	～に道理を説いて聞かせる
□ **restore** 動 [rɪstɔ́ː(r)]	～を元のまともな状態に戻す
□ **soothe** 動 [súːð]	～を落ち着かせる、なだめる
□ **brood** 動 [brúːd]	思い悩む、くよくよ考える
□ **stipulation** 名 [stìpjəléɪʃ(ə)n]	守らなければならない指示、規定、条件
□ **exact** 動 [ɪgzǽkt]	～（約束など）を取りつける、～（代償など）を強制的に支払わせる、取り立てる ＊目的語としてよく一緒に使われる名詞は promise（約束）、price（代償）、penalty（罰則）など。

ヒント so ～ that S + V で「あまりにも～なので S が V する」、ember は「赤く輝く燃えさし」、over the embers は「赤く輝く燃えさしを見ながら」の意。shed は「～（涙）を流す」、attend to ～は「～に応対する」。the stipulations と the promise の後ろには関係代名詞が省略されています。

Track 173

チャールズ・ディケンズ『二都物語』

あらすじ 1つ前の文章の少し後の場面から。死刑を宣告され、獄中で最後の時を待つチャールズ・ダーネイ。この場面の後に、『二都物語』最大のドラマティックな展開が待っています。なお、these and many similar questions は、「処刑台の階段は何段だろうか」「自分は最初だろうか、それとも最後だろうか」といった疑問を指しています。

[...] these and many similar questions [...] **obtruded** themselves over and over again, countless times. Neither were they connected with fear: he was conscious of no fear. Rather, they originated in a strange **besetting** desire to know what to do when the time came; a desire **gigantically disproportionate** to the few swift moments to which it referred [...].

[...] He had been **apprised** that the final hour was Three, and he knew he would be **summoned** some time earlier [...]. Therefore, he **resolved** to keep Two [...] as the hour, and so to strengthen himself in the interval that he might be able, after that time, to strengthen others. [...] **Devoutly** thankful to Heaven for his recovered **self-possession**, he thought, 'There is but another now,' [...]

これらの疑問や似たような多くの疑問が、忘れようとしても何度も何度も頭に浮かんできた。それらは処刑を恐れる気持ちと関連しているわけではなかった。彼は恐れを感じていなかった。彼は、処刑のときにどのように振る舞うべきかを知っておきたいという奇妙な欲求に絶えず駆られており、それらの疑問はこの欲求から生じているのだった。処刑が一刹那のうちに済んでしまうことを考えれば、その欲求は、それが対象としているものと途方もなく不釣り合いであった。

彼は、最後の刻限は3時であると知らされており、それよりも少し前に召喚されるだろうとわかっていた。このため、自分の中では2時を最後の刻限とし、それ以降は他の死刑囚を力づけることができるよう、それまでに自分自身の心を強くしておこうと決意した。彼は、冷静な心を取り戻せたことを敬虔な気持ちで天に感謝しながら、「あと1時間だけだ」と思った。

Vocabulary Track 174

□ **obtrude** 動 [əbtrú:d]	～を押しつける ＊ obtrude oneself は直訳すると「自分自身を押しつける」となり、「うっとうしく視界や意識に入り込んでくる」というニュアンスを持っています。
□ **beset** 動 (– **beset** – **beset**) [bɪsét]	（長期間にわたってまとわりついて）～を悩ませ続ける　＊ besetting は形容詞で「絶えず悩ませて振り払うことのできない」の意。
□ **gigantically** 副 [dʒaɪgǽntɪkli]	途方もなく
□ **disproportionate** 形 [dìsprəpɔ́:(r)ʃənət]	不釣り合いな
□ **apprise** 動 [əpráɪz]	～に知らせる　＊「apprise ～ that S + V」（～にS + Vということを知らせる）と「apprise A of B」（AにBを知らせる）の2つのパターンがあり、現在では後者がよく使われます。appraise（～を査定する）との混同に注意。
□ **summon** 動 [sʌ́mən]	～を召喚する、～を奮い起こす、～を呼び起こす　＊目的語としてよく一緒に使われる名詞は witness（証人）、courage（勇気）など。
□ **resolve** 動 [rɪzɔ́lv]	resolve to do ～で「～しようと決意する」。
□ **devoutly** 副 [dɪváʊtli]	敬虔な態度で
□ **self-possession** 名 [sèlfpəzéʃ(ə)n]	冷静さ、落ち着き

ヒント Neither were they connected ...における Neither はこの文を否定文にする働きを持っています。また、このような「否定」を表す副詞が文頭に置かれると、その後ろは疑問文の語順に倒置されます。Rather はここでは「そうではなくて、それよりも」の意。originate in ～で「～に起因している」、swift は「素早い、あっという間の」。to which it referred における which は、the few swift moments（＝処刑のとき）を先行詞とする関係代名詞で、関係代名詞の節は to から始まっています。この it は a desire を受けています。refer to ～はここでは「～を対象としている」の意。so to strengthen ...における so は「そうすることで」。strengthen は「～を強くする」。that he might ...は that he may ～（彼が～することができるように）の may が時制の一致により過去形に変わったもの。that +《主語》+ may ～は、意味は so that +《主語》+ can ～（《主語》が～できるように）と同じですが、よりフォーマルでドラマティックな響きを持っています。thankful to Heaven はここでは「天に感謝しながら」の意。thankful は形容詞ですが、ここでは分詞構文と同等の働きをしています（分詞だけでなく、形容詞も「～な状態で」等の意味で、分詞構文に相当する働きをすることができます）。There is but ...における but は only と同じ意味。

～あの子に心を奪われてしまったのね！～
人物を描写する場面の単語

この項では、pronounced（目立つ）、discerning（優れた鑑識眼のある）、abstractedly（考えごとに夢中で周りのことが目に入らない様子で）など、人を描写する重要語を中心に学びます。

Track 175　　*L・M・モンゴメリ『赤毛のアン』*

あらすじ　マシューとマリラの家では、マシューの農作業を手伝うことのできる男の子を養子にもらう手配をしていましたが、いざ養子を迎えにマシューが駅まで行ったところ、それらしい男の子が見当たりません。そこでマシューは駅員に尋ねますが、「男の子ではなく女の子が列車から降りてきた。その子に事情を聞いてみてはどうか」

との答え。マシューはその女の子に話を聞くしかないとは思うものの、内気で女性、特に小さな女の子が大の苦手である彼は気が進みません。以下は、そのときのマシューと女の子の様子です。

Matthew was not looking at her and would not have seen what she was really like if he had been, but [...] an extraordinary observer might have seen that the chin was very pointed and **pronounced**; that the big eyes were full of spirit and **vivacity**; that the mouth was sweet-lipped and **expressive**; [...] in short, our **discerning** extraordinary observer might have concluded that no commonplace soul inhabited the body of this stray woman-child of whom shy Matthew Cuthbert was so **ludicrously** afraid.

マシューは女の子のほうを見ていませんでしたし、仮に見ていたとしても彼女の具体的な顔かたちは彼の目には入らなかったでしょう。でもずば抜けた観察眼を持った人であれば、彼女がすごく尖って目立つあごをしていて、大きな目は精気と生き生きとした魅力に満ち、口元はかわいらしくて表情に富んでいる、ということを見て取ったかもしれません。つまり、優れた鑑識眼を持つ我らが卓越した観察者は、次のように結論づけたかもしれないのです——内気なマシュー・カスバートがこんなにもバカバカしいほどに恐れている、変に大人びたところがあり、ぽつんと独りぼっちでいるこの女の子の体には、尋常ならざる精神が宿っている、と。

Vocabulary Track 176

□ **pronounced** 形 [prənáʊnst]	目立つ、すぐにそれとわかる、顕著な ＊よく一緒に使われる名詞は accent（訛り）、flavour（風味）など。その存在が際立ってはっきりと感じ取れるようなものに使われます。
□ **vivacity** 名 [vɪvǽsəti]	生き生きとした魅力 ＊よく女性について用いられます。

□ **expressive** 形 [ɪksprésɪv]	表情に富む、情感を力強く豊かに表現できる
□ **discerning** 形 [dɪsə́ː(r)nɪŋ]	違いのわかる、優れた鑑識眼のある
□ **ludicrously** 副 [lúːdəkrəsli]	バカバカしいほどに　＊よく一緒に使われる形容詞は expensive（値段が高い）など。

ヒント an extraordinary observer might have seen ...で might が使われているのは、主語に「ずば抜けた観察眼を持った人であったなら／もし仮にずば抜けた観察眼を持った人がそこにいたとしたら」という仮定が含まれているため。「架空の仮定」を受けると助動詞は過去形に変わります。spirit は「精気」。no commonplace soul における no は commonplace（ありふれた）を否定しています。inhabit は「～に宿っている、住んでいる」、stray は「家のない、はぐれてさすらっている」。whom は関係代名詞で、この関係代名詞の節は直前の of から始まっています。

Track **177**

L・M・モンゴメリ『赤毛のアン』

あらすじ マシューとマリラの家では、マシューの農作業を手伝うことのできる男の子を養子にもらう手配をしていましたが、いざ養子を迎えにマシューが駅まで行ったところ、そこにいたのは女の子（アン）。手違いとはいえアンを１人で駅に残していくわけにもいかず、マシューはいったん彼女を馬車に乗せ、自分の家に連れ帰ります。最初は困惑していたマシューですが、アンの天真爛漫なおしゃべりを聞いているうちにすっかり彼女のことが気に入り、彼女を養子にしたくなってしまいます。一方、手違いを知ったマリラは、女の子では農作業を手伝えないからアンを送り返すしかないと言い張ります。以下は、夜になってアンを寝かせた後の場面から。

Matthew was smoking – a sure sign of **perturbation** of mind. He seldom smoked, for Marilla **set her face against** it as a filthy habit; but at certain times and seasons he felt **driven to it** and then Marilla **winked at** the practice, realizing that a mere man must have some **vent** for his emotions.

'Well, this is a pretty kettle of fish,' she said wrathfully. '[…] This girl will have to be sent back to the asylum.'

'Yes, **I suppose so**,' said Matthew reluctantly.

'You *suppose* so! Don't you know it?'

'Well now, she's a real nice little thing, Marilla. It's kind of a pity to send her back when she's so **set on** staying here.'

'Matthew Cuthbert, you don't mean to say you think we ought to keep her!'

Marilla's astonishment could not have been greater if Matthew had expressed a **predilection** for standing on his head. […]

'Matthew Cuthbert, I believe that child has **bewitched** you! […]'

マシューはタバコをくゆらせていました。それは心に何か気がかりなことがある確かな印でした。彼がタバコを吸うことはほとんどありませんでした。というのはマリラが、タバコは汚らしくて不快な習慣だとして断固として反対していましたから。でも時にはマシューがタバコをくゆらせずにはいられないことがあり、そんなときマリラは、聖人でも何でもないただの人の子には何か感情のはけ口が必要だと理解して、マシューのタバコに目をつぶるのでした。

「まったく、なんてことかしら」と彼女が怒りをあらわにして言いました。「あの子を施設に送り返さなくてはいけないわね」

「まあ、たぶんそうだろうね」とマシューが気の進まない様子で言いました。

「たぶんそうだろうね、ですって⁉　はっきりとわからないの？」

「本当にいい子じゃないか。あんなにここに住みたがっているのに、送り返すのは何だか残念だ」

「マシュー、あの子を引き取ったほうがいいと思っているのではないでしょうね！」

もしマシューが逆立ちすることへの偏愛を告白していたとしても、マリラの驚愕はこれほど大きくはなかったでしょう。

「マシュー、あの子に心を奪われてしまったのね！」

Vocabulary Track 178

□ **perturbation** 名 [pə̀ː(r)təbéɪʃ(ə)n]	気がかりな状態、心のざわつき
□ **set one's face against ～** 熟 [set wʌnz feɪs əgenst]	～に断固として反対する
□ **filthy** 形 [fílθi]	非常に汚くて胸のむかつくような
□ **drive A to B** 熟 [dráɪv tə]	AをBに駆り立てる
□ **wink at ～** 熟 [wíŋk ət]	～（悪い行為）に目をつぶる
□ **vent** 名 [vént]	はけ口
□ **I suppose so.** 熟 [aɪ səpóuz sou]	まあ（たぶん）そうだね　＊確信がない場合だけでなく、本当は同意したくないにもかかわらず同意する場合にもよく使われます。
□ **be set on ～ ing** 熟 [bi sét ɔn]	～しようと心に決めている　＊動名詞の代わりに通常の名詞を使うこともできます。
□ **predilection** 名 [prìːdɪlékʃ(ə)n]	偏愛、強い嗜好　＊変わったものを好んでいる場合に特によく使われます。
□ **bewitch** 動 [bɪwítʃ]	～の心を完全に奪う、～に魔法をかける

ヒント sure は「確実な」。a sure sign of ...の部分は直前の内容（= Matthew was smoking）と同格。for S + V で「というのは S + V だから」、practice は「習慣

的な行為」。realizing は「～して」を表す分詞構文。mere（単なる）はここでは「聖人でも何でもない普通の」の意。a pretty kettle of fish は「ひどくやっかいな事態」を表すやや古風なフレーズ。wrathfully は「怒りをあらわにして」、asylum はここでは「孤児のための施設」の意。reluctantly は「気の進まない様子で」、a real nice little thing の thing はここでは「子ども」の意。thing は人にも使われます。when she's so set on ～は、ここでは「彼女があんなに～したがっているのに」の意。when S + V が「S が V しているというのに」というニュアンスで使われることはよくあります。mean to do ～で「～しようとしている」、astonishment は「驚愕」、express は「～を表明する」。

Track 179

L・M・モンゴメリ『赤毛のアン』

あらすじ　マシューとマリラの家では男の子を養子にもらうはずだったにもかかわらず、手違いにより女の子のアンが来てしまいます。アンを気に入ったマシューは彼女を養子にしたくてしかたがなくなりますが、女の子を養子にすることに反対のマリラは、アンを送り返すために養子の仲介役のスペンサー夫人のところに彼女を連れていくことに。以下は、その道中の場面から。道すがらマリラはアンに生い立ちを尋ねますが、途中で質問を打ち切ります。

Marilla asked no more questions. Anne **gave herself up to** a silent **rapture** over the shore road and Marilla guided the sorrel **abstractedly** while she **pondered** deeply. Pity was suddenly stirring in her heart for the child. What a starved, unloved life she had had – a life of **drudgery** and poverty and neglect; for Marilla was **shrewd** enough to read between the lines of Anne's history and **divine** the truth. [...] What if she, Marilla, should indulge Matthew's **unaccountable whim** and let her stay?

マリラはそれ以上（アンに生い立ちを）尋ねるのをやめました。アンは恍惚として静かに海沿いの道の眺めに浸り、マリラは考えごとに没頭しつつ、ぼうっとした様子で馬を御していきました。アンに対する哀れみの気持ちが突如としてマリラの心に湧き上がっていました。この子はなんという愛情に恵まれない人生を歩んできたのでしょう。重労働と貧困に苦しみ、周りからも放っておかれたんだわ、と彼女は思いました。アンの身の上話の行間から真実を見抜くだけの鋭さを彼女は持ち合わせていたのです。もし私が、と彼女は思いました。マシューの不可解な突拍子もない望みを叶えてあげて、あの子をうちに置いておくことにしたらどうかしら？

Vocabulary　Track 180

□ **give oneself up to ～** 熟 [gɪv wʌnself ʌ́p tə]	～（激情など）に身を任せる
□ **rapture** 名 [rǽptʃə(r)]	恍惚、歓喜
□ **abstractedly** 副 [æbstrǽktɪdli]	考えごとに夢中で周りのことが目に入らない様子で
□ **ponder** 動 [pɔ́ndə(r)]	思案する
□ **drudgery** 名 [drʌ́dʒəri]	つまらない上に大変な重労働
□ **shrewd** 形 [ʃrúːd]	才覚のある、敏腕の、鋭い
□ **divine** 動 [dɪváɪn]	～を見抜く
□ **unaccountable** 形 [ʌ̀nəkáʊntəbl]	不可解な、説明のつかない
□ **whim** 名 [wɪ́m]	突拍子もない望み、気まぐれの欲求

ヒント over the shore road は「海沿いの道を眺めながら」の意。stir は「湧いてくる」、for S + V は「というのは S + V だから」。What if 以下は free indirect style（→ p. 111）の技法で書かれています。What if + 《主語》 + should ～？で「もし《主語》が～したらどうする？」。indulge は「～（願望など）を満たす」。

～私、本当に幸せ～　喜びを表す場面の単語

この項では、well up（こみ上げる）、throb（鼓動）、meditatively（考えにふけった様子で）などの重要語を学びます。

Track 181　　L・M・モンゴメリ『赤毛のアン』

あらすじ p. 211 の文章の少し後の場面から。レイチェル夫人に謝罪をし終えたアンはマリラと一緒に家に帰ります。以下は、帰り道での2人のやり取りで、第1文の the older woman はマリラのことです。

Anne suddenly [...] slipped her hand into the older woman's hard palm.

'It's lovely to be going home and know it's home,' she said. '[...] I'm so happy. I could pray right now and not find it a bit hard.'

Something warm and pleasant **welled up** in Marilla's heart at touch of that thin little hand in her own – a **throb** of the **maternity** she had missed, perhaps. Its very unaccustomedness and sweetness disturbed her. She **hastened** to restore her sensations to their normal calm by **inculcating** a moral.

'If you'll be a good girl you'll always be happy, Anne. And you should never find it hard to say your prayers.'

'Saying one's prayers isn't exactly the same thing as praying,' said Anne **meditatively**.

突如、アンは自分の手をマリラの固い手のひらに滑り込ませました。

「家に向かっていて、帰ればそこは自分の家だって思えるのは素敵ね」とアンは言いました。「私、本当に幸せ。今すぐにでも神さまにお祈りを捧げられる。それも自然に心から」

自分の手の中に入れられたその小さなか細い手の感触とともに、何か温かくて心地よいものがマリラの心にこみ上げてきました。それは発揮されることのなかった母性の鼓動だったのかもしれません。その未知の感覚と甘さにマリラは不安になり、彼女はアンに訓戒を与えることによって、急いで自分の感覚を普段の落ち着いた状態に戻しました。

「いい子でいようという気があれば、いつも幸せな気持ちでいられるものよ。それに、そもそもお祈りを口にするのが難しく感じられるようなことがあってはいけません」

「お祈りを言うことは、神さまにお祈りを捧げることと完全に同じではないわ」とアンは考えにふけった様子で言いました。

Vocabulary　Track 182

□ **well up** 熟 [wel ʌ́p]	こみ上げる ＊主語としてよく一緒に使われる名詞は anger（怒り）、tear（涙）など。
□ **throb** 名 [θrɔ́b]	鼓動
□ **maternity** 名 [mətə́ː(r)nəti]	母であること ＊「出産して母になり、母親として子育てをすること」をまとめて表す語です。
□ **hasten** 動 [héɪsn]	hasten to do ～で「急いで～する」。
□ **inculcate** 動 [íŋkəlkeɪt]	～（思想など）を（人に）植えつける
□ **meditatively** 副 [méḍɪtətɪvli]	考えにふけった様子で、瞑想するような様子で

ヒント I could pray において could が使われているのは、「もしやろうと思えば」という言外の仮定を受けているため。「架空の仮定」を受けると助動詞は過去形に変わります。I could ～で「やろうと思えば～することもできる」。a throb of ...の部分は Something warm and pleasant と同格。unaccustomedness は「未知の性質」、disturb は「～の心の安定を乱して不安な気持ちにさせる」、restore は「～を元の状態に戻す」、calm は「穏やかさ、落ち着き」、moral は「教訓」。If you'll be ...（= if you will be ...）における will は「意思」を表します。直訳は「もしあなたに～であろうとする気があるなら」。prayer は「祈りの言葉」。

～孤児のオリバー～　劣悪な状況を表す単語

この項では、wretched（劣悪な）、amid ～（～の中で）、blight（荒廃）など、周囲の状況や環境に関連する重要語を中心に学びます。amid はニュース英語でもよく使われます。

Track 183　　チャールズ・ディケンズ『オリバー・ツイスト』

あらすじ　孤児として劣悪な環境の救貧院で育てられたオリバーは、まだ子どものうちから葬儀師に引き取られて仕事を手伝うことになります。以下は、オリバーが経験したことを描いた一節です。

As Oliver accompanied his master [...] in order that he might acquire that **equanimity** of **demeanour** [...] which was essential to a finished undertaker, he had many opportunities of observing the beautiful **resignation** and **fortitude** with which some strong-minded people bear their **trials** and losses.

一人前の葬儀師に必要不可欠な、どんな場面でも落ち着いた態度を保てる能力をオリバーが身につけることができるようにとの計らいから、オリバーは葬儀師の主人のお供をすることになった。このため彼は、強い心を持った人々が彼らの試練と喪失を耐え忍ぶ際の美しい諦念と精神力を目の当たりにする機会を多く得た。

Vocabulary Track 184

□ **equanimity** 名 [èkwənímәti]	（どんな場面でも取り乱さない）心の平静
□ **demeanour** 名 [dɪmíːnə(r)]	態度、物腰
□ **resignation** 名 [rèzɪgnéɪʃ(ə)n]	諦念、諦観
□ **fortitude** 名 [fɔ́ː(r)tɪtjuːd]	（苦境においても前向きな気持ちを保つ）心の強さ、勇気 ＊重い病気を患いながら強い精神を保っている人などについてよく使われます。
□ **trial** 名 [tráɪəl]	試練

ヒント in order that +《主語》+ may ～で「《主語》が～できるように」（この文章では時制の一致により、may が過去形の might に変わっています）。acquire は「～を身につける」、finished はここでは「一人前の」の意。undertaker は「葬儀師」、bear は「～を耐え忍ぶ」。

Track 185 チャールズ・ディケンズ『オリバー・ツイスト』

あらすじ 孤児として劣悪な環境の救貧院で育てられ、子どものうちから葬儀師に引き取られて仕事を手伝うことになったオリバー。そこで働いたのもつかの間、雇い主の家族から冷たい仕打ちを受け、さらに自分の母親を侮辱された彼は、冬のある朝、その家を抜け出してあてもなくロンドンに向かいます。物を乞うなどして歩くこと7日目、ある少年に声をかけられ、ロンドンで泊まるところを提供してやると言われたオリバーは、その少年についていくことに。以下は、夜ふけにロンドンに入り、目的地に近づいたときの周りの様子を描写したもので、he はオリバーを指しています。

A dirtier or more **wretched** place he had never seen. [...] the air was **impregnated with filthy odours**. [...] The **sole** places that seemed to prosper **amid** the general **blight** of the place were the public-houses; and in them, the lowest **orders** of Irish were **wrangling** [...].

これほどまでに汚くてひどい場所を彼はそれまでに見たことがなかった。ひどく嫌な臭いが辺りに充満していた。その地区全体が荒廃している中で唯一栄えているように思われるのが居酒屋であった。その中では、アイルランド人の中で社会の最下層に位置する人間たちが言い争いをしていた。

Vocabulary　Track 186

□ **wretched** 形 [rétʃɪd]	(生活環境などが) 劣悪な ＊他の意味は→ p. 48、p. 208
□ **impregnate A with B** 熟 [ímpregneɪt wɪð]	A を B でいっぱいにする、A に B を染み込ませる
□ **filthy** 形 [fílθi]	非常に汚くて胸のむかつくような
□ **odour** 名 [óʊdə(r)]	不快な臭い
□ **sole** 形 [sóʊl]	唯一の
□ **amid** ～ / **amidst** ～ 前 [əmíd / əmídst]	～の中で、～に囲まれて ＊ニュース英語でよく使われます。

□ **blight** 名 [bláɪt]	荒廃　＊cast a blight on ～（～に暗い影を落とす）のように、blight には「何かを損なってしまうもの」という意味もあります。
□ **orders** 名 [ɔ́ː(r)də(r)z]	（社会の）階層 ＊この意味では常に複数形で使われます。
□ **wrangle** 動 [rǽŋgl]	（長期間にわたって）言い争う

ヒント 第１文は倒置文で、通常の語順に戻すと He had never seen a dirtier or more wretched place. となります。prosper は「栄える」、public-houses は「居酒屋」。

～豪華絢爛な金の時計を取り出した～
窃盗団での日々を描く場面の単語

この項では、staunch（忠実でサポートすることに非常に熱心な）、impart（～を授ける）、recollection（記憶、回想）など、バラエティーに富む重要語を学びます。

Track 187　チャールズ・ディケンズ『オリバー・ツイスト』

あらすじ　１つ前の文章の少し後の場面から。オリバーは偶然出会った少年に、ロンドンの汚く荒廃した一角のある家に連れていかれます。夜ふけに到着した彼がその家で会ったのは、何人かの少年と、その少年たちを統率する醜悪な顔をしたユダヤ人の老人。翌朝遅く、オリバーが長い熟睡から目覚めた後、横になったままわずかに目を開けると、部屋には老人以外誰もいません。以下はそのときの老人の様子を描いたもの。この後、オリバーは自分がずっと老人を見ていたのを老人に気づかれてしまいます。冒頭の the Jew は老人を指しています。

[...] the Jew [...], standing in an **irresolute** attitude for a few minutes [...] turned round and looked at Oliver, and called him by his name. He did not answer, and was **to all** appearances asleep.

[…] the Jew […] then drew forth […] from some trap in the floor a small box […]. His eyes **glistened** as he raised the lid and looked in. […] he […] took from it a magnificent gold watch […].

'Aha!' said the Jew, […] **distorting** every feature with a **hideous grin**. '[…] **Staunch** to the last! […] Never peached upon old Fagin. […] Fine fellows!'

[…] the Jew took out another […]. There seemed to be some very **minute inscription** on it; for the Jew […] **pored over** it […]. At length he put it down, as if **despairing of** success […]

フェイガンは決心のつかない様子で数分立っていたが、やがて振り返ってオリバーを見た。そして彼の名を呼んだ。オリバーは返事をせず、見たところ眠っているようであった。

するとフェイガンは床の隠しドアらしきものから小さな箱を引っ張り出した。ふたを開けて中をのぞく際、彼の目がきらりと光った。その箱から彼は豪華絢爛な金の時計を取り出した。

醜悪な満面の笑みで顔中をゆがめながら、彼は「ほほう！」と言った。「奴らは最後まで忠実でいてくれたな！　サツに私のことを吐かなかった。大した奴らだ！」

フェイガンはさらに別のものを取り出した。それには何か非常に小さな文字が彫られているらしかった。というのは彼は目を凝らしてそれを仔細に眺めていたから。ようやく彼は、解読の見込みに絶望したかのようにそれを置いた。

Vocabulary　Track 188

□ **irresolute** 形 [ɪrézəluːt]	決心がつきかねている
□ **to all appearances** 熟 [tu ɔːl əpíərənsɪz]	見たところ、見た限りでは

□ **glisten** 動 [glísn]	（濡れたものが光を反射して）きらっと光る ＊主語としてよく使われる名詞は dew（露）、eye（目）、sweat（汗）、tear（涙）など。
□ **distort** 動 [dɪstɔ́ː(r)t]	〜をゆがめる
□ **hideous** 形 [hídiəs]	醜悪な、ひどく醜い
□ **grin** 名 [grín]	満面の笑み ＊動詞としての使い方は→ p. 201
□ **staunch** 形 [stɔ́ːntʃ]	特定の人や主義に極めて忠実で、それをサポートすることに非常に熱心な ＊よく一緒に使われる名詞は believer（信奉者）、supporter（支持者）など。
□ **minute** 形 [maɪnjúːt]	非常に小さな、非常に細かい ＊他の意味は→ p. 265
□ **inscription** 名 [ɪnskrípʃ(ə)n]	彫られた文字
□ **pore over 〜** 熟 [pɔ́ː(r) əʊvə(r)]	目を凝らして〜を仔細に眺める、〜を注意深く読む
□ **despair of 〜** 熟 [dɪspéə(r) əv]	〜の見込みはないと絶望する

ヒント Jew は「ユダヤ人」、forth は「前方に」。a small box が drew（〜を引っ張った）の目的語となっています。同様に、a magnificent gold watch が took の目的語。feature は「顔のパーツ」。Staunch の前には They were が、Never の前には They が省略されています。peach upon 〜 はここでは「〜のことを告げ口する」、Fine fellows! は「大した奴らだ！」の意。for S + V で「というのは S + V だから」、At length はここでは「ついに、ようやく」の意。

Track 189　チャールズ・ディケンズ『オリバー・ツイスト』

あらすじ　劣悪な環境の救貧院を離れ、子どものうちから葬儀師に引き取られて仕事を手伝っていた孤児のオリバーは、雇い主の家族から冷たい仕打ちを受け、あてもなくロンドンへ。しかしそこでも窃盗団の仲間に無理やり加えられた上に、仲間が犯した泥棒の罪を着せられて警察に捕まってしまいます。やがて嫌疑は晴れますが、病気のオリバーは意識を失います。以下は、親切な老紳士に連れて帰られ、その家で手厚い看護を受けて意識が回復したオリバーの様子を描いた文章です。

[…] the night **crept** slowly on. Oliver lay awake for some time […] tracing with his **languid** eyes the **intricate** pattern of the paper on the wall. […]

Gradually he fell into that deep **tranquil** sleep which ease from recent suffering alone **imparts** […]. Who […] would be roused again to all the struggles […] of life, to […] its **weary recollections** of the past!

夜の帳がゆっくりとひっそりと下りていった。オリバーはしばらくの間、壁紙の複雑な模様を力のない目で追いながら、目覚めたまま横になっていた。

彼は、最近までの苦しみからようやく解放された人間にのみ授けられる、あの深く静謐(ひつ)な眠りへとゆっくりと落ちていった。人生の難行苦行、そして人生について回る過去の胸苦しい記憶へと再び目覚めたいと、いったい誰が願うだろうか！

Vocabulary　Track 190

□ **creep** 動 (– crept – crept) [kríːp]	(人に気づかれないように) ひっそりと動く ＊他の意味は→ p. 198、p. 264
□ **languid** 形 [lǽŋgwɪd]	力の抜けた　＊「ゆったりとした」というポジティブな意味で使われることもあります。

☐ **intricate** 形 [íntrɪkət]	（模様などが）凝って複雑な
☐ **tranquil** 形 [trǽŋkwɪl]	静謐な
☐ **impart** 動 [ɪmpɑ́ː(r)t]	～を授ける、～を付与する ＊目的語としてよく一緒に使われる名詞は knowledge（知識）、wisdom（英知）など。
☐ **weary** 形 [wíəri]	人を疲労困憊させるような ＊「疲労困憊した」という意味でも使われます。
☐ **recollection** 名 [rèkəlékʃ(ə)n]	記憶、回想

ヒント the intricate pattern of ...の部分が tracing（～を追いながら）の目的語。ease はここでは「やすらぎ」の意。rouse は「～を目覚めさせる」、struggle は「何かを得ようとしてもがくこと、悪戦苦闘」。

Track 191 チャールズ・ディケンズ『オリバー・ツイスト』

あらすじ 無理やり仲間に加えられた窃盗団から一度は抜け出すものの、再び連れ戻されてしまう孤児のオリバー。以下は、窃盗団の少年たちがオリバーに身の処し方をアドバイスする場面から。文中の Master Bates と Mr Dawkins はともに窃盗団の少年。第 1 文の this advice は、Mr Dawkins による「頭領の下で早く修練に励むべきだ」という助言を指しています。また、Fagin は窃盗団の頭領で少年たちを統率する老人です。

Master Bates **backed** this advice with **sundry** moral **admonitions** of his own: which being **exhausted**, he and his friend Mr Dawkins **launched into** a **glowing** description of the numerous pleasures **incidental** to the life they led, **interspersed** with a variety of hints to Oliver that the best thing he could do would be to secure Fagin's favour [...].

マスター・ベイツは自分自身の様々な道徳的訓戒でもってそのアドバイスにさらに説得力を持たせた。そしてそれらの訓戒が尽きると、彼とその友人であるドーキンズ氏は、自分たちが送っている生活がもたらす数々の愉しみがいかに素晴らしいかについて熱弁をふるい始めた。オリバーが取ることのできる最善の策はフェイガンに気に入られることだ、とオリバーに理解させるための様々な話が、2人の熱弁のそこかしこに織り込まれていた。

Vocabulary　Track 192

□ **back** 動 [bǽk]	～（主張など）を（証拠などで）補強する、～をサポートする、～を支持する
□ **sundry** 形 [sʌ́ndri]	様々な
□ **admonition** 名 [æ̀dməníʃ(ə)n]	訓戒、忠告
□ **exhaust** 動 [ɪgzɔ́ːst]	～を述べ尽くす、～を使い尽くす
□ **launch into ～** 熟 [lɔ́ːntʃ ɪntə]	エネルギッシュに～を始める
□ **glowing** 形 [glə́ʊɪŋ]	称賛に満ちた　＊よく一緒に使われる名詞は review（レビュー）など。
□ **numerous** 形 [njúːmərəs]	数多くの
□ **incidental**（**to ～**）形 [ìnsɪdéntl]	（～に）付随する

□ **intersperse A with B** 熟 [ɪntə(r)spə́ː(r)s wɪð]	AのにBを散りばめる

ヒント which being exhausted における which は sundry moral admonitions of his own を先行詞とする非制限用法の関係代名詞で、being exhausted という分詞構文の主語として働いています。a variety of ～で「様々な～」。that the best thing he could do would be ...の部分は hints（ほのめかし）の内容を表す同格名詞節。secure は「～を確保する」、favour は「好意」。

Track 193 チャールズ・ディケンズ『オリバー・ツイスト』

あらすじ 無理やり仲間に加えられた窃盗団から一度は抜け出したものの、再び連れ戻されてしまった孤児のオリバー。オリバーは初めは暗い部屋に閉じ込められていましたが、ある日を境にその部屋から解放され、窃盗団の少年たちと、その頭領である老人と一緒に過ごすようになります。頭領の老人は事あるごとに自身が若い頃に行った盗みのことをオリバーに語り、その話はあまりにも面白く、真面目で純粋なオリバーも笑わずにはいられません。以下は、そのときの老人の思惑を説明する文章。his mind の his はオリバー、he was now ...の he は老人を指しています。

Having prepared his mind, by **solitude** and **gloom**, to prefer any society to the companionship of his own sad thoughts in such a **dreary** place, he was now slowly **instilling into** his soul the poison which he hoped would blacken it, and change its **hue** for ever.

[...] the rain fell **sluggishly** down, and everything felt cold and **clammy** to the touch. [...] the **hideous** old man seemed like some **loathsome reptile**, **engendered** in the slime and darkness through which he moved [...].

孤独と暗闇によってオリバーの心を、「このような陰鬱な場所で自分自身の暗く悲しい想念のみを友とするくらいなら、誰でもよいから人と一緒にいたほうがいい」という気持ちに仕向けるのに成功した今、（次のステップとして）老人は、オリバーの魂を黒く染め、その色味を永久に変えてしまうだろうと期待する毒を、オリバーの魂にゆっくりと吹き込んでいるのだった。

雨がしとしとと降り、すべてが冷たく、じっとりと感じられた。このおそろしく醜い老人は、彼がうごめくヘドロと闇が生み出したグロテスクな爬虫類のようであった。

Vocabulary Track 194

□ **solitude** 名 [sɔ́lətjuːd]	孤独
□ **gloom** 名 [glúːm]	暗がり、漆黒に近い暗闇
□ **dreary** 形 [dríəri]	陰鬱な　＊どんよりして活気や面白味がまったくなく、人を鬱々とした気分にさせるようなものを表します。よく一緒に使われる名詞は winter's day（冬の日）など。
□ **instil A into B** 熟 [ɪnstíl ɪntə]	A を B に吹き込む、植えつける ＊ A の部分によく使われる名詞は confidence（自信）、discipline（規律）、fear（恐怖心）など。
□ **hue** 名 [hjúː]	色味、色合い
□ **sluggishly** 副 [slʌ́gɪʃli]	緩慢に
□ **clammy** 形 [klǽmi]	（汗などで濡れて）冷たくてじっとりとベタつくような
□ **hideous** 形 [hídiəs]	醜悪な、ひどく醜い

□ **loathsome** 形 [lóʊðsəm]	虫酸の走るような、吐き気を催すような
□ **reptile** 名 [réptaɪl]	爬虫類の動物
□ **engender** 動 [ɪndʒéndə(r)]	～を生み出す、～を引き起こす

ヒント Having prepared …は「完了」の意味を表す分詞構文。prefer A to B で「B より A を好む」、society はここでは「人と一緒にいること」の意。the companionship of ～は「～と一緒にいること」。the poison which he hoped would …の部分が instilling の目的語。which は関係代名詞で、関係代名詞節の内部では would の主語として働いています。feel ～ to the touch で「～な感触がある」、some は「何らかの」、slime は「ヘドロ」。

～ああ！　愛する人の命が～　病人の安否を気づかう場面の単語

この項では、lessen（～を弱める）、alleviate（～を緩和する）、allay（～を和らげる）などの重要語を学びます。これらは非常によく似た意味を持つ動詞ですが、目的語として使われがちな語がそれぞれ若干異なります。

Track 195　チャールズ・ディケンズ『オリバー・ツイスト』

あらすじ　無理やり窃盗団の仲間に加えられた孤児のオリバーは、ある夜、強盗の手引きをするよう脅されて、とある屋敷に侵入させられ、そこで住人に見つかりピストルで撃たれてしまいます。しかし、屋敷の令嬢ローズはオリバーの無実を信じ、優しくオリバーを看病します。回復し、ローズを心から慕うようになるオリバー。しかし今度はローズが深刻な病気にかかり、命が危ぶまれる状態になってしまいます。以下は、ローズのことが心配でいても立ってもいられないオリバーの様子を描く一節です。

Oh! the suspense [...] of **standing idly by** while the life of one we dearly love is trembling in the balance! Oh! the **racking** thoughts that crowd upon the mind [...] and the breath come thick by the force of the images they **conjure up** [...]; the desperate anxiety *to be doing something* to [...] **lessen** the danger, which we have no power to **alleviate**; [...] what [...] efforts can [...] **allay** them!

ああ！　愛する人の命が生と死の狭間で揺れている間、ただそれを見守るしか為すすべがない、その極度の不安に苛まれる気持ち。ああ！　心に押し寄せてくる様々な苦しい思いと、それらが脳裏に呼び起こす映像の力によって荒くなる呼吸。愛する人が瀕している危機、実際には私たちの力ではどうすることもできないその危機を、少しでも重篤でないものにするために何かをしていたいという必死で切なる気持ち。いったいどのような試みがこれらを和らげてくれるというのだろうか！

Vocabulary　Track 196

□ **stand idly by** 熟 [stænd áɪdli baɪ]	何もせずにただ見守る ＊ stand by だけでも意味は同じですが、idly（無為に）が加わることでより強調されます。
□ **racking** 形 [rækɪŋ]	精神や肉体をひどく苛むような
□ **conjure ～ up / conjure up ～** 熟 [kʌndʒə(r) ʌ́p]	～を呼び起こす ＊目的語としてよく一緒に使われる名詞は image（映像）、memory（記憶）など。
□ **lessen** 動 [lés(ə)n]	～を弱める、～を減らす ＊目的語としてよく一緒に使われる名詞は effect（効果）、pain（痛み）、risk（リスク）など。
□ **alleviate** 動 [əlíːvieɪt]	～を緩和する ＊目的語としてよく一緒に使われる名詞は pain（痛み）、poverty（貧困）、suffering（苦しみ）など。

□ **allay** 動 [əléɪ]	～を和らげる　＊目的語としてよく一緒に使われる名詞は concern（心配、不安）、fear（恐れ）、suspicion（疑い）など。allay は「気持ち」についてよく使われます。

ヒント suspense は「ハラハラしながら何かの結果を待つときの張りつめた気持ち」、tremble は「震える」、in the balance はここでは「生と死の狭間で」の意。crowd は「押し寄せる」。come thick で「荒くなる」（この come は特殊な使い方の過去分詞で、come thick by ...の部分が the breath（呼吸）を後ろから修飾しています）。anxiety to do ～で「～したいという切なる気持ち」、effort は「試み」。

～醜く崩れていく肖像画～　自らを責め、赦しを請う場面の単語

この項では、reproach（非難、非難の言葉）、censure（強い非難）、rebuke（叱責、強い非難）など、「非難」を表す重要語を中心に学びます。

Track 197　オスカー・ワイルド『ドリアン・グレイの肖像』

あらすじ 美青年ドリアンは婚約した若い舞台俳優の女性の演技に魅了されていましたが、ドリアンに出会い本物の恋を知った彼女は「演じる」という行為を空虚に感じるようになり、舞台の上での輝きを失ってしまいます。そして、その様子を見たドリアンは失望し、彼女に冷たく別れを告げます。その晩、ドリアンは自分の屋敷に戻り、いつも通り自室に入っていきますが、そこで不思議な現象に気づきます。少し前に友人に描いてもらった自分の肖像画の表情が変化し、口元に冷酷さが漂っているのでした。初めドリアンは「何が原因で絵を構成している物質がこのように変化するのか」という知的好奇心をそそられますが、ほどなくして自分がその舞台俳優の女性に対していかに理不尽で冷酷だったかを意識するようになります。以下は、そのときのドリアンの様子を描いた文章です。

It was not too late to make **reparation** for that. [...] he [...] wrote a passionate letter to the girl he had loved, **imploring** her forgiveness and accusing himself of madness. [...] There is a luxury in self-**reproach**. When we blame ourselves, we feel that no one else has a right to blame us. It is the **confession**, not the **priest**, that gives us **absolution**. When Dorian had finished the letter, he felt that he had been forgiven.

まだその償いをすることはできるはずであった。ドリアンは自分が愛した女性に感情をほとばしらせた手紙を書き、その中で彼女の許しを必死に請い、自分は頭がおかしかったのだと釈明した。自分自身をとがめるという行為には甘美さが伴う。自分を責めていると、他人には自分を非難する権利がないような気がしてしまうのだ。我々に罪の赦しを与えるのは神父ではなく、告解という行為そのものなのである。手紙を書き終えると、ドリアンは自分が赦された気持ちになった。

Vocabulary Track 198

□ **reparation** 名 [rèpəréɪʃ(ə)n]	償い、賠償
□ **implore** 動 [ɪmplɔ́ː(r)]	懇願して～を請う、懇願する
□ **reproach** 名 [rɪpróʊtʃ]	（期待に背いた相手などに対する）非難、非難の言葉　＊「なぜそんなことをするのか」あるいは「するべきことをなぜしてくれないのか」と誰かをとがめる行為を指します。
□ **confession** 名 [kənféʃ(ə)n]	告解（キリスト教徒が司祭の前で罪を告白すること）　＊基本の意味は「告白」です。
□ **priest** 名 [príːst]	神父、聖職者

□ **absolution** 名 [æ̀bsəlúːʃ(ə)n]	（特にキリスト教における）罪の赦し

ヒント luxuryは「自分を甘やかす悦び、甘美さ」、blameは「～を責める」。It is the confession ...は強調構文。When Dorian had finished ...における過去完了（had＋過去分詞）は「～し終わる」という「完了」の意味を表します。

Track 199　*オスカー・ワイルド『ドリアン・グレイの肖像』*

あらすじ ドリアンに冷たく別れを告げられたことで死を遂げる舞台俳優の女性スィビル・ヴェイン。しかし、シニカルな世界観を持つヘンリー卿に影響されたドリアンは、スィビルの死を知らされても夜に歌劇場に行くなど普段通りの様子を見せます。ドリアンの肖像画を描いた画家であり友人のバジルはドリアンの冷たい態度を非難しますが、ドリアンは表面上は動じず、退廃的な態度を取り続けます。以下はバジルが帰った後、変化した肖像画を再び目にしたときのドリアンの心の内を表した一節です。

Was the face on the canvas **viler** than before? It seemed to him that it was unchanged, and yet his **loathing** of it was intensified. [...] It was simply the expression that had altered. That was horrible in its cruelty. Compared to what he saw in it of **censure** or **rebuke**, how shallow Basil's **reproaches** about Sibyl Vane had been! – how shallow, and **of what little account**!

キャンバスに描かれた顔が以前より邪悪になっているのだろうか？　顔そのものは変わっていないように彼には思われた。しかし、その顔に対する彼の嫌悪はより一層強まった。変わっていたのは表情だけなのであった。酷薄さの際立った表情であった。彼がそこに見出した強烈な咎めや叱責に比べたら、スィビル・ヴェインのことについてバジルが口にした非難の言葉はなんと浅いことだろうか！　その浅さ、その取るに足らないことといったら！

Vocabulary Track 200

□ **vile** 形 [váɪl]	邪悪な、倫理的に許されない
□ **loathing** 名 [lə́ʊðɪŋ]	強い嫌悪感
□ **censure** 名 [sénʃə(r)]	強い非難
□ **rebuke** 名 [rɪbjúːk]	叱責、強い非難
□ **reproach** 名 [rɪprə́ʊtʃ]	（期待に背いた相手などに対する）非難、非難の言葉　＊「なぜそんなことをするのか」あるいは「するべきことをなぜしてくれないのか」と誰かをとがめる行為を指します。
□ **of little account** 熟 [əv lɪtl əkáʊnt]	重要でない、取るに足らない ＊ little の代わりに no も使われます。

ヒント intensify は「～を強める」、It was simply the expression ... は強調構文。compared to ～で「～に比べると」。what he saw in it of censure or rebuke は、he saw something of censure or rebuke in it（彼は咎めや叱責の性質を持った何かをそこに見出した）における something を what に変えて節の最初に置き、in it の位置をずらしたものです。

～ナルキッソスを真似してみたいという気持ち～
秘密の歓びと歪んだ感情を表す単語

この項では、desecration（冒涜）、enamoured（夢中になっている）、mock（～を真似る）などの重要語を学びます。

Track 201 | オスカー・ワイルド『ドリアン・グレイの肖像』

あらすじ 自分の犯した退廃の罪を背負って、自分の代わりに肖像画の顔が醜く崩れていくことを悟った美青年ドリアン。けがれのない人生を歩めば肖像画がこれ以上醜くならずにすむと知りながらも、生というものに対する彼の興味、あらゆる分野で至上の美や歓びを五感で探求したいという彼の欲求はあまりにも強く、もはや後戻りできません。以下は、そのときのドリアンの心情を表した文章です。文中のNarcissusは、泉の水面に映る自分の姿に恋焦がれて死んでしまうギリシャ神話の美少年のことです。

A feeling of pain **crept** over him as he thought of the **desecration** that was **in store for** the fair face on the canvas. Once, in boyish **mockery** of Narcissus, he had kissed, or **feigned** to kiss, those painted lips that now smiled so cruelly at him. Morning after morning he had sat before the portrait **wondering at** its beauty, almost **enamoured of** it [...]. [...] Was it to become a monstrous and **loathsome** thing, to be hidden away in a locked room [...]? The pity of it!

キャンバスに描かれた自分の美しい顔がこれから汚されていくことを思うと、ドリアンは痛みを覚えた。ナルキッソスを真似してみたいという少年のような気持ちから、以前ドリアンは、今では自分に向かってこれほど冷酷な笑みを浮かべている絵の中の唇にキスした、いや、キスする真似をしたことがあった。それだけでなく、来る日も来る日も朝になると肖像画の前に座り、そこに描かれた自分の顔の美しさに驚嘆し、ほとんど恋をしていたのだった。この絵が、鍵のかかった部屋に隠さなければならないような、おぞましく虫酸の走るようなものになっていくのだろうか？　それはなんと惜しく残念なことだろう！

Vocabulary　Track 202

□ **creep** 動 (– crept – crept) [kríːp]	じわじわと広がる、じわじわと動く ＊他の意味は→ p. 198、p. 252、p. 310
□ **desecration** 名 [dèsɪkréɪʃ(ə)n]	冒涜、(神聖なものを) 汚す行為
□ **in store (for ～)** 熟 [ɪn stɔ́ː(r)]	(～を) 待ち受けている、(～のために) 用意されている
□ **mockery** 名 [mɔ́kəri]	物真似、真似ごと ＊他の意味は→ p. 72
□ **feign** 動 [féɪn]	～を装う ＊ feign to do ～で「～するふりをする」。
□ **wonder (at ～)** 動 [wʌ́ndə(r)]	(～に) 驚嘆する
□ **enamoured (of/with ～)** 形 [ɪnǽmə(r)d]	(～に) 夢中になっている、恋している
□ **loathsome** 形 [lə́ʊðsəm]	虫酸の走るような、吐き気を催すような

ヒント fair はここでは「美しい」の意。Was it to …の部分は free indirect style (→ p. 111) の技法で書かれています。

Track 203　オスカー・ワイルド『ドリアン・グレイの肖像』

あらすじ 退廃した生活を送りながらも若さと美しさを保つドリアンと、彼の精神を反映して醜く崩れていくドリアンの肖像画。肖像画のことを恐れているドリアンですが、やがてそこに描かれている崩れた自分の顔と鏡に映る美しい自分の顔を見比べたり、肖像画の顔に刻まれていく恐ろしいしわを観察したりすることに倒錯した歓び を覚えるようになります。以下は、その頃のドリアンの様子を描く語り手の文です。

He would examine with **minute** care, and sometimes with a monstrous and terrible delight, the **hideous** lines that [...] **crawled** around the heavy **sensual** mouth, wondering sometimes which were the more horrible, the signs of sin or the signs of age. He would place his white hands beside the coarse **bloated** hands of the picture, and smile. He **mocked** the **misshapen** body and the failing **limbs**.

肉付きの良い官能的な口元を這い回る醜悪なしわを、彼は仔細に、そして時にはおぞましい歓びを感じながら調べるのだった。罪の印と老いの印のどちらがより忌まわしいだろうかと時おり考えながら。肖像画の中のきめの粗い醜く膨れ上がった手の横に自分の白い手を添えて、彼は微笑むのだった。形の崩れた体と衰えゆく手足を彼は真似した。

Vocabulary Track 204

□ **minute** 形 [maɪnjúːt]	仔細な、事細かな ＊他の意味は→ p. 167、p. 251
□ **hideous** 形 [hídiəs]	醜悪な、ひどく醜い
□ **crawl** 動 [krɔ́ːl]	這って進む
□ **sensual** 形 [sénʃuəl]	官能的な
□ **bloated** 形 [blóʊtɪd]	（液体やガスが溜まって醜く）膨れ上がった

☐ **mock** 動 [mɔ́k]	（からかいの気持ちなどを込めて）～を真似る、～を揶揄する
☐ **misshapen** 形 [mɪsʃéɪpən]	奇形の、ゆがんだ
☐ **limb** 名 [lím]	腕または足

ヒント He would における would は「決まって～するのだった」という「過去の習慣」を表す用法。delight は「歓び、愉悦」、sin は「罪」、coarse は「きめの粗い」、failing は「衰えゆく」。

～僕の魂を見せよう～　あまりの変化に驚き戦慄する場面の単語

この項では、exquisite（精妙で非常に美しい）、pry（あれこれ詮索する）、parched（からからに乾いた）などの重要語を学びます。

Track 205　オスカー・ワイルド『ドリアン・グレイの肖像』

あらすじ 美青年ドリアンの肖像画を描いた画家でありドリアンの友人であるバジルは、この肖像画を仕上げた当初、それが自身の最高傑作であるにもかかわらず、それを一般に公開することはしないと心に決めていました。以下は、ドリアンにその理由を尋ねられたバジルが、ためらったあげくに理由を告白するセリフの一部です。

You became to me the visible **incarnation of** that unseen ideal whose memory haunts us artists like an **exquisite** dream. I worshipped you. [...] I wanted to **have** you all **to myself**. [...] I grew afraid that others would know of my **idolatry**.

僕たち画家には目に見えない理想があって、その記憶が精妙で美しい夢のように頭から離れないのだけど、君は僕にとって、その理想が目に見える人間の姿で立ち現れたものにほかならなくなったんだ。僕は君を崇拝した。君を独り占めしたくなった。僕は、君を熱烈に崇拝していることを人に知られてしまうのではないかと怖くなった。

Vocabulary　Track 206

□ **incarnation (of ～)** 名 [ìnkɑː(r)néɪʃ(ə)n]	(～が) 人間の姿で現れたもの、(～の) 化身
□ **exquisite** 形 [ɪkskwízət]	精妙で非常に美しい、極めて精妙な
□ **have ～ to oneself** 熟 [hæv tə wʌnsélf]	～を独り占めする
□ **idolatry** 名 [aɪdɔ́lətri]	異常なほどの崇拝、何らかの像を神として崇める行為

ヒント ideal は「理想」、haunt は「～につきまとう、～に取り憑く」、worship は「～を崇拝する」、「grow +《形容詞》」で「《形容詞》な状態になる」、know of ～で「～のことを知る」。

Track 207　オスカー・ワイルド『ドリアン・グレイの肖像』

あらすじ 美青年ドリアンは退廃的な生活を送りながらも若さと美しさを保っていますが、肖像画に描かれた彼の顔は、彼の罪を背負ってどんどん醜く崩れていきます。ある日、ドリアンの悪い噂を社交界で聞き心配が募った友人バジル（ドリアンの肖像画を描いた画家）は、ドリアンに「君が潔白だと僕に言ってくれ。君の魂を見てみないことには、もう僕には君が昔と同じドリアンなのかわからない」と迫ります。ドリアンは恐れますが、バジルが「もっとも魂を見ることができるのは神のみだけれど」と悲しそうに言うのを聞くと、隠していた肖像画をバジルに見せることをついに決心します。以下は、そのときのドリアンとバジルのやり取りで、最初のセリフはドリアンのもの。ドリアンの声には皮肉と苦しさがこもっています。

[…] 'I shall show you my soul. You shall see the thing that you fancy only God can see.'

[…] 'This is **blasphemy**, Dorian!' he cried. 'You must not say things like that. […] **As for** what I said to you tonight, I said it for your good. You know I have been always a **staunch** friend to you.'

[…] He paused for a moment, and a wild feeling of pity **came over** him. After all, what right had he to **pry into** the life of Dorian Gray?

「君に僕の魂を見せよう。神のみが見ることができると君が思っているものを君は見るんだ」

「それは冒涜だよ、ドリアン！」とバジルは叫んだ。「そんなことを言ってはいけない。今夜君に話したことは、君のためを思って言ったんだ。僕がいつも君に対して忠実な友だったことは君も知っているだろう？」

バジルはそこでふと黙った。激しい哀れみの気持ちが彼に湧いた。結局のところ、ドリアン・グレイの私生活について詮索するどんな権利が自分にあるというのだろうか？

Vocabulary Track 208

□ **blasphemy** 名 [blǽsfəmi]	冒涜
□ **as for ～** 熟 [əz fə(r)]	～については
□ **staunch** 形 [stɔ́ːntʃ]	特定の人や主義に極めて忠実で、それをサポートすることに非常に熱心な ＊よく一緒に使われる名詞は believer（信奉者）、supporter（支持者）など。

□ **come over ～** 熟 [kʌm óʊvə(r)]	（ある感情や感覚が）～を捉える
□ **pry（into ～）** 動 [práɪ]	（～について）あれこれ詮索する

ヒント I shall における shall は will と同じ（イギリス英語では主語が一人称の場合、will の代わりに shall が使われることがあります）。You shall ～は「君に～させると約束する」の意。fancy は「～と思う」、for your good は「君のためを思って」の意。pause は「一時休止する」、after all は「結局のところ」。had he は did he have と同じ。to pry into ... は right（権利）を修飾する不定詞の形容詞的用法。After all 以下は free indirect style（→ p. 111）の技法で書かれています。

Track **209** オスカー・ワイルド『ドリアン・グレイの肖像』

あらすじ 1つ前の文章の少し後、ドリアンは肖像画を隠してある厳重に鍵をかけた部屋にバジルを連れていき、ついに絵をバジルに見せます。以下は、肖像画の中の醜く崩れたドリアンの顔と、それを見て戦慄するバジルの様子を描いたもの。文中の his と He はバジルを指しています。

There was still some gold in the **thinning** hair and some **scarlet** on the **sensual** mouth. [...] the noble curves had not yet completely passed away from **chiselled nostrils** [...]. Yes, it was Dorian himself. But who had done it? [...] It was some **foul** parody, some infamous **ignoble satire**. [...] Still, it was his own picture. [...] Why had it altered? He turned and looked at Dorian Gray with the eyes of a sick man. [...] his **parched** tongue seemed unable to **articulate**.

薄くなりつつある髪にはまだいくらか黄金の輝きがあり、官能的な口元にはまだいくらか鮮やかな赤みが残っていた。彫りの深い鼻からは高貴な曲線がまだ完全には失われていなかった。そう、それはドリアンに違いなかった。しかし誰がこんなことを？　それは何か吐き気を催すようなパロディであり、おぞましく下劣な風刺であった。しかし、それは自分の描いた絵なのであった。なぜ変わってしまったのか？バジルは振り返り、病人のような目でドリアン・グレイを見た。バジルの乾ききった舌は、言葉をはっきりと発することができなくなったかのようであった。

Vocabulary　Track 210

□ **thin** 動 [θín]	（髪が）薄くなる
□ **scarlet** 名 [skɑ́ː(r)lət]	（わずかにオレンジがかった）鮮やかな赤
□ **sensual** 形 [sénʃuəl]	官能的な
□ **chiselled** 形 [tʃízld]	彫りの深い ＊ chisel には名詞として「のみ」、動詞として「～をのみで彫る」という意味があります。
□ **nostril** 名 [nɔ́strəl]	鼻孔
□ **foul** 形 [fáʊl]	吐き気を催させるような
□ **ignoble** 形 [ɪgnə́ʊbl]	下劣な、卑しむべき
□ **satire** 名 [sǽtaɪə(r)]	風刺
□ **parched** 形 [pɑ́ː(r)tʃt]	からからに乾いた

□ **articulate** 動 [ɑː(r)tíkjəleɪt]	（言葉の１つ１つの音を）はっきりと発音する

ヒント some は「何らかの」、infamous はここでは「おぞましい」。Still, it was ... における Still は「とは言っても、それでもなお」の意。But who had done it? と Why had it altered? は free indirect style（→ p. 111）の技法で書かれています。

Chapter 7

動作表現（1）
―― 身体の動き

Nineteen Eighty-four / The Old Man and the Sea

身体の動きを表す表現

この章では、ジョージ・オーウェルの『1984』とアーネスト・ヘミングウェイの『老人と海』から、極限的な状況を描いた場面を主に取り上げました。非日常を味わえるのも文学作品ならでは。死と隣り合わせの危険を描く場面が頻出する『1984』では、compromising（見つかったらまずいことになるような）や furtively（こっそりと）など、「秘密」や「危険」に関連する語が特徴的です。一方、巨大な魚との攻防を描く『老人と海』では、longitudinally（縦に）や spurt（勢いよく飛び出す、ほとばしる）など、「位置関係」や「動作」を表す語が多く登場します。

～今年は本当に1984年なのか？～　秘密の行為に関連する単語

この項では、compromising（見つかったらまずいことになるような）、furtively（こっそりと）、falter（たじろぐ）、tremor（寒さや恐怖による体の震え）など、「秘密」や「危険」に関連する重要語を中心に学びます。

Track 211　　ジョージ・オーウェル『1984』

あらすじ　党員のあらゆる行動が監視され、党に不都合と見なされればたちまち捕らえられて処刑される究極の監視社会に生きるウィンストン。自宅の部屋には、党のプロパガンダを映像で流すと同時に、住む人の言動を監視する機器が備えつけられています。ある日、貧民街の小さな店で見つけた古風な美しいノートに魅せられたウィンストンは、それを密かに購入して持ち帰ることに。以下は、自室に備えつけられたテレスクリーンと呼ばれる監視装置の死角となる場所で、彼がそのノートに日々の思いを書きつけようとする場面です。

Even with nothing written in it, it was a **compromising** possession. The thing that he was about to do was to open a diary. This was not illegal [...] but if detected it was reasonably certain that it would be punished by death [...]. [...] The pen was an **archaic** instrument, seldom used even for signatures, and he had **procured** one, **furtively** and with some difficulty, simply because of a feeling that the beautiful creamy paper deserved to be written on with a real nib [...]. [...] He dipped the pen into the ink and then **faltered** for just a second. A **tremor** had gone through his bowels. To mark the paper was the **decisive** act. In small clumsy letters he wrote: April 4th, 1984. He sat back. A sense of complete **helplessness** had **descended** upon him. To begin with he did not know with any certainty that this *was* 1984.

たとえ何も書かれていなくても、それは持っていては危険なものであった。彼がこれからしようとしているのは日記帳を開くことであった。これは違法ではなかったが、見つかったら死刑によって罰せられると考えてまず間違いなかった。(ペン先をインクに浸して書くタイプの) ペンは古風な道具であり、署名にさえもほとんど使われることはなくなっていた。それを彼はこっそりと、しかも苦心して手に入れていたのだった。この美しいクリーム色の紙は本式のペンで書くに値するという感覚、ただそれだけのために。彼はペン先をインクに浸したが、そこで一瞬動きが止まった。震えが彼の腹部に走ったのだった。その紙に何かを書きつけることは、後戻りできない決定的な行為であった。小さなぎこちない文字で彼は「1984年4月4日」と書いたが、そこで体を後ろに反らせた。彼は圧倒的な無力感に襲われていた。そもそも、今年が本当に1984年であるかどうかについて、彼は確信が持てなかった。

Vocabulary Track 212

□ **compromising** 形 [kɔ́prəmaɪzɪŋ]	見つかったらまずいことになるような ＊よく一緒に使われる名詞は letter（手紙）、photograph（写真）など。
□ **archaic** 形 [ɑː(r)kéɪɪk]	古風な、古めかしい
□ **procure** 動 [prəkjʊ́ə(r)]	～を（苦労して）手に入れる　＊手に入れにくいものを何とか手に入れる場合に使われます。
□ **furtively** 副 [fə́ː(r)tɪvli]	こっそりと
□ **falter** 動 [fɔ́ːltə(r)]	たじろぐ、ためらう、ぐらつく
□ **tremor** 名 [trémə(r)]	（寒さや恐怖による体の）震え
□ **decisive** 形 [dɪsáɪsɪv]	決定的な、将来を決定づけるような

□ **helplessness** 名 [hélpləsnəs]	無力さ　＊ a sense of helplessness は「無力の感覚」つまり「無力感」。
□ **descend** 動 [dɪsénd]	降りる　＊《主語》＋ descend upon ＋《人》は直訳すると「《主語》が《人》の上に降りてくる」で、「《人》が《主語》（＝感覚など）に襲われる」の意。

ヒント detect は「～を探知する」。The pen における The はやや特殊な使い方で、The pen は特定のペンを指しているのではなく、「ペンという道具」という意味を表しています。seldom は「めったに～ない」、deserve to do ～で「～するに値する」、a real nib はここでは「ペン先をインクに浸して書くタイプのペン」のこと。A tremor had gone through his bowels. において過去完了（had ＋過去分詞）が使われているのは、この文が直前の内容（faltered for just a second）の理由を表しているため。過去完了は、過去の出来事の背景を表すのによく使われます。mark は「～に印をつける、～に書き込む」、clumsy は「ぎこちない」、letter は「文字」、sit back は「座った状態で体を後ろに反らす」、certainty は「確実さ」。

Track 213　ジョージ・オーウェル『1984』

あらすじ 1つ前の文章の続きです。文中の telescreen とは、党のプロパガンダを映像で流すと同時に、家の中の人の言動を監視する機器のことです。

For the first time the magnitude of what he had undertaken **came home to** him. How could you communicate with the future? It was of its nature impossible. Either the future would resemble the present, in which case it would not listen to him: or it would be different from it, and his **predicament** would be meaningless. For some time he sat gazing stupidly at the paper. The telescreen had changed over to **strident** military music. [...] All he had to do was to transfer to paper the **interminable** [...] **monologue** that had been running inside his head, literally for years. At this moment, however, even the **monologue** had dried up. Moreover his varicose ulcer had begun **itching** unbearably. He dared not scratch it, because if he did so it always became **inflamed**. The seconds were **ticking by**.

自分がやろうとし始めたことがいかに途方もないことかを、彼は初めて痛切に感じた。どうやって未来の人々にメッセージを伝えようというのか？　その性質からして、それは不可能なことであった。未来の状況は現在と同じか、それとも異なるかの２つに１つであり、前者の場合、未来の人々は私の言うことに耳を傾けないだろう。一方で後者の場合、私の苦境は（未来の人々にとって）意味を持たないだろう。しばらくの間、彼は座ったまま愚者のように紙を見つめていた。テレスクリーンは（いつの間にか）大音量の耳障りな軍隊調の音楽に変わっていた。彼は、これまでに文字通り何年も自分の頭の中を巡っていた、果てしなく続く独り語りを紙の上に写せばよいだけであった。しかし今は、その独り語りさえも枯渇してしまっていた。しかも、潰瘍を患った足が耐えがたいほどにかゆくなり始めていた。彼は掻こうとはしなかった。なぜなら、そうするといつも炎症を起こしてしまうから。時間が１秒ごとに過ぎていった。

Vocabulary　Track 214

□ **come home to 〜** 熟 [kʌm hə́ʊm tə]	（今まであまり意識しなかった事柄などが）はっきりと痛切に〜（人）に感じられる
□ **predicament** 名 [prɪdíkəmənt]	苦境
□ **strident** 形 [stráɪd(ə)nt]	大音量で耳障りな

□ **interminable** 形 [ɪntə́ː(r)mɪnəbl]	永遠と思われるほど長く続く
□ **monologue** 名 [mɔ́nəlɔg]	1人の人間による長い語り、(他の人に口を挟ませないような) 長話、(劇中の) 独白
□ **itch** 動 [ítʃ]	かゆくなる
□ **inflamed** 形 [ɪnfléɪmd]	炎症を起こしている
□ **tick by** 熟 [tɪk báɪ]	(時間が) 過ぎていく

ヒント How could you ...におけるyouは「人一般」を指しています。of its natureは「その性質からして」の意。the presentは「現在」、in which caseは「その場合」、either A or Bで「AまたはB」、gazeは「見つめる」、change over to ～で「～へと変わる」、transferは「～を移す／写す」(この文章では、the interminable [...] monologue that ...の部分が「～」に相当します)。dry upは「枯渇する」、varicose ulcerは足の潰瘍の一種のこと。unbearablyは「耐えがたいほどに」、dare do ～で「(勇気を出して) ～する」。

Track 215

ジョージ・オーウェル『1984』

あらすじ 党員のあらゆる行動が監視され、党に不都合と見なされればたちまち捕らえられて処刑される究極の監視社会に生きるウィンストン。私的な日記をつける行為でさえ危険を伴いますが、ある娼婦との忌まわしい出来事の記憶に苦しめられている彼は、思い切ってそのことを日記に書きつけて胸の内を吐き出せば苦しみから解放されるのではないかと考え、自室で密かにペンを取ります。以下は、彼がその出来事を記し始めたときの場面から。冒頭のHeはウィンストンを指しています。

He seemed to breathe again the warm **stuffy odour** of the basement kitchen, an **odour compounded of** bugs and dirty clothes and villainous cheap scent, but nevertheless **alluring**, because no woman of the Party ever used scent […]. Only the proles used scent. In his mind the smell of it was **inextricably** mixed up with **fornication**.

[…] **Consorting with** prostitutes was forbidden, of course, but […] it was not a life-and-death matter. […] **Tacitly** the Party was even inclined to encourage prostitution […]. Mere **debauchery** did not matter very much, so long as it was **furtive** […].

彼は、あの地下にあるキッチンの温かくてむっとする匂いを再び嗅いでいるかのようであった。それはトコジラミと汚れた服と極めて不快な安香水が合わさった匂いだったが、それでもなお魅惑的な匂いだった。というのは党員の女性が香水を使うことは決してなかったから。香水を使うのは労働者階級の人間だけだった。彼の心の中では、その匂いは姦通と完全に混じり合い、分けることができなくなっていた。

娼婦と交わるのはもちろん禁止されていたが、それは生死に関わるような問題ではなかった。言葉でこそ言わないが、党は売春を奨励したがってさえいた。不品行はそれだけでは大した問題ではなかった。それがこっそりと行われている限りは。

Vocabulary Track 216

□ **stuffy** 形 [stʌ́fi]	（新鮮な空気が不足して）むっとするような
□ **odour** 名 [ə́ʊdə(r)]	不快な臭い
□（**be**）**compounded of** ～ 熟 [kəmpáʊndɪd əv]	～で構成されている

□ **alluring** 形 [əlʊ́ərɪŋ]	魅惑的な
□ **inextricably** 副 [ìnɪkstríkəbli]	密接に、分けることができないほど
□ **fornication** 名 [fɔ̀ː(r)nɪkéɪʃ(ə)n]	姦通
□ **consort with** ～ 熟 [kənsɔ́ː(r)t wɪð]	～（良からぬ人々）と付き合う
□ **tacitly** 副 [tǽsɪtli]	（言葉でこそ言わないものの）暗に
□ **debauchery** 名 [dɪbɔ́ːtʃəri]	不品行
□ **furtive** 形 [fə́ː(r)tɪv]	こっそりとした、人目を避けた

ヒント an odour compounded of ... の部分は the warm stuffy odour of the basement kitchen と同格。bugs はここでは「トコジラミ」のこと。villainous は「極めて不快な」、scent は「香水」、the proles はここでは「労働者階級の人々」を指しています。be mixed up with ～で「～と混じり合っている」、prostitute は「娼婦」、be inclined to do ～で「～したい気持ちになっている」、prostitution は「売春」。

～引っ張られて船首に倒れ込んだ～　様々な動作を表す単語

この項では、spurt（勢いよく飛び出す、ほとばしる）、slant（～を斜めに傾ける）、jerk（～をグイと急に動かす）など、「動き」を表す重要語を中心に学びます。

あらすじ 早朝、沖合に出て漁を始めた老人は、鳥が上空を旋回しているのを見つけ、その下の海に何か魚がいるはずだと見当をつけます。老人が鳥のほうへ向かって船を進めていくと、鳥が突然今までとは異なる動きを見せます。

The bird [...] dove suddenly and the old man saw flying fish **spurt** out of the water and sail desperately over the surface. 'Dolphin,' the old man said aloud. [...] the bird **dipped** again **slanting** his wings [...] and then swinging them wildly and **ineffectually** as he followed the flying fish. The old man could see the slight **bulge** in the water that the big dolphin raised as they followed the escaping fish. [...] It is a big **school** of dolphin, he thought. [...] the flying fish have little chance. The bird has no chance. The flying fish are too big for him and they go too fast. He watched [...] the **ineffectual** movements of the bird. That **school** has gotten away from me, he thought. [...] But perhaps I will pick up a **stray** [...].

鳥が突然急降下し、老人はトビウオが海面から飛び出して海の上を必死で飛んでいくのを見た。「シイラだ」老人は声に出して言った。鳥は翼を斜めに傾けて再び降下し、トビウオを追いながら翼を激しく、しかし虚しく動かした。老人には、逃げるトビウオを追うシイラによって海面が少し盛り上がるのが見えた。このシイラは大群だな、と老人は思った。トビウオはまず逃げ切れない。鳥がトビウオを捕まえるのも無理だ。トビウオはあの鳥には大きすぎるし、スピードも速すぎる。老人は鳥の不毛な動きを眺めた。あの群れは私から離れてしまったな、と彼は思った。でも仲間とはぐれたやつを捕まえられるかもしれない。

Vocabulary Track 218

□ **spurt** 動 [spə́ː(r)t]	勢いよく飛び出す、ほとばしる
□ **dip** 動 [díp]	降下する、下がる、沈む
□ **slant** 動 [slάːnt]	～を斜めに傾ける ＊名詞としての使い方は→ p. 285
□ **ineffectually** 副 [ìnɪféktʃuəli]	虚しく ＊狙った効果を生み出すことができない様子を描写するのに使われます。
□ **bulge** 名 [bʌ́ldʒ]	ふくらみ
□ **school** 名 [skúːl]	（魚やイルカなどの）群れ
□ **ineffectual** 形 [ìnɪféktʃuəl]	虚しい、不毛な ＊狙った効果を生み出すことができない様子を描写するのに使われます。他の意味は→ p. 137。
□ **stray** 名 [stréɪ]	仲間や飼い主からはぐれた動物、野良の動物

ヒント dove は dive（急降下する）の過去形。flying fish は「トビウオ」、see A do ～で「A が～するのを見る」、dolphin はここでは「シイラ（魚の一種）」のこと。slanting と swinging はともに分詞構文。

Track 219

あらすじ 漁師である老人にとって不漁がずっと続いていましたが、早朝に小舟で沖合に出たある日、ついに彼の釣り針にかつてないほどの大物がかかります。しかしその魚はあまりにも力が強く、老人は釣り上げることができません。こうしてまったく姿を見せないまま、老人を乗せた小舟を引っ張ってどこまでも海を進んでいく巨大な魚と、老人との数日にわたる長い戦いが始まります。以下は、その戦いが始まって2日目の朝になっても疲れを見せない魚と、何とかして魚との距離を縮めようとする老人の様子です。

When the sun had risen further the old man realized that the fish was not **tiring**. There was only one favorable sign. The **slant** of the line showed he was swimming at a **lesser** depth. [...] He tried to increase the tension, but the line had been **taut** up to the very edge of the **breaking point** [...] and he felt the harshness [...] and knew he could put no more **strain** on it. I must not **jerk** it ever, he thought. [...]

Just then the fish gave a sudden **lurch** that pulled the old man down onto the **bow** and would have pulled him **overboard** if he had not **braced himself** and given some line.

陽がさらに昇ったとき、老人は魚が疲れを見せていないことに気づいた。良い兆候は1つしかなかった。釣り糸の傾きは、魚が前よりも浅い所を泳いでいることを示していた。老人は釣り糸を引く力を強めようとしたが、糸はすでにまさに切れる寸前のところまで張りつめていた。彼はビリビリするほどの張りつめ具合を感じ取り、これ以上は力を加えられないと悟った。糸をグイと引っ張るのは絶対に駄目だ、と彼は思った。

ちょうどそのとき魚が突然ガクンと動き、老人は引っ張られて船首に倒れ込んだ。もし彼が自分の体を固定して糸を繰り出していなかったら、海に投げ出されていただろう。

Vocabulary　Track 220

□ **tire** 動 [táɪə(r)]	疲れる　＊tireは他動詞としてだけでなく、この文章のように自動詞としても使われます。
□ **slant** 名 [slάːnt]	斜め、斜めの角度 ＊動詞としての使い方は→ p. 283
□ **lesser** 形 [lésə(r)]	より小さな、より重要度が低い
□ **taut** 形 [tɔ́ːt]	張りつめている
□ **breaking point** 熟 [bréɪkɪŋ pɔ̀ɪnt]	限界点
□ **strain** 名 [stréɪn]	（引っ張る）力、圧力
□ **jerk** 動 [dʒə́ː(r)k]	～をグイと急に動かす、～をガクンと雑に動かす
□ **lurch** 名 [lə́ː(r)tʃ]	ガクンという急な動き
□ **bow** 名 [báʊ]	船首、（船の）へさき
□ **overboard** 副 [ə́ʊvə(r)bɔ̀ː(r)d]	船のへりから水中へ
□ **brace oneself** 熟 [bréɪs wʌnself]	（衝撃に耐えられるように）自分の体を何かに押しつけて踏ん張る

ヒント When the sun had risen furtherにおける過去完了（had ＋過去分詞）は「～し終わった」という「完了」の意味を表します。直訳すると「太陽がさらに昇り終わったとき」。favorableは「好ましい、都合の良い」、tensionは「張力、張りつめ具合」、up to ～で「～まで」、harshnessはここでは「ビリビリするほどの張りつめ具合」。

～これであいつとの差が縮まったな～　位置関係を表す単語

この項では、longitudinally（縦に）、pull on ～（～をちょんちょんと引っ張る）、pivot（回転する）など、「位置関係」や「動作」を表す重要語句を中心に学びます。特に pull on ～は平易な語の組み合わせでありながら、正確な意味のつかみにくい熟語です。

Track 221　　アーネスト・ヘミングウェイ『老人と海』

あらすじ　漁師である老人にとって不漁がずっと続いていましたが、早朝に小舟で沖合に出たある日、ついに彼の釣り針にかつてないほどの大物がかかります。しかしその魚はあまりにも力が強く、老人は釣り上げることができません。こうして、まったく姿を見せないまま老人を乗せた小舟を引っ張ってどこまでも海を進んでいく巨大な魚と、老人との数日にわたる長い戦いが始まります。以下は、2日目になり、戦いがすぐには終わらないことを覚悟した老人が、体力を保つために前日に釣り上げたマグロを船の中で食べる場面です。

He put one knee on the fish and cut strips of dark red meat **longitudinally** from the back of the head to the tail. They were **wedge**-shaped strips [...]. When he had cut six strips he [...] wiped his knife on his trousers, and lifted the **carcass** of the bonito by the tail and dropped it **overboard**. [...]

I wish I could feed the fish, he thought. He is my brother. But I must kill him and keep strong to do it. Slowly and **conscientiously** he ate all of the **wedge**-shaped strips of fish. [...]

[...] now I have **gained on** him in the question of **sustenance**.

彼は魚の上に片膝をつき、頭の後ろから尾まで、暗褐色の細長い肉片を縦に切り取った。それらはくさび形の肉片だった。肉片を6つ切り取り終わると彼はナイフをズボンで拭い、マグロの遺骸を尾の部分で持ち上げて、それを海へ捨てた。

あの魚に餌をやることができたら、と老人は思った。あいつと私は兄弟だ。だが私はあいつを殺さなければならないし、そうするために体力を保っておかなければならない。彼はゆっくりと一口ずつ確かめるようにしてくさび形の肉片をすべて食べた。

これで栄養の点ではあいつとの差が縮まったな。

Vocabulary Track 222

□ **longitudinally** 副 [lɔ̀ndʒɪtjúːdənəli]	縦に
□ **wedge** 名 [wédʒ]	くさび
□ **carcass** 名 [kɑ́ː(r)kəs]	（動物の）死がい ＊食用にされるものを指すのによく使われます。
□ **overboard** 副 [ə́ʊvə(r)bɔ̀ː(r)d]	船のへりから水中へ
□ **conscientiously** 副 [kɔ̀nʃiénʃəsli]	入念にきちんと
□ **gain on ～** 熟 [géɪn ɔn]	～（逃げる相手）に徐々に迫る
□ **sustenance** 名 [sʌ́stənəns]	（生きていくのに必要な）栄養、食物

ヒント strip は「細長いかたまり」。～ -shaped で「～の形をした」。When he had cut ...における過去完了（had ＋過去分詞）は「～し終わった」という「完了」の意味を表します。bonito は「マグロ」、I wish I could do ～で「～できたらいいのに」。

Track 223 　アーネスト・ヘミングウェイ『老人と海』

あらすじ　巨大な魚との戦いが始まって3日目の朝。疲労が蓄積して時おり頭がはっきりとしなくなる老人と魚との攻防を描く一節です。

He just felt a faint **slackening** of the pressure of the line and he **commenced** to **pull on** it gently [...]. It tightened [...] but just when he reached the point where it would break, line began to come in. He [...] began to **pull in** line steadily and gently. He used both of his hands in a swinging motion [...]. His old legs and shoulders **pivoted** with the swinging of the pulling. [...] Then the line would not come in anymore and he held it until he saw the drops jumping from it in the sun. Then it started out and the old man knelt down and let it go **grudgingly** back into the dark water.

ふと彼は釣り糸の張りつめ具合がかすかにゆるむのを感じ、糸をちょんちょんとそっと引っ張り始めた。糸は張りつめたが、もう少しで切れる状態になったまさにそのとき、（糸がゆるんで）手元に入ってき始めた。彼はじっくりと穏やかに糸をたぐり寄せた。彼は両方の手を使い、それを前後にスイングさせることでこの作業を行った。糸をたぐり寄せるスイングに合わせて、彼の年老いた足と肩が円を描いて動いた。すると糸がそれ以上入ってこなくなった。彼は糸を押さえていたが、水滴が日差しの中で（ピンと張りつめた）糸から跳ね飛ぶのが見えた。そして糸が外へ出ていき始めた。老人は膝をつき、不承不承、糸が暗い海へと再び出ていくのに任せた。

Vocabulary　Track 224

□ **slacken** 動 [slǽkən]	ゆるむ

□ **commence** 動 [kəméns]	開始する ＊ commence to do ～で「～し始める」。
□ **pull at/on ～** 熟 [púl ət/ɔn]	～をちょんちょんと何度か引っ張る
□ **pull ～ in / pull in ～** 熟 [pʊl ín]	～を引っ張り込む ＊この in は「中に」という意味を表す副詞です。
□ **pivot** 動 [pívət]	（ある１つの点を中心として）回転する、円を描くように動く
□ **grudgingly** 副 [grʌ́dʒɪŋli]	しぶしぶ、いやいやながら、不承不承 ＊よく一緒に使われる動詞は accept（～を受け入れる）、admit（～を認める）など。

ヒント faint は「かすかな」、tighten は「張りつめる」、the point where S + V で「S が V するところ」。この where は関係副詞です。the line would not come in ... における would not は「～しようとしなかった」の意で、過去のある時点における「拒否の意思」を表します（「意思」と矛盾するようですが、「拒否の意思」を表す would not は「もの」にも使えます）。see A ～ ing で「A が～しているのを見る」。

Chapter 8

動作表現（2）——人物の行動

Nineteen Eighty-four / Jane Eyre / Lady Chatterley's Lover / Women in Love / Animal Farm / The Picture of Dorian Gray / Anne of Green Gables

人物の行動を説明する表現

いよいよ最後の章となる本章では、ジョージ・オーウェルの『1984』『動物農場』、D・H・ロレンスの『チャタレイ夫人の恋人』、オスカー・ワイルドの『ドリアン・グレイの肖像』などから、登場人物の行動の中に人間の宿命のようなものが垣間見える場面を選びました。この章では、level（～を平らになるくらい完全に破壊する）など「行為」を表す語や、flagrant（悪質である上に人目をはばかる様子のない）など、何かを行うときの「態度」を表す語、psyche（精神、精神構造）、apathy（無関心、感情の欠如）など、行為の背景となる「精神」を表す語が多く登場します。

～彼らはすべてを受け入れた～　行動を説明する場面の単語

この項では、impudent（不遜な）、flagrant（悪質である上に人目をはばかる様子のない）、disdainfully（蔑むように）など、人の行動に関連する重要語を中心に学びます。

Track 225　　ジョージ・オーウェル『1984』

あらすじ　党員のあらゆる行動が監視され、党に不都合と見なされればたちまち捕らえられて拷問を受け処刑される究極の監視社会に生きるウィンストンは、一緒にいるところを見られてはならない恋人と危険を冒して秘密の逢瀬を重ねています。党のプロパガンダが嘘にまみれていることを知っている点ではウィンストンと恋人は同じですが、党に対する２人の考え方は大きく異なります。ウィンストンは、党の嘘に対して自分が感じているおぞましさを恋人が感じていないことに歯がゆい思いをしていますが、同時に、自分が気づいていない党の嘘を彼女が見抜いていることに感嘆せずにはいられません。しかも、彼女は職場では党のイデオロギーに染まりきっているかのような外面を保っています。以下は、その恋人の党に対する態度を描いた文章で、第１文の she は恋人を指しています。また、文中の the Two Minutes Hate は党の職場で行われる集会のことで、そこでは、党の最大の敵とされている Goldstein という人物への憎しみをかきたてるような映像が流されます。Oceania は自分たちの国の名前で、ロンドンがその首都。the Records Department はウィンストンが党のための仕事をさせられている部署の名前です。

During the Two Minutes Hate she always **excelled** all others in shouting insults at Goldstein. Yet she had only the **dimmest** idea of who Goldstein was [...]. [...] in any case the Party was **invincible**. It would always exist, and it would always be the same. You could only **rebel** against it by secret disobedience [...].

In some ways she was far more acute than Winston, and far less **susceptible to** Party propaganda. Once [...] she startled him by saying casually that in her opinion the war was not happening. The rocket bombs which fell daily on London were probably fired by the Government of Oceania itself, 'just to keep people frightened'. [...] But she only questioned the teachings of the Party when they in some way touched upon her own life [...] simply because the difference between truth and falsehood did not seem important to her.

[...] Sometimes he talked to her of the Records Department and the **impudent forgeries** that he committed there. Such things did not appear to horrify her. She did not feel the **abyss** opening beneath her feet at the thought of lies becoming truths.

[...] In the **ramifications** of Party doctrine she had not the faintest interest. Whenever he began to talk of [...] the **mutability** of the past [...] she became bored and confused [...]. One knew that it was all rubbish, so why let oneself be worried by it? She knew when to cheer and when to **boo**, and that was all one needed. If he **persisted in** talking of such subjects, she had a **disconcerting** habit of falling asleep.

「トゥーミニッツヘイト」の間、ゴールドシュタインに向かって侮辱的な言葉を叫ぶことにおいて、彼女は常に誰よりも秀でていた。しかし、彼女はゴールドシュタインが誰なのかを知らないも同然であった。(彼女にとっては) いずれにしても党はあまりにも強大で無敵であり、未来永劫存在し、未来永劫変わらないものなのであった。そして党に反逆できるのは、密やかな不服従によってのみなのであった。

いくつかの点では、彼女はウィンストンよりもはるかに鋭く、また党のプロパガンダに対してはるかに耐性があった。あるとき彼女は、私の考えるところでは戦争は実際には起こっていない、と何気なく言って彼をぎょっとさせた。(彼女によれば) 毎日のようにロンドンに落ちてくるロケット弾は、「自国民を怖がらせ続けるという、ただそれだけのために」きっと他でもないオーシャニアの政府 (=自国の政府) によって発射されているのであった。しかし彼女が党の教義を疑問視するのは、それが何らかの形で自分の生活に関係する場合のみであった。それは単に、彼女には真実と嘘の違いは重要とは思われないからであった。

ときどき彼は（自分の職場である）記録部門のことや、そこで彼がやらされている厚顔無恥な（記録の）偽造や改ざんのことを彼女に話したが、そういったことは彼女にはおぞましく思われないようであった。嘘が真実になることを考えたときに足元に大きく口を開けている底知れぬ深い穴を、彼女は知覚しないのであった。

党の教義の細かな事項に関しては、彼女はまったく関心を持っていなかった。（過去の記録は改ざんされてしまうため）過去は不変のものではないということについて彼が話し始めると、彼女はいつも退屈し、彼が何を言おうとしているのかがよくわからなくなってしまうのだった。党に関することはどうせすべて愚にもつかないこととわかっているのだから、なぜそんなことで頭を煩わせるのか、と彼女は思っていた。彼女はいつ声援を送るべきか、そしていつブーイングの声を上げるべきかをわかっており、それで十分なのであった。もし彼がこのような話を続けると、彼女は決まって眠り込んでしまい、彼は何か不安な落ち着かない気持ちになるのだった。

Vocabulary Track 226

□ **excel** 動 [ɪksél]	（技量などにおいて）～をさらに超える
□ **dim** 形 [dím]	（記憶などが）曖昧な、ぼんやりとした
□ **invincible** 形 [ɪnvínsəbl]	（強大で）無敵の
□ **rebel** 動 [rɪbél]	反逆する、反抗する
□ **susceptible（to ～）** 形 [səséptəbl]	（～に）影響を受けやすい
□ **impudent** 形 [ímpjədənt]	不遜な

□ **forgery** 名 [fɔ́ː(r)dʒəri]	偽造、偽造したもの
□ **abyss** 名 [əbís]	（大きく口を開けた）底知れぬ深い穴
□ **ramification** 名 [ræ̀mɪfɪkéɪʃ(ə)n]	枝、枝分かれ、（幹から枝分かれしていくかのように、元となる出来事から派生して起こる）結果　＊３つめの意味が特に重要です。
□ **mutability** 名 [mjùːtəbíləti]	可変性、変化しやすい性質
□ **boo** 動 [búː]	ブーイングする
□ **persist in 〜 ing** 熟 [pə(r)síst ɪn]	（しつこく）〜し続ける
□ **disconcerting** 形 [dìskənsə́ː(r)tɪŋ]	人を落ち着かない気持ちにさせるような、人を不安にさせるような　＊「予期しない言動や出来事」などについてよく使われます。

ヒント You could only ... の you は自分を含めた「人一般」を表します。disobedience は「不服従」、startle は「〜をビクッとさせる」、question は「〜を疑問視する」、falsehood は「偽り」。she had not the faintest interest. における had not は did not have と同じです。

Track 227　ジョージ・オーウェル『1984』

あらすじ　１つ前の文章のすぐ後に続く文章です。興味深い真実が明かされます。

In a way, the **world view** of the Party **imposed** itself most successfully **on** people incapable of understanding it. They could be made to accept the most **flagrant** violations of reality, because they never fully grasped the **enormity** of what was demanded of them [...]. By lack of understanding they remained sane. They simply swallowed everything, and what they swallowed did them no harm, because it left no **residue** behind, just as a **grain** of corn will pass undigested through the body of a bird.

ある意味、党のイデオロギーは、それを理解できない人々に最もよく浸透した。そのような人々は、最も露骨なやり方で改ざんされた事実でさえ真実として受け入れてしまうように仕向けることができた。なぜなら、自分たちに要求されていること（＝露骨に改ざんされた事実を真実として受け入れること）がいかにとんでもないことかを彼らが完全に理解することは決してなかったから。理解の欠如によって、彼らは正気を保っているのだった。彼らはただただすべてを受け入れ、また、彼らが受け入れたものが彼らに害を及ぼすこともなかった。なぜなら、それは彼らの中に何も残さなかったから。ちょうどトウモロコシの粒が消化されずにそのまま鳥の体から排出されるのと同じように。

Vocabulary　Track 228

□ **world view** 熟 [wəː(r)ld vjúː]	世界観、人生観
□ **impose A on/upon B** 熟 [ɪmpóuz ɔn/əpɔn]	A を B に押し付ける
□ **flagrant** 形 [fléɪgrənt]	（違反行為などが）非常に悪質である上に人目をはばかる様子のまったくない ＊倫理観や遵法精神が完全に欠如しているような行為について使われます。fragrant（香りの良い）との混同に注意。
□ **enormity** 名 [ɪnɔ́ː(r)məti]	巨大さ、途方もない規模

□ **residue** 名 [rézɪdjuː]	残留物、残りかす
□ **grain** 名 [gréɪn]	（穀物などの）粒

ヒント be made to do ～で「～することを強制される」、grasp は「～を把握する」、be demanded of ～で「～に要求されている」。「remain +《形容詞》」で「《形容詞》のままでいる」。sane は「正気である状態」を表す形容詞。undigested は分詞構文で「消化されずに」の意。

Track 229

ジョージ・オーウェル『1984』

あらすじ 党員のあらゆる行動が監視され、党に不都合と見なされればたちまち捕らえられて処刑される究極の監視社会に生きるウィンストン。ウィンストンは党員でありながら党のイデオロギーに馴染むことができず、そのイデオロギーを全身で体現しているかのような言動を見せる職場のある若い女性党員を嫌悪しています。以下は、その女性党員がウィンストンの夢に出てくる場面。文中の The girl with dark hair がその女性です。また、Big Brother は党の最高指導者です。

The landscape that he was looking at **recurred** so often in his dreams that he was never fully certain whether or not he had seen it in the real world. [...] It was an old, rabbit-bitten **pasture** [...]. [...] the boughs of the elm trees were **swaying** very faintly in the breeze [...]. [...] The girl with dark hair was coming towards him across the field. With what seemed a single movement she **tore off** her clothes and **flung** them **disdainfully** aside. Her body was white and smooth, but it aroused no desire in him, indeed he barely looked at it. What overwhelmed him in that instant was admiration for the gesture with which she had thrown her clothes aside. With its grace and carelessness it seemed to **annihilate** a whole culture, a whole system of thought, as though Big Brother and the Party and the Thought Police could all be **swept** into nothingness by a single splendid movement of the arm.

彼が今見ているその景色は夢の中であまりにも頻繁に出てくるので、彼は、それを現実世界で見たことがあるのかどうかについて完全に確信を得ることはなかった。それは昔からある、ウサギに食まれた草原であった。楡の木の枝がそよ風の中でごくわずかに揺れていた。こげ茶色の髪の例の女性が草原の向こうから彼のほうへ向かってきていた。たった１つの動きに見える所作で、彼女は自分の服をはぎ取ると同時にそれを蔑むように横へ投げ捨てた。彼女の体は白く滑らかだったが、それは彼の中に欲望をかきたてなかった。実際、彼は彼女の体をほとんど見ていなかった。そのときに彼を圧倒していたのは、服を投げ捨てたときの彼女の所作に対する讃嘆の気持ちであった。彼女の所作は、その優美さと無造作さによって、１つの文化体系、思考体系をまるごと消滅させるように思われた。腕の見事な一振りによって、ビッグブラザーも党も思考警察もすべて無にしてしまうことができるかのように。

Vocabulary Track 230

□ **recur** 動 [rɪkə́ː(r)]	繰り返し起こる、再び起こる
□ **pasture** 名 [pɑ́ːstʃə(r)]	牧草地
□ **sway** 動 [swéɪ]	（ゆっくりと）揺れる
□ **tear ～ off / tear off ～** 熟 (– tore – torn) [teə(r) ɔ́f]	～をはぎ取る、～をむしり取る ＊この off は副詞で、「くっついている状態から離れた状態へ」という変化を表します。

□ **fling** 動 (**– flung – flung**) [flíŋ]	～を勢いよく雑に放り投げる
□ **disdainfully** 副 [dɪsdéɪnfəli]	蔑むように、蔑みを込めて
□ **annihilate** 動 [ənáɪəleɪt]	～を（完全に破壊して根こそぎ）消滅させる
□ **sweep** 動 (**– swept – swept**) [swíːp]	～をさっと（強い力で）動かす ＊sweepの基本の意味は「～をほうきなどで掃く」。

ヒント bough は「枝」、elm tree は「楡の木」、arouse は「～を呼び起こす」、indeed は「実際」、barely は「ほとんど～ない」。the gesture with which ...における which は the gesture を先行詞とする関係代名詞で、関係代名詞の節は with から始まっています。as though S ＋ V で「まるで S が V するかのように」。

～小さなパリジェンヌの情熱～　少女の行動を表す単語

この項では、demurely（静かにお行儀よく控えめに）、ineffable（言葉で言い表せないほどの）、innate（生来の）などの重要語を学びます。

Track 231　シャーロット・ブロンテ『ジェイン・エア』

あらすじ ジェインは貴族ロチェスターの屋敷で住み込みの家庭教師として働いています。ジェインの生徒は、ロチェスターが後見人として面倒を見ているアデルというフランス生まれの幼い女の子。ある日、屋敷で華やかな晩餐会が開かれることになり、同席することを許されたアデルは、大喜びで幼いながらも身支度に余念がありません。以下は、ジェインがアデルの身支度を手伝う場面。her はアデルを指しています。なお、『ジェイン・エア』は一人称の視点から書かれており、語り手はジェイン本人です。

No need to warn her not to disarrange her **attire**: when she was dressed, she sat **demurely** down in her little chair, taking care previously to lift up the satin skirt for fear she should **crease** it [...]. [...] she touched my knee.

'What is it, Adèle?'

'Est-ce que je ne puis pas prendre une seule de ces fleurs magnifiques, mademoiselle? Seulement pour completer ma toilette. (=May I take one of these glorious flowers? Just to complete my outfit.)'

[...] I took a rose from a vase and fastened it in her sash. She sighed a sigh of **ineffable** satisfaction, as if her cup of happiness were now full. I turned my face away to conceal a smile I could not **suppress**: there was something **ludicrous** as well as painful in the little Parisienne's earnest and **innate** devotion to matters of dress.

ドレスをぐちゃぐちゃにしてしまわないように彼女に注意する必要はありませんでした。ドレスを着ると、彼女はサテンのスカートにしわをつけないように最初にそれを持ち上げてから、自分の小さな椅子におとなしくお行儀よく座りました。彼女は私の膝に触れました。

「何かしら？」

「あの素敵なお花を１つだけくださらない？　ただ装いを完璧にしたくて。それだけなの」

私は花瓶からバラを１輪取って彼女の飾り帯につけました。彼女は言葉では言い表せない、この上ない満足のため息をつきました。彼女の幸福のカップはこれでいっぱいになったかのように。私は抑えきれない笑みを隠すために顔を背けました。洋服の事柄に対するこの小さなパリジェンヌの真剣で、そして生来の情熱には、どこか痛々しく、またひどく滑稽なところがあったのです。

Vocabulary Track 232

□ **attire** 名 [ətáɪə(r)]	服 ＊フォーマルな服や高級な服によく使われます。
□ **demurely** 副 [dɪmjʊ́ə(r)li]	静かにお行儀よく控えめに ＊女性についてよく用いられます。
□ **crease** 動 [kríːs]	～にしわをつける
□ **ineffable** 形 [ɪnéfəbl]	言葉で言い表せないほどの
□ **suppress** 動 [səprés]	～（感情など）を押し殺す、～を弾圧する
□ **ludicrous** 形 [lúːdɪkrəs]	（滑稽なほど）ばかげた
□ **innate** 形 [ɪnéɪt]	生来の

ヒント warn A not to do ～で「～しないよう A に警告する」、disarrange は「～をぐちゃぐちゃにする」、previously は「それに先立って」、for fear +《主語》+ should ～で「《主語》が～してしまわないように」、complete は「～を完成させる」、outfit は「服」、sash は「ドレス等につける飾り帯」、conceal は「～を隠す」、earnest は「真剣で熱のこもった」、devotion は「献身」、matter は「事柄」。

～自分は責任を果たしているだけだ～　精神状態を表す単語

この項では、psyche（精神構造、精神）、lapse into ～（～の状態になる）、apathy（無関心、感情の欠如）など、精神やその状態に関する重要語を中心に学びます。

Track 233　D・H・ロレンス『チャタレイ夫人の恋人』

あらすじ 下半身が不自由なサー・クリフォード・チャタレイの身の回りの世話をしている看護師のボルトン夫人は、サー・クリフォードの土地で暮らす庶民についての様々なゴシップを彼に聞かせます。以下は、ボルトン夫人のゴシップに関連して挿入された小説論から。「良い小説は読み手の感情を新しい境地へと導いてくれる」という文の後に次の一節が続きます。この部分は物語の進行と直接関係するわけではありませんが、著者であるロレンスは、小説というものについての自分の思いをここで書かずにはいられなかったのかもしれません。

But the novel, like gossip, can also excite **spurious** sympathies and recoils, mechanical and **deadening** to the **psyche**. The novel can **glorify** the most corrupt feelings [...]. Then the novel [...] becomes [...] vicious, and [...] all the more vicious because it is always **ostensibly on the side of the angels**.

小説というものは、ゴシップと同様に、偽りの共感や嫌悪を読者に呼び起こすことができる。それらの偽りの感情は機械的な作用であって、人間の精神を鈍らせてしまう。小説は最も腐敗した感情でさえ美化できるのだ。そのとき小説は非常に有害なものとなるし、表向きは道徳的正しさを常に装っているために、なおさら有害なのだ。

Vocabulary　Track 234

□ **spurious** 形 [spjʊ́əriəs]	（本物のように見えるけれど実際には）偽りの
□ **deadening** 形 [dédnɪŋ]	（音や感覚などを）鈍らせるような
□ **psyche** 名 [sáɪki]	精神構造、精神、心

□ **glorify** 動 [glɔ́ːrɪfaɪ]	～を美化する　＊目的語としてよく一緒に使われる名詞は violence（暴力）、war（戦争）など。
□ **ostensibly** 副 [ɔsténsəbli]	表向きは、名目上は
□ **be on the side of the angels** 熟 [bi ɔn ðə saɪd əv ði éɪndʒlz]	（道徳的に）正しいことをしている

ヒント the novel における the はやや特殊な使い方で、the novel は特定の小説を指しているのではなく、「小説というもの」という意味を表しています。excite は「～を呼び起こす、～をかきたてる」、recoil は「嫌悪感」、all the more は「（その分だけ）より一層」の意。

Track 235　D・H・ロレンス『チャタレイ夫人の恋人』

あらすじ 戦争で負傷したことにより下半身が麻痺している准男爵サー・クリフォード・チャタレイは文化人として名声を築き、さらには所有する鉱山を経営し、ビジネスの世界でも手腕を発揮します。一方、妻のレディ・チャタレイは知識人に共通する欺瞞と不毛さを夫のクリフォードに感じており、夫に「あなたは偶然身分の高い家系に生まれたという、それだけの理由で、労働者たちから搾取している」と指摘しますが、クリフォードは「誰かが労働者たちを統率しなければならない。自分は責任を果たしているだけだ。労働者階級というものは支配されるようにできている。優れた個人がそこから輩出されることはあっても、労働者階級全体は永遠に不変だ」と答えます。以下は、クリフォードが妻のレディ・チャタレイに向かって持論を展開する場面から。he はクリフォードを指しています。また、Connie はレディ・チャタレイの愛称です。

There was something **devastatingly** true in what he said. [...] 'And what we need to take up now,' he said, 'is whips [...]. **The masses** have been ruled since time began [...]. It is sheer **hypocrisy** and **farce** to say they can rule themselves. [...] I believe there is a gulf and an absolute one, between the ruling and the serving classes. [...]' Connie looked at him with **dazed** eyes. [...] He had said his say. Now he **lapsed into** his peculiar and rather vacant **apathy** [...].

彼の言うことには、どうしようもなくやりきれないほどに真理をついた何かが含まれていた。「いま我々が手に取らなければならないのはムチだ。大衆というものは大昔から支配されてきた。彼らが自らを統治できるなどというのは、まったくの偽善であり笑いぐさだ。支配階級と労働者階級の間には溝が、それも絶対的な溝があると思うね」コニーは呆気にとられたような目で彼を見た。彼は自分の言いたいことを言い終わり、彼独特の、虚ろな感じのする無感情の状態へと沈んでいった。

Vocabulary　Track 236

□ **devastatingly** 副 [dévəsteɪtɪŋli]	圧倒的でどうしようもないほど、やりきれないほど
□ **the masses** 名 [ðə mǽsɪz]	大衆、民衆
□ **hypocrisy** 名 [hɪpɔ́krəsi]	偽善
□ **farce** 名 [fɑ́ː(r)s]	滑稽な劇、茶番
□ **dazed** 形 [déɪzd]	（ショックを受けたり頭を打ったりして何も考えることができず）ぼうっとした、放心状態の、虚脱状態の

□ **lapse into ～** 熟 [lǽps ɪntə]	～の状態になる ＊「～」の部分によく使われる名詞は silence（沈黙）、unconsciousness（意識不明）など。通常、あまり良くない状態に用いられます。
□ **apathy** 名 [ǽpəθi]	無関心、無気力、感情の欠如

ヒント take up ～ は「～を手に取る、～を始める」、rule は「～を支配する」、sheer は「まったくの、完全なる」、gulf は「溝」。there is a gulf and an absolute one における and は「しかも」の意。the serving classes は「労働者階級」。He had said his say. における過去完了は、「～し終わっていた」という「完了」の意味を表します。his say における say は「言いたいこと」の意。peculiar は「独特の」。

～ロンドンのカフェに毎回立ち寄った～　嫌悪を表す単語

この項では、loathe（～を忌み嫌う）、vice（悪徳）、disintegration（崩壊）などの重要語を学びます。

Track 237　　*D・H・ロレンス『恋する女たち』*

あらすじ　4人の主人公のうちの1人であるグドゥルーンは彫刻家として活躍しています。彼女はロンドンにある、自称芸術家たちの集うカフェの猥雑な雰囲気をひどく嫌悪していますが、そこに立ち寄らずにはいられません。

Gudrun hated the Café [...]. She **loathed** its atmosphere of petty **vice** and [...] petty art. Yet she always called in again, when she was in town. It was as if she *had* to return to this small [...] **whirlpool of disintegration** [...]: just give it a look.

グドゥルーンはそのカフェを嫌っていた。彼女は、そこに漂う卑小な悪徳と卑小な芸術の雰囲気が虫唾が走るほど嫌いであった。しかし彼女はロンドンに来たときには毎回そこへ立ち寄った。まるで彼女は（自称芸術家たちの）この自己崩壊の小さな渦へ戻り、その様子を一目見てみなければ気が済まないかのようであった。

Vocabulary　Track 238

□ **loathe** 動 [ləʊ́ð]	～を忌み嫌う
□ **petty** 形 [péti]	小物感の漂う、小人物風の、些末な
□ **vice** 名 [váɪs]	悪徳、不道徳性、悪癖、悪行、（特に売春や麻薬などの）犯罪行為
□ **whirlpool** 名 [wə́ː(r)lpuːl]	激しい渦
□ **disintegration** 名 [dɪsɪ̀ntɪgréɪʃ(ə)n]	崩壊、分解　＊１つのまとまりとして機能していたものがばらばらになって、元の機能が失われるような場合に使われます。

ヒント call in は「立ち寄る」。in town における town は「都会」の意で、ここではロンドンのこと。she *had* to ...における have to do ～は「～しなければ気が済まない」の意。

～ブタによって運営されている農場～　勢いのある動作を表す単語

この項では、level（～を平らになるくらい完全に破壊する）、charge（突進する）、lash out（激しく殴りかかる）など、「勢いのある動作」に関連する重要語を中心に学びます。

あらすじ 人間に搾取されることなく豊かな生活を送ろうと、反乱を起こしたある農場の動物たち。人間たちを追い出した彼らは、自分たちで作物を作って「動物農場」を運営し始め、さらに、農場の仕事の効率を上げるために風車の建設に取りかかります。そして過酷な建設作業に骨身を削り、何とか風車を半分ほどの高さまで建設しますが、ある朝、風車が根本まで崩れ去っているのに気づきます。以下は、そのときの動物たちの様子を描いたもの。文中の Napoleon は、動物たちのリーダーであるブタの名前。Snowball は Napoleon の元ライバルで、風車の発案者であったにもかかわらず、Napoleon によって暴力的に追放されてしまったブタの名前です。

With one accord they dashed down to the spot. Napoleon [...] **raced** ahead of them all. Yes, there it lay, [...] **levelled** to its foundations, the stones they had broken and carried so **laboriously** scattered all around. Unable at first to speak, they stood gazing **mournfully** at the **litter** of fallen stone. Napoleon **paced to and fro** in silence [...]. His tail [...] **twitched** sharply from side to side, a sign in him of intense mental activity. Suddenly he halted [...].

'Comrades,' he said quietly, 'do you know who is responsible for this? [...] SNOWBALL! [...] In sheer **malignity**, thinking to **set back** our plans and **avenge himself** for his **ignominious expulsion**, this **traitor** has **crept** here under cover of night and destroyed our work of nearly a year. Comrades, here and now I **pronounce** the death sentence upon Snowball. [...]'

皆一斉に現場へ駆けつけた。ナポレオンは皆の先頭を切って疾走した。風車の塔は土台のところまで崩れており、彼らがあれほど骨身を削って割って運んだ石がそこら中に散らばっていた。皆最初は口を利くことができず、崩れて散らばった石を、ただ悲しみに沈んで見つめて立っていた。ナポレオンは黙って前後に行ったり来たりした。彼の尻尾が左右に鋭くピクピクと動いた。彼の場合、それは集中して何かを考えている証拠であった。突然、彼は歩みを止めた。
「同志たちよ」と彼は静かに言った。「誰がこのようなことをしたのかわかるか？ スノウボールだ！　この裏切り者は我々のプロジェクトを遅らせ、屈辱的な姿で追放されたことに対して復讐しようとし、完全なる悪意を持ち、夜の闇に紛れて忍び込み、我々が１年近くかけて建設したものを破壊したのだ。同志たちよ、私は今ここでスノウボールに死刑を宣告する」

Vocabulary　Track 240

□ **with one accord** 熟 [wɪð wʌn əkɔ́ː(r)d]	一斉に、皆同時に
□ **race** 動 [réɪs]	疾走する
□ **level** 動 [lévl]	～を平らにする、～（建物など）を平らになるくらい完全に破壊する
□ **laboriously** 副 [ləbɔ́ːriəsli]	多大な労力を費やして
□ **mournfully** 副 [mɔ́ː(r)nfəli]	悲しみに沈んだ様子で
□ **litter** 名 [lítə(r)]	散らばったもの ＊ litter of ～で「乱雑に散らばった～」の意。
□ **pace** 動 [péɪs]	（不安やイライラする気持ちなどのために、狭い場所の中で）行ったり来たりする
□ **to and fro** 熟 [tuː ən fróʊ]	前後に
□ **twitch** 動 [twítʃ]	ピクッと動く
□ **malignity** 名 [məlígnəti]	危害を加えようとする故意の悪意

□ **set ～ back / set back ～** 熟 [set bǽk]	～（作業の進行など）を遅らせる
□ **avenge oneself** 熟 [əvéndʒ wʌnself]	復讐する　＊ avenge は death（死）や defeat（敗北）などの名詞を目的語として使うこともできます。avenge ～ 's death で「～の死の復讐をする」。なお、英語には revenge という語もありますが、通常の会話では revenge は動詞ではなく名詞として用いられます。
□ **ignominious** 形 [ìgnəmíniəs]	非常に不面目な、汚辱にまみれた、屈辱的な　＊よく一緒に使われる名詞は defeat（敗北）、retreat（退却）など。
□ **expulsion** 名 [ɪkspʌ́lʃ(ə)n]	追放
□ **traitor** 名 [tréɪtə(r)]	裏切り者
□ **creep** 動 （– **crept** – **crept**） [kríːp]	（人に気づかれないように）ひっそりと動く　＊他の意味は→ p. 198、p. 264
□ **pronounce** 動 [prənáʊns]	～を宣告する、～を宣言する

ヒント　foundations は「建物の基礎部分、土台」、scatter は「散らばっている」。Unable は形容詞ですが、ここでは分詞構文と同等の働きをしており、「～できない状態で」という意味を表しています（分詞だけでなく、形容詞や名詞も分詞構文に相当する働きをすることができます）。gaze は「見つめる」。a sign in him of ... は直前の内容（= His tail [...] twitched sharply from side to side）と同格。また、of ... の部分は sign を修飾しています。halt は「止まる」、comrade は「（特に共産主義の）同志」、sheer は「完全なる」。thinking to set back ... における think to do ～は「～しようとする」の意。

Track 241

ジョージ・オーウェル『動物農場』

あらすじ　1つ前の文章の場面の後、動物たちは血のにじむような努力で風車を再建します。しかし今度は、それまで動物農場と取引のあった、隣の農場の経営者である人間に裏切られ、彼とその部下によって風車を爆破されてしまいます。以下は爆破の直後、怒りが頂点に達した動物たちが、まだ動物農場の敷地内にいる人間たちに反撃する場面で、冒頭の they は動物たちを指しています。文中の Napoleon は動物たちのリーダーであるブタの名前で、Frederick は隣の農場の経営者である人間の名前です。

[…] they **charged** forth **in a body** and **made** straight **for** the enemy. […] The men fired again and again, and […] **lashed out** with their sticks […]. […] nearly everyone was wounded. Even Napoleon […] had the tip of his tail **chipped** by a pellet. But the men did not go **unscathed** either. […] And when the nine dogs of Napoleon's own bodyguard, whom he had instructed to make a **detour** under cover of the hedge, suddenly appeared on the men's **flank**, **baying ferociously**, panic **overtook** them. […] Frederick shouted to his men to get out **while the going was good**, and the next moment the cowardly enemy was running **for dear life**. The animals chased them right down to the bottom of the field, and **got in** some last kicks at them […].

動物たちはひとかたまりになって突進し、まっすぐに敵へと向かった。人間たちは何度も何度も銃を撃ち、また、棒で激しく殴りかかった。ほとんどの動物が負傷した。ナポレオンでさえ銃弾によって尻尾の先端が欠ける傷を負った。しかし人間側も無傷では済まなかった。ナポレオン自身のボディガードである９匹の犬が（ナポレオンはその犬たちに垣根に隠れて迂回するよう指示しておいた）荒々しくうなり声を上げながら突然人間たちの横に姿を現したとき、人間たちはパニックに陥った。フレドリックは部下に「逃げられるうちに逃げろ」と叫び、次の瞬間にはこの臆病な敵たちは全速力で走り出していた。動物たちは彼らを農場の端まで追いかけ、おまけの蹴りを食らわせることに成功した。

Vocabulary Track 242

□ **charge** 動 [tʃɑ́ː(r)dʒ]	突進する、突進して襲いかかる
□ **in a body** 熟 [ɪn ə bɔ́di]	ひとかたまりになって
□ **make for ～** 熟 [méɪk fə(r)]	～に向かって進む
□ **lash out** 熟 [læʃ áʊt]	激しく殴りかかる
□ **chip** 動 [tʃíp]	～（グラスなど）のふちを欠けさせてしまう
□ **unscathed** 形 [ʌnskéɪðd]	無傷のままである ＊ go unscathed で「無傷で済む」。
□ **detour** 名 [díːtʊə(r)]	回り道、迂回
□ **flank** 名 [flǽŋk]	横側、側面
□ **bay** 動 [béɪ]	うなり声を上げる　＊よく使われるフレーズに bay for ～（～を求めてうなり声を上げる＝～を激しく要求する）があります。
□ **ferociously** 副 [fəróʊʃəsli]	荒々しく獰猛に
□ **overtake** 動 （– **overtook** – **overtaken**） [òʊvə(r)téɪk]	（激しい感情や悪い出来事などが）～を不意に襲う

□ **while the going is good** 熟 [waɪl ðə gəʊɪŋ ɪz gʊ́d]	今のうちに、できるうちに ＊「状況が悪化して、やろうとしていることができなくなってしまう前に」の意。going の代わりに getting も使われます。
□ **for dear life** 熟 [fə(r) dɪə(r) láɪf]	必死で全力で
□ **get ～ in / get in ～** 熟 [get ín]	（限られた時間の中で）追加で～（作業など）をこなす ＊この in は「中に」という意味を表す副詞です。

ヒント forth は「前方に」、tip は「先端」、pellet は「銃弾」、「have ＋ A ＋過去分詞」で「A を～される」、hedge は「垣根」、cowardly は「臆病者の」。

Track **243**　　ジョージ・オーウェル『動物農場』

あらすじ 人間に搾取されることなく豊かな生活を送ろうと、反乱を起こしたある農場の動物たち。人間たちを追い出した彼らは、自分たちで作物を作って「動物農場」を運営し始めます。しかし、皆平等であるはずだった動物たちは、いつしかごく一部の支配者と、その他大勢の被支配者に分かれ、支配者である一部のブタが他の動物たちを奴隷のようにこき使い、彼らから搾取して裕福な生活を送るようになってしまいます。そして、支配者である一部のブタたちの権力が絶対的なものになった頃、ブタたちは近隣の農場を経営する人間たちを視察に招きます。そこで人間たちが見たのは、支配される側の動物たちが、他のどの農場の動物よりも少ない餌でより多くの労働をさせられている姿。人間たちは感銘を受け、同じ仕組みを自分たちの農場でもさっそく取り入れようと企てます。以下は視察の後に催された、支配者のブタたちと視察に招かれた人間たちによる宴会の席で、人間代表が述べた祝辞の言葉です。なお、以下の文章はすべて free indirect style（→ p. 111）の技法で書かれています。

[...] there were a few words that he felt it **incumbent upon** him to say. [...] there had been a time when the respected **proprietors** of Animal Farm had been regarded [...] with a certain **measure** of **misgiving**, by their human neighbours. [...] It had been felt that the existence of a farm owned and operated by pigs was somehow abnormal and **was liable to** have an **unsettling** effect in the neighbourhood. Too many farmers had assumed [...] that on such a farm a spirit of **licence** and **indiscipline** would prevail. [...] But all such doubts were now **dispelled**. [...] He would end his remarks [...] by emphasising once again the friendly feelings that **subsisted** [...] between Animal Farm and its neighbours.

これだけはぜひともお伝えしなければと感じていることが少しだけあります。我が敬愛する動物農場のオーナーの方々に、近隣の人間がいくらか懸念を抱いていた時期がありました。ブタによって所有、運営されている農場の存在はどこか異常で、近隣に不穏な影響を与えることになるのではないかと思われていたのです。そのような農場では、規律が欠如し、好き勝手なことをしてもよいという精神が蔓延してしまうだろうと考える農場主があまりにも多かったのです。しかし今、そのような疑念はすべて払拭されました。動物農場と我々近隣の者との間に存在する友愛の情を再度強調して私のスピーチの締めとさせていただきます。

Vocabulary　Track 244

□ **incumbent** (**on/upon** ～) 形 [ɪnkʌ́mbənt]	(～の) 義務である
□ **proprietor** 名 [prəpráɪətə(r)]	(店やホテル等の) オーナー、所有者
□ **measure** 名 [méʒə(r)]	度合い、程度

□ **misgiving** 名 [mɪsgívɪŋ]	（悪い結果になるのではないかという）不安、懸念
□ **be liable to do 〜** 熟 [bi láɪəbl tə]	〜しそうである、〜してしまいがちである ＊通常悪いことに使われます。
□ **unsettling** 形 [ʌnsétlɪŋ]	不安な気持ちにさせるような、揺るがすような
□ **licence** 名 [láɪs(ə)ns]	好き勝手なことをする自由
□ **indiscipline** 名 [ɪndísəplɪn]	規律の欠如
□ **dispel** 動 [dɪspél]	〜（不安や疑念など）を払拭する
□ **subsist** 動 [səbsíst]	存在する、（乏しい食料などでかろうじて）生きていく

ヒント he felt it incumbent upon him to say における it は形式目的語で、不定詞の部分が実質的な目的語として働いています。feel A + B で「A は B だと感じる」。incumbent upon him の部分が B に相当します。It had been felt that ...における It は形式主語で、that ...の部分が実質的な主語。prevail は「蔓延する」。

〜罪の影が昼も夜も自分を見つめる〜　葛藤・罪悪感を表す単語

この項では、vengeance（復讐）、remorse（悔悟の念）、anguish（激しい苦痛）など、心の苦しみに関連する重要語を中心に学びます。

あらすじ 貴族の美青年ドリアン・グレイは、ある若い舞台俳優の女性と激しい恋に落ち、婚約します。ドリアンは彼女の演技に魅了されていますが、ドリアンに出会って本物の恋を知った彼女は「演じる」という行為を空虚に感じるようになり、舞台での輝きを失ってしまいます。そしてその様子を見たドリアンは失望し、彼女に冷たく別れを告げます。翌日、自分の行いを後悔したドリアンは彼女に会う決心をしますが、もう彼女はこの世にはいなかったのでした。世間の注目を運良く免れたドリアン。しかし復讐を誓った彼女の兄は、何年も経ってからドリアンをついに見つけ彼を殺そうとします。ドリアンは何とかその場を逃げたものの、それ以降、その兄に狙われている感覚に取り憑かれるようになり、ある晩、彼が窓から自分を見ているのを目にします。以下は翌日のドリアンの心の内を説明する文章で、第1文の him はドリアンを指しています。

The consciousness of being [...] **snared** [...] had begun to dominate him. [...] But perhaps it had been only his fancy that had called **vengeance** out of the night [...]. Actual life was chaos, but there was something terribly logical in the imagination. It was the imagination that set **remorse** to **dog** the feet of sin. [...] In the common world of fact the **wicked** were not punished, nor the good rewarded. Success was given to the strong, failure **thrust upon** the weak. That was all.

わなにはめられているという意識が彼を支配し始めていた。しかし、夜の闇から復讐を呼び出したのは彼の想像にすぎなかったのかもしれない。実際の生は混沌であるが、想像には何かひどく論理的なところがあるのである。罪の足元に悔悟の念をつきまとわせるのは想像なのだ。事実が支配するごく普通の世界では、悪人は罰せられず、善人が報われることもない。成功が強者に与えられ、失敗が弱者に押しつけられるだけである。

Vocabulary　Track 246

□ **snare** 動 [snéə(r)]	～をわなにかける
□ **vengeance** 名 [véndʒəns]	復讐
□ **remorse** 名 [rɪmɔ́ː(r)s]	悔悟の念
□ **dog** 動 [dɔ́g]	～につきまとう
□ **wicked** 形 [wíkɪd]	（道徳的に）悪い、邪悪な
□ **thrust A on/upon B** 熟 （– **thrust** – **thrust**） [θrʌ́st ɔn/əpɔn]	A を B に押しつける

ヒント it had been only his fancy that had called ... は強調構文。fancy は「想像」、the imagination は「（人間の）想像力、想像」、set A to do ～で「A に～しようとさせる」、sin は「罪」。the wicked などにおける the は、「the +《形容詞》」で「《形容詞》な人々」の意。nor は「～もまた…ない」、reward は「～に報いる」。failure と thrust の間には was が省略されています（文の構造が直前の文と同じ場合には、このように共通部分を省略することがあります。また、ここでは特別にコンマのみで 2 つの文が結ばれています）。

Track 247　オスカー・ワイルド『ドリアン・グレイの肖像』

あらすじ 1 つ前の文章の少し後に続く文章から。時間の経過とともに変化するドリアンの心境の、外的要因と内的要因を示しています。

What sort of life would his be if, day and night, shadows of his crime were to **peer at** him from silent corners [...]! [...]

It was not till the third day that he **ventured** to go out. There was something in the clear, pine-scented air of that winter morning that seemed to bring him back [...] his **ardour** for life. But it was not merely the physical conditions of environment that had caused the change. His own nature had **revolted against** the excess of **anguish** that had sought to **maim** and **mar** the perfection of its calm.

もし自分の犯した罪の影がひっそりとした隅から昼も夜も彼を見つめるとしたら、彼の毎日はどのようなものになるだろうか！

彼がようやく外に出る気になったのは、3日目になってからのことであった。その冬の朝の澄んだ、松の香りのする空気には何か彼に生への情熱を取り戻させるものがあった。しかし、変化を生じさせたのは物理的な外部の環境だけではなかった。彼自身の性質が、そのまったくざわめくことのない静謐さを回復不能なほどに傷つけて損なおうとする過剰な苦しみに対して反乱を起こしたのだった。

Vocabulary Track 248

□ **peer（at ～）**動 [píə(r)]	（～を）目を凝らして見る
□ **venture** 動 [véntʃə(r)]	venture to do ～で「～しようとする」。 ＊リスクを意識しながら、あえて何かをしようとする場合によく使われます。
□ **ardour** 名 [ɑ́ː(r)də(r)]	非常に強い熱情
□ **revolt（against ～）**動 [rɪvə́ʊlt]	（～に対して）反乱を起こす、反抗する ＊他の意味は→ p. 36

□ **anguish** 名 [ǽŋgwɪʃ]	激しい苦痛、苦悩、煩悶
□ **maim** 動 [méɪm]	重度の障害が残る重大な傷を～に負わせる
□ **mar** 動 [mɑ́ː(r)]	～（の素晴らしさ）を損なう

ヒント It was not till the third day that he ventured ...は強調構文。that seemed to bring ...における that は something を先行詞とする関係代名詞。bring A back B で「A に B を返す、A に B を取り戻させる」（これは bring A + B［A に B を持ってくる］の A と B の間に副詞の back を加えたものです）。it was not merely ...も強調構文。excess は「過剰」、sought は seek の過去分詞形。seek to do ～で「～しようとする」。calm は「落ち着き、静けさ」。

～最も魅惑的な罪～　シニカルな人間観を述べる場面の単語

この項では、conjugal（夫婦間の）などフォーマルな語から、go in for ～（～を好んで楽しむ）、there is a good deal to be said for ～（～にはもっともな理由がある）など口語的な熟語まで幅広い重要語句を学びます。

Track **249**　*オスカー・ワイルド『ドリアン・グレイの肖像』*

あらすじ 主人公の美青年ドリアンの友人であるヘンリー卿が、独自の女性観をドリアンに対して披露するセリフから。ヘンリー卿は、そのシニカルな世界観でドリアンが退廃的な生活を送るようになるきっかけを作ってしまう人物です。「平凡な女性は常に自分を慰めているものだ」という文の後に以下の言葉が続きます。

Some of them do it by **going in for** sentimental colours. [...] Others find a great **consolation** in suddenly discovering the good qualities of their husbands. They **flaunt** their **conjugal** **felicity** in one's face, as if it were the most fascinating of sins.

感傷的な色合いのものを身につけることで自分を慰める女性もいる。突如として夫に素晴らしい性質を見出すことに大きな慰めを感じる女性もいる。彼女たちは自分たちの結婚生活がいかに幸せであるかを人前で堂々とひけらかす。まるでそれが最も魅惑的な罪であるかのようにね。

Vocabulary　Track 250

□ **go in for 〜** 熟 [gəʊ ín fə(r)]	〜を好んで楽しむ
□ **consolation** 名 [kɔ̀nsəléɪʃ(ə)n]	慰め
□ **flaunt** 動 [flɔ́ːnt]	〜をひけらかす、〜を誇示する
□ **conjugal** 形 [kɔ́ndʒəgl]	夫婦間の、婚姻関係の
□ **felicity** 名 [fəlísəti]	至上の幸福

ヒント in one's face は「人前で堂々と」、fascinating は「魅惑的な」、sin は「罪」。

Track 251　オスカー・ワイルド『ドリアン・グレイの肖像』

あらすじ 退廃的な生活を送りながらも若さと美しさを保つ美青年ドリアン。「ドリアンは犯罪者が集まるような場所に出入りしている」等の噂が貴族の社交界で次第に流れ始めますが、ドリアンの家柄と洗練された振る舞いはあまりにも素晴らしく、彼についての悪い噂でさえも、むしろ彼のどこか危険な香りのする魅力を増してしまいます。以下は、ドリアンが社交界で人々を魅了する理由を説明する一節から。「このような世界では、魅力的な振る舞いのほうが道徳的な高潔さよりも大事であり、素晴らしいシェフを抱えていることのほうが、人格が完璧であることよりもはるかに価値があるのだ」という文の後に、次の文章が続きます。

And, after all, it is a very poor **consolation** to be told that the man who has given one a bad dinner, or poor wine, is **irreproachable** in his private life. Even the **cardinal** virtues cannot **atone for** half-cold entrées, as Lord Henry remarked once, [...] and **there is** possibly **a good deal to be said for** his view. For the **canons** of good society are, or should be, the same as the **canons** of art. Form is absolutely essential to it.

そして結局のところ、まずいディナーや低級なワインを出されたとき、それを提供した人物は私生活では非の打ち所がないのだと知らされても、ほとんど慰めにはならないのである。ヘンリー卿がかつて言ったように、最も肝要な美徳でさえも、冷めてしまった前菜の埋め合わせをすることはできないのであり、実際、彼の意見はもっともなのかもしれない。というのは、優れた社会の原則は芸術の原則と同じである、いや、同じであるべきだから。形式は優れた社会には絶対に必要不可欠なのである。

Vocabulary　Track 252

□ **consolation** 名 [kɔ̀nsəléɪʃ(ə)n]	慰め
□ **irreproachable** 形 [ìrɪpróʊtʃəbl]	非の打ち所がない
□ **cardinal** 形 [kɑ́ː(r)dɪnl]	最も肝要な、かなめとなる
□ **atone for ～** 熟 [ətóʊn fə(r)]	～に対して償いをする

□ **there is a good deal to be said for ～** 熟 [ðeər ɪz ə gʊd diːl tə bi séd fə(r)]	～にはもっともな理由がある、～には大きな利点がある ＊ a good deal は「たくさん」の意。a good deal の代わりに a lot も使われます。また、a good deal を not much に変えると「～にはもっともな理由があまりない、～にはあまり利点がない」という意味になります。
□ **canon** 名 [kǽnən]	原則

ヒント after all は「結局のところ」、it is a very poor consolation to be …における it は形式主語で、to be …が実質的な主語。entrée は「前菜」または「メインディッシュの直前に出される料理」（ただし、アメリカ英語では「メインディッシュ」を指します）。possibly は「もしかしたら」、view は「意見、見方」、for S + V で「というのは S + V だから」(本来は従属節ですが、独立して用いられることもあります)。essential to ～で「～に必要不可欠である」。

～自分の思いを忘却の奥底に隠す～
自分の気持ちに気づく場面の単語

この項では、oblivion（忘却）、console（～を慰める）など、気持ちに関連する重要語を中心に学びます。

Track 253　L・M・モンゴメリ『赤毛のアン』

あらすじ 昔自分の髪の色をからかったギルバートとずっと口をきかずに何年も過ごしてきてしまったアン。以下は、チャンスがあったにもかかわらず、ギルバートを許して彼と友だちになっておかなかったことをアンが悔やむ場面です。髪の色をからかわれてしばらく経ったある日、ギルバートから真摯な謝罪を受けて、友だちになってくれるようにお願いされたものの、アンは断ってしまっていたのでした。文中の That day by the pond は、このときのことを指しています。

Deep down in her **wayward**, feminine little heart she knew that she did care [...]. [...] to her secret **dismay**, she found that the old **resentment** she had cherished against him was gone [...]. [...] That day by the pond had witnessed its last **spasmodic flicker**. Anne realized that she had forgiven and forgotten without knowing it. But it was too late.

[...] She determined to '**shroud** her feelings in deepest **oblivion**,' and [...] she did it, so successfully that Gilbert [...] could not **console** himself with any belief that Anne felt his **retaliatory** scorn.

自分でも意のままにならない彼女の女の子らしい心の奥底では、（ギルバートのことなんて）どうでもいいと割り切ることなどできないとわかっていました。彼女は心に大事にしまっていた彼に対する昔の憤りが消えてしまっていることに気づき、心の中で密かにうめきました。あの日、池のそばで感じた怒りが、ときどき突発的にこみ上げてきた彼に対する憤りの最後の表出だったのです。自分でも知らないうちに彼を許し、憤りを忘れてしまっていたことにアンは気づきましたが、もう手遅れでした。

彼女は「自分の思いを忘却の奥底に隠す」ことを固く心に決めました。そして彼女はそれをあまりにも上手に実行したため、ギルバートは、（アンに無視されていることに対する）仕返しとして自分が取っている侮蔑的な態度をアンが気にしているとはとても思えず、自分を慰めることができないのでした。

Vocabulary Track 254

□ **wayward** 形 [wéɪwə(r)d]	意のままにならない、思い通りにコントロールするのが難しい
□ **dismay** 名 [dɪsméɪ]	（悪い知らせを受けたときなどの）「ああ、なんということだ」という、目の前が暗くなるような気持ち

□ **resentment** 名 [rɪzéntmənt]	憤り
□ **spasmodic** 形 [spæzmɔ́dɪk]	ときどき突発的に発生する
□ **flicker** 名 [flíkə(r)]	（感情の）一瞬の表出、（光の）ちらつき
□ **shroud** 動 [ʃráʊd]	～を包み隠す、～を覆う　＊よく使われるフレーズに be shrouded in mystery（謎に包まれている）があります。
□ **oblivion** 名 [əblíviən]	忘却
□ **console** 動 [kənsə́ʊl]	～を慰める
□ **retaliatory** 形 [rɪtǽliət(ə)ri]	報復的な、仕返しとしての

ヒント to her secret dismay の to は、to ～ 's surprise（～が驚いたことに）の to と同じ使い方。cherish は「～を宝物のように大事にする」、be gone で「なくなっている」、witness は「～を目撃する」、determine to do ～で「～しようと決意する」、scorn は「蔑み」。

索引

A

a deluge of ～ (熟) 39
a good deal (熟) 210
abandon (動) 227
abasement (名) 214
abate (動) 118
abhorrence (名) 66
abide by ～ (熟) 105
abominable (形) 62
abominably (副) 66
abreast (副) 54
absolution (名) 261
abstractedly (副) 243
abuse (名) 39
abyss (名) 296
account for ～ (熟) 86
acquiesce (動) 40
acrimony (名) 64, 103
adept (形) 54, 77
admonition (名) 254
adoration (名) 39
advances (名) 42
advocate (動) 102
affect (動) 76
affectation (名) 126
after a fashion (熟) 54
aggravate (動) 228
aggravatingly (副) 154
ail (動) 94
airs (名) 100
alertly (副) 162
allay (動) 259
alleviate (動) 258
alluring (形) 281
allusion (名) 186
aloofness (名) 140
alternately (副) 201
amid ～ / amidst ～ (前) 248
anaemic (形) 169
anguish (名) 319
animated (形) 59
annihilate (動) 300
antagonism (名) 76
antipathetic (to ～) (形) 94
antipathy (名) 102
apathy (名) 306
aplomb (名) 116
apprehension (名) 143
apprise (動) 236
archaic (形) 276
ardent (形) 64, 134
ardour (名) 318
articulate (動) 271
as for ～ (熟) 201, 268
aspiration (名) 56
assertive (形) 138
assiduously (副) 30
astute (形) 119
at once A and B (熟) 228
atone for ～ (熟) 321
atonement (名) 232
attachment (名) 36, 62
attire (名) 302
attribute A to B (熟) 64
audacity (名) 150
audible (形) 163
avail oneself of ～ (熟) 44
avarice (名) 56
avenge oneself (熟) 310

B

back (動) 254
balk (動) 81
bare (形) 169
barren (形) 83
bay (動) 312
be bent on ～ ing (熟) 64
(be) compounded of ～ (熟) 280
(be) devoid of ～ (熟) 162
be fraught with ～ (熟) 56
be laden with ～ (熟) 231
be liable to do ～ (熟) 149, 196, 315
be on the side of the angels (熟) 304
be reputed to be ～ (熟) 135
be set on ～ ing (熟) 241
be taken aback (熟) 129
be up in arms (熟) 116
be weary of ～ (熟) 96

bear oneself（熟） 129
bear with ～（熟） 44
become（動） 156
belie（動） 92
belittle（動） 77
beseechingly（副） 214
beset（動） 236
bestial（形） 81
betray（動） 102
bewilderment（名） 175, 224
bewitch（動） 241
bewitched（形） 45
blasphemy（名） 268
blight（名） 249
bloated（形） 265
blunder（名） 99
blunt（形） 98
boo（動） 296
border on ～（熟） 169
bow（名） 285
brace oneself（熟） 285
brand（動） 48
break into ～（熟） 181
breaking point（熟） 285
bring ～ up short（熟） 86
bristle（動） 205
brood（動） 234
brush（動） 148
brusque（形） 98
brute（名） 186
budge（動） 126
bulge（名） 283
bunch（名） 180
by instalments（熟） 54

C

callous（形） 124
can make nothing of ～（熟） 42, 192
canon（名） 322
capitulate（動） 148
carcass（名） 287
cardinal（形） 321
caress（動） 232
caterpillar（名） 207
ceaseless（形） 103
censure（名） 262
certainly（副） 201
charge（動） 312
check（動） 143
chip（動） 312
chiselled（形） 270
chrysalis（名） 207
clammy（形） 256
clasp（動） 188, 196, 224
clear out（熟） 128
clench（動） 143
cling (to ～)（動） 141
coax（動） 84
coercion（名） 224
colossal（形） 175
colour（動） 66
come home to ～（熟） 278
come out（熟） 220
come over ～（熟） 269
commence（動） 289
commotion（名） 205
compassionate（形） 232
complacency（名） 161
compromising（形） 276
conducive (to ～)（形） 196
confession（名） 260
confounding（形） 173
conjecture（名） 59
conjugal（形） 320
conjure ～ up / conjure up ～（熟） 258
conscientiously（副） 287
consolation（名） 320, 321
console（動） 324
consort with ～（熟） 281
consternation（名） 33
constraint（名） 230
contaminate（動） 40
contradict（動） 208
corroborate（動） 180
could have sworn ～（熟） 167
count ～ out / count out ～（熟） 177
covert（形） 100
crawl（動） 265
crease（動） 302
creep（動） 198, 252, 264, 310
crest（名） 157
cross（形） 190
crosswise（副） 149
crumble（動） 227

cult（名）......52
cut ～ short（熟）......54

D

dash（動）...... 111
dazed（形）...... 305
deadening（形）...... 303
deal a blow (to ～)（熟）...... 188
debauchery（名）...... 281
decency（名）...... 136, 163
decided（形）......30
decisive（形）...... 276
decorum（名）...... 136
deem A B（動）...... 188
defer to ～（熟）...... 172
deference（名）...... 225
deferentially（副）...... 230
defraud A of B（熟）...... 114
degrade（動）......81
degrading（形）......81
dejection（名）...... 212
deliberate（動）......98
delude（動）......68
demeanour（名）...... 143, 247
demurely（副）...... 302
denunciation（名）......79
depravity（名）......79
descend（動）...... 107, 277
desecration（名）...... 264
design（名）...... 219
despair of ～（熟）...... 251
desperation（名）......45
despicable（形）......72
detest（動）...... 149
detour（名）...... 312
devastatingly（副）...... 305
deviation（名）...... 134
devoutly（副）...... 236
dexterity（名）...... 188
diabolic（形）......83
diabolical（形）......45
dilate（動）...... 143
dim（形）...... 295
dip（動）...... 135, 283
discerning（形）...... 239
disclose（動）...... 143
disconcerting（形）...... 296
discredit（動）...... 141
discreetly（副）...... 154, 172
discretion（名）...... 140
disdainfully（副）...... 300
disintegration（名）...... 307
disinterestedly（副）...... 231
dismay（名）...... 214, 323
dispel（動）...... 315
disposition（名）...... 36, 66, 217
disproportionate（形）...... 236
disreputability（名）...... 141
dissolve（動）......42
distort（動）...... 251
distress（動）......49
distress（名）......49
divine（動）...... 243
do ～ in / do in ～（熟）...... 122
dog（動）...... 317
drag ～ in / drag in ～（熟）......69
dreary（形）...... 256
drive A to B（熟）...... 241
droop（動）...... 148
drowse（動）...... 138
drudgery（名）...... 243
due（形）...... 136
dumb（形）...... 172
dusk（名）...... 165

E

effect（動）......33
egotism（名）...... 157, 161
elicit（動）......42
enamoured (of/with ～)（形）...... 264
enchantment（名）...... 213
endearment（名）...... 110
engender（動）...... 257
engross（動）......56
enliven（動）...... 154
enormity（名）...... 297
enshrine A in B（熟）...... 154
ensnare（動）...... 105
entertain（動）...... 219
entreat（動）...... 105
envelop（動）......94
epithet（名）...... 103
equanimity（名）...... 247
equilibrium（名）......69

evasive（形）........42
evince（動）........35
exact（動）........234
exasperated（形）........126
excel（動）........295
exhaust（動）........254
exhilaration（名）........213
expressive（形）........239
expulsion（名）........310
exquisite（形）........152, 267
extort（動）........94
extortion（名）........227
exult（動）........81
exultation（名）........174

F

failing（名）........39, 217
fall short of ～（熟）........175
falter（動）........276
farce（名）........105, 305
feed on ～（熟）........79
feign（動）........264
felicity（名）........320
ferociously（副）........312
ferret ～ out / ferret out ～（熟）........136
fervent（形）........230
fickle（形）........154
filthy（形）........241, 248
finish ～ off / finish off ～（熟）........199
fit（形）........111
flagrant（形）........297
flank（名）........312
flattering（形）........72
flaunt（動）........320
flick（動）........54
flicker（名）........324
fling（動）........84, 107, 300
flout（動）........86
fluctuate（動）........175
flush（動）........86
flushed（形）........129, 178
flutter（動）........159
flutter（名）........163
follow A up with B（熟）........190
folly（名）........217
for dear life（熟）........313
forbearing（形）........40
foreboding（名）........122
foresee（動）........141
foretell（動）........194
forgery（名）........296
forlorn（形）........111, 122
fornication（名）........281
forsake（動）........33
forte（名）........116
fortitude（名）........247
foul（形）........270
frantically（副）........148
frequent（動）........141
fright（名）........204
furtive（形）........124, 281
furtively（副）........276
fury（名）........87, 113

G

gaily（副）........190
gain on ～（熟）........287
gallantry（名）........94
gape（動）........87
get ～ in / get in ～（熟）........313
get into the way of ～ ing（熟）........198
get off without ～（熟）........129
gibberish（名）........178
gigantically（副）........236
give oneself up to ～（熟）........243
give out（熟）........68
give vent to ～（熟）........102
give way（熟）........81
gleam（名）........169
glisten（動）........251
gloom（名）........165, 256
glorify（動）........304
glow（動）........174
glower（動）........116
glowing（形）........254
go back on ～（熟）........70
go in for ～（熟）........320
Gordian knot（熟）........84
grain（名）........298
grandeur（名）........225
gratification（名）........44
gratifying（形）........62
gravelled（形）........151
greed（名）........122

grin（動） 201
grin（名） 251
grind（動） 48
grope（動） 192
grudge（名） 72
grudgingly（副） 289

H

hallow（動） 156
harassed（形） 138
hasten（動） 245
haunt（名） 59, 141
have ～ to oneself（熟） 267
have no business to do ～（熟） 213
haze（名） 156
headlong（形） 135
hearth（名） 201
heartily（副） 219
hedge（名） 180
helplessness（名） 277
heretic（名） 140
hermit（名） 122
hideous（形） 251, 256, 265
hint at ～（熟） 51
hitherto（副） 44
homage（名） 230
hover（動） 138
howl（動） 201
hue（名） 256
hypocrisy（名） 305

I

I suppose so.（熟） 241
idol（名） 56, 120
idolatry（名） 120, 267
ignoble（形） 270
ignominious（形） 41, 310
ill-omened（形） 141
illusory（形） 121
immensely（副） 113
impart（動） 253
impassioned（形） 163, 178
impending（形） 123
imperceptibly（副） 159
impertinence（名） 84
implacable（形） 217
implicitly（副） 70
implore（動） 260
imploringly（副） 109
impose A on/upon B（熟） 297
impregnate A with B（熟） 248
impudence（名） 124
impudent（形） 124, 295
in a body（熟） 312
in store (for ～)（熟） 264
in the first flush of ～（熟） 138
inarticulate（形） 138
incandescent（形） 68
incarnate（形） 94
incarnation (of ～)（名） 267
incidental (to ～)（形） 254
incredulity（名） 62
incredulous（形） 105
incredulously（副） 177
inculcate（動） 245
incumbent (on/upon ～)（形） 314
～ indeed（熟） 205
indignant（形） 76
indignation（名） 113
indiscipline（名） 315
ineffable（形） 302
ineffectual（形） 137, 283
ineffectually（副） 283
inertia（名） 118
inexpressibly（副） 110
inextricably（副） 281
infallibly（副） 70
inflamed（形） 279
inflict A on/upon B（熟） 188
ingenuous（形） 156
inimical（形） 107
iniquity（名） 52
injudicious（形） 92
innate（形） 302
inquisitively（副） 204
inscription（名） 251
inscrutable（形） 115
instil A into B（熟） 256
institution（名） 178
intently（副） 171
interminable（形） 279
intermittent（形） 54, 153
interpose（動） 31
intersperse A with B（熟） 255

intimation（名）........ 167
intimidate（動）........ 219
intricate（形）........ 135, 253
invariably（副）........ 224
invincible（形）........ 295
involuntarily（副）........ 156, 167
involuntary（形）........ 41, 94
irrelevant（形）........ 159
irreproachable（形）........ 321
irresolute（形）........ 250
irrevocably（副）........ 66
itch（動）........ 279

J/K

jerk（動）........ 285
jovially（副）........ 169
keep ～ up / keep up ～（熟）........ 153
kiss ～ away / kiss away ～（熟）........ 156
know of ～（熟）........ 201

L

laboriously（副）........ 309
languid（形）........ 252
languor（名）........ 151
lapse into ～（熟）........ 306
lash out（熟）........ 312
launch into ～（熟）........ 254
lawn（名）........ 180
lay ～ bare / lay bare ～（熟）........ 188
leave（名）........ 220
leisurely（形）........ 167
leprosy（名）........ 52
lessen（動）........ 258
lesser（形）........ 285
level（動）........ 309
libertine（名）........ 178
licence（名）........ 315
licentious（形）........ 81
limb（名）........ 266
linger（動）........ 33, 94, 96
literally（副）........ 173
litter（名）........ 309
loathe（動）........ 307
loathing（名）........ 148, 262
loathsome（形）........ 257, 264
longitudinally（副）........ 287
low（形）........ 205
ludicrous（形）........ 302
ludicrously（副）........ 239
luminous（形）........ 71, 72
lurch（名）........ 285
lustrous（形）........ 194

M

maim（動）........ 319
make ～ out / make out ～（熟）........ 192, 210
make amends（熟）........ 232
make for ～（熟）........ 312
make out (that) S + V（熟）........ 51
make towards ～（熟）........ 196
make-up（名）........ 149
malevolence（名）........ 37
malevolent（形）........ 122
malignity（名）........ 309
maniac（名）........ 128
manifest（形）........ 231
manifestation（名）........ 103
manners（名）........ 201
mar（動）........ 319
maternity（名）........ 245
measure（名）........ 314
measure up to ～（熟）........ 151
meditatively（副）........ 245
meek（形）........ 213
meekly（副）........ 210
menace（動）........ 124
merit（動）........ 66
mingle（動）........ 62
minute（形）........ 167, 251, 265
mingle (with ～)（動）........ 171
misgiving（名）........ 315
mismanagement（名）........ 227
misshapen（形）........ 266
mitigate（動）........ 39
mock（動）........ 266
mockery（名）........ 72, 264
monologue（名）........ 279
morose（形）........ 190
mortal（名）........ 196
mortification（名）........ 62
mortify（動）........ 30, 100
mournful（形）........ 213
mournfully（副）........ 309
munch（動）........ 148

murmur（名）…… 159, 163
mutability（名）…… 296
mute（形）…… 107

N

nibble at ～（熟）…… 161
nonchalance（名）…… 128
nostril（名）…… 270
notice（名）…… 41
nourish（動）…… 161
numb（形）…… 68
numerous（形）…… 254
nurse（動）…… 38

O

object（動）…… 171
obliged（形）…… 196
oblivion（名）…… 324
obscene（形）…… 79
observe（動）…… 226
obsolete（形）…… 70
obstinacy（名）…… 83, 116
obstinate（形）…… 126
obtrude（動）…… 236
odour（名）…… 248, 280
of little account（熟）…… 262
of one's own accord（熟）…… 45
offal（名）…… 78
officious（形）…… 214
ominously（副）…… 111
on second thoughts（熟）…… 210
on the spur of the moment（熟）…… 190
opaque（形）…… 113
oppression（名）…… 227
orders（名）…… 249
oscillation（名）…… 75
ostensibly（副）…… 304
out of place（熟）…… 136
out-of-the-way（形）…… 198
outweigh（動）…… 44
overboard（副）…… 285, 287
overtake（動）…… 312

P

pace（動）…… 96, 309
pant（動）…… 142
paralyse（動）…… 118
parched（形）…… 270
paroxysm（名）…… 186
partake of ～（熟）…… 178
particular（形）…… 207
pass oneself off（熟）…… 219
pasture（名）…… 299
pathetic（形）…… 160
paw（名）…… 205
peer (at ～)（動）…… 318
penance（名）…… 59
penitence（名）…… 214
penitent（名）…… 213
peremptory（形）…… 161
perish（動）…… 122
perpetually（副）…… 38
perplexed（形）…… 192
perseverance（名）…… 150
persevere（動）…… 33, 37
persist in ～ ing（熟）…… 296
perturbation（名）…… 241
perverse（形）…… 59, 79
petty（形）…… 307
pine（動）…… 39
pivot（動）…… 289
placate（動）…… 76
placid（形）…… 92
placidity（名）…… 98
plead（動）…… 84, 208
pledge（動）…… 92
poise（名）…… 149
ponder（動）…… 243
pore（名）…… 107
pore over ～（熟）…… 251
possess（動）…… 165
posterity（名）…… 138
potent（形）…… 100
precarious（形）…… 111
preclude（動）…… 134
predicament（名）…… 278
predilection（名）…… 241
preliminary（形）…… 187
premise（名）…… 66
prerogative（名）…… 188
presentiment（名）…… 232
pretension（名）…… 216
prevail on/upon A to do ～（熟）…… 62
priest（名）…… 260

prig（名） 178
privilege（名） 178
proceed from ～（熟） 59
procure（動） 276
profess（動） 219
profound（形） 72
prompt（動） 83
pronounce（動） 310
pronounced（形） 238
propensity（名） 217
proprietor（名） 169, 314
propriety（名） 59, 133
prostrate oneself（熟） 74
proximity（名） 54
prudence（名） 45
pry (into ～)（動） 269
psyche（名） 303
pull ～ in / pull in ～（熟） 289
pull at/on ～（熟） 289
punctuate（動） 154
purge（動） 141
put in（熟） 126
～ put together（熟） 180
puzzle（動） 209
puzzled（形） 86

Q

quell（動） 96
quite a ～（熟） 205
quiver（動） 33, 204
quiver（名） 214

R

race（動） 309
racking（形） 258
radiance（名） 213
radiant（形） 181, 213
radiate（動） 174
ramble（名） 59
ramification（名） 296
rapt（形） 213
rapture（名） 243
rapturous（形） 154
rave about ～（熟） 39
rear（動） 208
reason with ～（熟） 234
rebel（動） 295
rebellion（名） 114
rebuke（名） 262
recede（動） 194
reciprocation（名） 36
reckless（形） 150
recoil（動） 36, 118
recollection（名） 253
reconcile A to B（熟） 152
recur（動） 299
refute（動） 30
reiterate（動） 86
rejoinder（名） 98
relinquish（動） 227
relish（動） 30
remonstrate（動） 196
remorse（名） 317
reparation（名） 260
repartee（名） 99, 116
repel（動） 81
repression（名） 226
reproach（名） 260, 262
reproof（名） 66
reprove（動） 151
reptile（名） 257
repudiation（名） 73
repugnant（形） 72
repulsive（形） 86
repulsively（副） 81
requisite（形） 151
resentment（名） 76, 118, 214, 217, 324
reserve（名） 71
residue（名） 298
resignation（名） 247
resolution（名） 33, 228
resolve（動） 236
restore（動） 234
restore A to B（熟） 228
retaliate（動） 220
retaliatory（形） 324
retort（動） 30, 56
revel in ～（熟） 214
reverence（名） 94
revolt（動） 36
revolt (against ～)（動） 318
revulsion（名） 148
ring（名） 214
row（名） 177

rub ～ off / rub off ～（熟）........................ 192
ruffle（動）.. 100
rule（動）.. 107

S

sangfroid（名）.. 126
sarcasm（名）.. 107
satire（名）.. 270
savagely（副）.. 48
saving（形）.. 140
scarlet（名）... 270
scavenger（名）.. 79
sceptic（名）... 105
school（名）.. 283
scores of ～（熟）...................................... 51
scramble（動）... 191
scruple（名）... 66
seal（名）.. 109
seclusion（名）.. 121
sedative（形）... 165
self-denial（名）....................................... 52
self-possession（名）.................................. 236
self-sufficiency（名）................................. 159
sensibility（名）....................................... 172
sensual（形）.................................... 265, 270
serenity（名）.. 133
set ～ back / set back ～（熟）...................... 310
set one's face against ～（熟）..................... 241
set to work（熟）...................................... 199
sever（動）.. 83
sham（名）... 52
sheen（名）.. 194
short of ～（熟）...................................... 173
shrewd（形）.................................... 119, 243
shrill（形）.. 204
shroud（動）... 324
shudder（動）.. 74
shun（動）.. 94
sickening（形）.. 111
singular（形）... 188
sit back（熟）... 177
slacken（動）.................................... 113, 288
slander（名）... 37
slant（動）... 283
slant（名）... 285
slap（動）.. 169
sleek（形）... 115
sluggishly（副）....................................... 256
sly（形）.. 99
small talk（熟）....................................... 76
smear（動）.. 173
smitten (with/by ～)（形）............................ 86
smother（動）.. 107
smoulder（動）... 114
snap（動）.. 126
snare（動）... 317
sneer（名）... 100
sneer (at ～)（動）.................................... 177
solace（名）.. 134
sole（形）.. 248
solemn（形）.. 42
solicit（動）.. 64
solicitude（名）.. 111
solitude（名）................................... 122, 256
soothe（動）.. 234
soothing（形）... 204
sophistry（名）.. 109
spasmodic（形）.. 324
spirits（名）.. 76
spiteful（形）.. 102
spitefully（副）.. 30
spring（動）.. 169
spring from ～（熟）................................... 35
spurious（形）... 303
spurt（動）... 283
squabble（名）... 154
stagnation（名）....................................... 96
stale（形）.. 161
stammer（動）... 143
stamp（動）... 31
stand idly by（熟）.................................... 258
staunch（形）.................................... 251, 268
stimulant（名）... 79
stink (of ～)（動）..................................... 78
stipulation（名）...................................... 234
stir（動）... 100
stoop（動）.. 94
stout（形）.. 186
strain（名）..................................... 149, 285
stray（名）.. 283
strenuous（形）... 52
strident（形）.. 278
stroll（動）... 164
stuffy（形）... 280

stunned（形） 159
stupefied（形） 109
sturdy（形） 161
suave（形） 116
subdued（形） 33, 162, 213
subjection（名） 86
submission（名） 74
submissive（形） 224
submit（動） 81
subservient（形） 72
subside（動） 129
subsist（動） 315
subtlety（名） 107
sulkily（副） 210
sulky（形） 116
summon（動） 236
sumptuous（形） 169
sundry（形） 254
supercilious（形） 169
supernatural（形） 193
supplication（名） 196
suppress（動） 302
supreme（形） 73, 74
surly（形） 149
susceptible (to ～)（形） 295
sustenance（名） 287
sway（動） 299
sweep（動） 300
swerve（動） 33
swindle（名） 113
swine（名） 51
syphilis（名） 52

T

tacit（形） 186
tacitly（副） 281
take ～ in / take in ～（熟） 72
take a fancy to ～（熟） 204
take fright (at ～)（熟） 224
take heed (of ～)（熟） 196
tangible（形） 165
taut（形） 285
tear ～ off / tear off ～（熟） 299
tête-à-tête（名） 151
the fright of one's life（熟） 128
the masses（名） 305
the whole lot（熟） 52
the whys and wherefores (of ～)（熟） 136
there is a good deal to be said for ～（熟） 322
thereof（形） 136
thin（動） 270
think ～ over / think over ～（熟） 192
threshold（名） 96
thrive on ～（熟） 48
throb（名） 245
throw ～ overboard（熟） 178
thrust A on/upon B（熟） 317
thwart（動） 92
tick by（熟） 279
timidity（名） 33
timidly（副） 201
tip（動） 159
tire（動） 285
to all appearances（熟） 250
to and fro（熟） 309
to be sure（熟） 198
To think ～!（熟） 128
token（名） 186
torment（動） 44
torment（名） 48
torrent（名） 143
traitor（名） 310
tranquil（形） 96, 253
transfix（動） 129
transitory（形） 96
traverse（動） 135
tremble（動） 167
tremor（名） 276
trepidation（名） 69
trial（名） 247
tribute（名） 159
trickery（名） 109
tumble（動） 175
tumult（名） 62
turbulent（形） 165
twitch（動） 309

U

unabashed（形） 81
unaccountable（形） 243
unashamed（形） 163
uncanny（形） 119
understanding（形） 181
undue（形） 102

unearthly（形） 105, 193
unorthodox（形） 140
unscathed（形） 312
unsettling（形） 315
unsolicited（形） 36

V

vanish（動） 167, 196, 213
vaporise（動） 140
veil（動） 171
vein（名） 84
venerate（動） 140
vengeance（名） 317
vent（名） 241
venture（動） 111, 318
vermin（名） 86
vernacular（名） 118
vestige（名） 173, 196
vexation（名） 126
vicariously（副） 178
vice（名） 217, 307
vicinity（名） 171
vigil（名） 165
vigorous（形） 186
vigour（名） 188, 229
vile（形） 262
vindictiveness（名） 48
vivacity（名） 238
void（名） 124
vouch for ～（熟） 217

W/Z

waver（動） 31, 138, 167
wax（動） 94
wayward（形） 92, 323
weary（形） 253
wedge（名） 287
well up（熟） 245
well-bred（形） 115
what to make of ～（熟） 59
while the going is good（熟） 313
whim（名） 243
whirlpool（名） 307
Who knows, perhaps ～（熟） 52
wicked（形） 317
wilderness（名） 227
wilful（形） 59
wilfully（副） 217
wince（動） 81
wink at ～（熟） 241
with one accord（熟） 309
wonder (at ～)（動） 264
world view（熟） 297
wrangle（動） 249
wrath（名） 143
wrench（動） 48
wretched（形） 48, 208, 248
writhe（動） 48, 79
zeal（名） 141

著者略歴

杉山靖明（すぎやま・やすあき）

英オックスフォード大学でディプロマ号、ニューカッスル大学で英文学博士号を取得。Doctor of Philosophy。
専門はLiterary Theory（文学や言語に関する西洋思想）。
TOEIC990点。大学入試からTOEIC、英検、翻訳学校での講義まで幅広く英語を指導。
著書に、『美しい文学を読んで英文法を学ぶ』（クロスメディア・ランゲージ）。
サマー・レイン先生の『12週間で「話せる」が実感できる魔法のなりきり英語音読』（インプレス）を執筆協力・文法解説監修、『好感度UPのシンプル英会話』（ディーエイチシー）を執筆協力。

● 著者ブログ「英語の音いろ」eigononeiro.com

美しい文学を読んで英単語を学ぶ

2024年 5月 1日　第1刷発行

著者　杉山靖明
発行者　小野田幸子
発行　株式会社クロスメディア・ランゲージ
〒151-0051 東京都渋谷区千駄ヶ谷四丁目20番3号
東栄神宮外苑ビル　https://www.cm-language.co.jp
■本の内容に関するお問い合わせ先
TEL (03)6804-2775　FAX (03)5413-3141
発売　株式会社インプレス
〒101-0051 東京都千代田区神田神保町一丁目105番地
■乱丁本・落丁本などのお問い合わせ先
FAX (03)6837-5023　service@impress.co.jp
※古書店で購入されたものについてはお取り替えできません。

カバーデザイン　竹内雄二
本文デザイン　都井美穂子
DTP　株式会社ニッタプリントサービス
編集協力　山本眞音、川口ひな、童夏絵
英文校正　Niamh Cairns
ナレーション　Michael Rhys
画像提供　YokoDesign / PIXTA
録音・編集　TMTレコーディングスタジオ合同会社
印刷・製本　中央精版印刷株式会社
ISBN 978-4-295-40892-5 C2082
©Yasuaki Sugiyama 2024
Printed in Japan

■本書のコピー、スキャン、デジタル化等の無断複製は、著作権法上での例外を除き禁じられています。本書を代行業者等の第三者に依頼して複製することは、たとえ個人や家庭内での利用であっても、著作権上認められておりません。
■乱丁本・落丁本はお手数ですがインプレスカスタマーセンターまでお送りください。送料弊社負担にてお取り替えさせていただきます。